裁判例・裁決例

から読み解く

後発的事由を

めぐる税務

和田倉門法律事務所
［編著］

清文社

はじめに

　更正の請求の制度は、納税申告書を提出した者やその承継者が、その申告に係る税額が過大であった場合等に、課税当局に対して更正を求めるものです。逆に申告税額が過少であった場合等に行われる修正申告では、修正申告書の提出により税額等が自動的に変更されるのに対し、更正の請求の場合はそれだけでは変更されず、課税当局による更正の処分により変更される点が大きく異なります。これは、期限が法定されている申告納税制度の下、実質的に申告期限を延長したのと同様の効果を及ぼすこととなるため、租税法律関係の早期安定、税務行政の能率的な運営等の面から要請されるところとされています。同時に、法定申告期限後に税額が過大であること等に気づいた場合に、納税者側からその変更を求めることを可能とする権利救済も目的としています。

　平成23年度の税制改正において、平成23年12月2日以後に申告期限の到来する申告納税義務のある税目について、課税標準や納付すべき税額に誤りがあったことによる更正の請求を行うことのできる期限が、原則として法定申告期限から5年に延長されました（改正前は1年）。この改正により、納税者が救済される範囲が広がったといえます。

　租税法律関係は、私法上の契約関係や法律関係を前提に制度が構築されています。ところが、申告後に、申告時に前提とした事実について訴訟で異なる事実認定がされたり、被相続人の遺産が新たに発見されたり、遺留分減殺請求がされたり、あるいは、課税の原因となった契約が無効とされたりして、過去の申告に係る課税標準や税額も変動する場合があります。また、課税当局による法律の解釈が誤っていたことが明らかになり、当初申告されていた課税標準や税額が変更する場合もあります。このような場合には、一部の例外を除き、通常の更正の請求ができる期限を過ぎても、一定の期間内であれば更正の請求をすることが認められています。本書では、このような後発的事由に基づく更正の請求について、62の裁判例・

裁決例を読み解きながら実務における判断のポイントを説明しています。なお、わかりやすさを優先し、事案を簡略化したり、争点を絞り込んだものものもあります。

　また、本書で取り上げたケースは限られているため、それらの結論部分だけでは実務で遭遇するすべての事案に対応することはできませんが、裁判例等の個別具体の事案を検証・応用することによって、更正の請求ができるにもかかわらず時期を逸してしまうことのないよう、実務の一助となることを願っています。

　本書を刊行するにあたって、多忙を極める通常業務をやり繰りして執筆してくれた和田倉門法律事務所の弁護士及び執筆に必要な裁判例や評釈を集めてくださった事務局の米寛子さん、アルバイトの浅野早沙さんに心より御礼申し上げます。

　最後になりましたが、遅々として進まない原稿を根気よく編集及び校正くださった杉山七恵氏ほか清文社編集部の皆様の忍耐と献身的なご助力に心より深謝申し上げます。

　平成 30 年 4 月

編集代表　　弁護士　　　　内 田 久美子

弁護士・税理士　石 井 　 亮

税理士　　　　原 木 規 江

裁判例・裁決例から読み解く
後発的事由をめぐる税務

目 次

第1章
過去の申告等を是正するための制度

1 **概 要** …*2*

2 **納税者が行う手続** ―期限後申告・修正申告・訂正申告― …*4*

3 **更正の請求** …*7*

4 **個別税法における特則** …*11*

5 **国外転出時課税制度に係る特則** …*18*

第2章
紛争処理手段

1 **交 渉**（私法上の和解・合意）…*24*

> ケース1 裁判所の関与なき私人間の合意 …*24*

2 **調停・審判** …*28*

> ケース2 売買契約の無効を確認した調停 …*28*

3 **裁 判**（判決・裁判上の和解）…*36*

> ケース3 贈与の無効を確認する裁判上の和解 …*36*

> ケース4 和解によって確定されるべき事実関係 …*39*

> ケース5 通謀虚偽表示による遺産分割協議の無効判決 …*44*

> ケース6 相続財産の一部である株式の譲渡契約に関する判決 …*50*

4 **仲 裁** …*58*

第3章

法制度及び契約に基づく事実関係の修正

1 契約の解除 …62

> ケース7 解除における「やむを得ない事由」…62

> ケース8 解除による原行為の経済的効果の除去 …71

2 無　効 …74

> ケース9 錯誤無効を理由とする後発的事由に基づく更正の請求 …74

3 時効取得 …79

> ケース10 時効取得を認容した判決と更正すべき理由 …79

4 停止条件付契約 …85

> ケース11 停止条件付契約に基づく契約の解除か、
> 再売買かが争われた事例 …85

5 解除条件付契約 …89

> ケース12 解除条件が明示されていなかった土地贈与に係る
> みなし譲渡課税 …89

6 意思表示の撤回 …94

> ケース13 債務免除の意思表示の撤回と経済的な利益の喪失 …94

7 無権代理 …99

> ケース14 無権代理を理由として契約を無効とした判決の理由中の判断 …99

第4章

所得税関係

1 利益または損失の帰属時期 …106

> ケース15 裁判上の和解があった場合の収入金額の帰属時期 …106

> ケース16 盗難被害と雑損控除の時期 …111

> ケース17 役員報酬の減額と更正の請求 …114

ケース18 診療報酬不正請求の返還金の損失計上時期 …119

2 利益または損失の帰属者 …124

ケース19 事業所得の帰属者の認定 …124

ケース20 共同相続に係る不動産から生じる賃料債権の帰属と、
後にされた遺産分割の効力との関係 …128

ケース21 遺言無効確認訴訟における和解に基づく更正の請求 …131

3 みなし譲渡 …135

ケース22 遺留分減殺請求に対する価額弁償 …135

ケース23 遺贈の放棄の有無とみなし譲渡 …139

4 代物弁済と譲渡担保 …143

ケース24 代物弁済契約か譲渡担保契約かが争われた事例 …143

5 損害賠償金 …148

ケース25 先物取引に係る損害賠償金の非課税所得該当性 …148

ケース26 売買契約の詐欺取消しに係る請求権 …152

6 源泉所得税 …155

ケース27 訴訟上の和解により取り消された
配当に係る源泉所得税の取扱い …155

7 その他 …160

ケース28 建設協力金方式の建物賃貸借契約の保証金等の放棄 …160

ケース29 青色申告承認取消処分の取消し …164

第5章

法人税関係

1 前期損益修正・過年度遡及修正 …170

ケース30 売買契約の法定解除と損金計上時期 …175

ケース31 売買契約の合意解除と損金計上時期 …181

ケース32 裁判上の和解に基づく売買代金の減額と損金計上時期 …185

ケース33 受取利息の減額と損金計上時期 …*188*

ケース34 重量不足による代金一部返還と損金計上時期 …*190*

ケース35 更生手続における過払金返還請求権の確定と損金計上時期 …*194*

ケース36 詐欺損害と損金計上時期 …*199*

ケース37 経理部長の詐取と益金計上時期 …*203*

ケース38 盗難損失に対する保険金の益金計上時期 …*210*

ケース39 欠損金繰越控除と更正の請求 …*214*

2 従業員の横領 …*218*

ケース40 過払料金に係る不当利得返還請求権の確定日 …*218*

3 見積もり計上した売上原価の是正 …*222*

ケース41 一号原価の債務確定 …*222*

4 貸倒損失 …*226*

ケース42 解除条件付債権放棄をした場合の損失計上時期 …*226*

5 組織再編行為 …*230*

ケース43 合併無効判決に基づく更正の請求 …*230*

ケース44 詐害行為取消権の認容判決と特別土地保有税の課税要件 …*234*

6 会計処理基準の変更 …*237*

ケース45 不動産流動化実務指針の公正処理基準該当性 …*237*

第6章
相続税関係

1 相続財産の範囲 …*244*

ケース46 退職金支給の訂正決議に基づく退職金の減額 …*244*

ケース47 課税処分の取消判決に基づく所得税の過納金の還付請求権 …*247*

ケース48 相続開始後にされた土地譲渡契約の法定解除 …*250*

2 相続人の範囲 …*254*

ケース49 死後認知判決により相続人となった者の課税時期と評価時点 …*254*

ケース50 死後認知判決に伴う価額支払請求 …257

3 死因贈与・遺言・遺言書 …261

ケース51 死因贈与の有効性に争いがある場合における
受贈者の申告期限① …261

ケース52 死因贈与の有効性に争いがある場合における
受贈者の申告期限② …265

ケース53 「相続させる」旨の遺言がある場合における更正請求の可否 …269

4 遺留分減殺請求 …272

ケース54 相続税法32条1項3号の事由が生じた時点 …272

5 遺産分割 …275

ケース55 遺産分割協議のやり直しによる更正処分等 …275

ケース56 株式価格の錯誤による再度の遺産分割 …279

6 贈 与 …282

ケース57 死因贈与が後に発覚した場合の更正の請求 …282

ケース58 贈与の形式と実質に差がある場合における贈与税 …285

7 未分割財産 …287

ケース59 未分割財産についての更正請求 …287

8 その他 …290

ケース60 遺産の範囲に争いがあった場合の遺産分割協議の成立 …290

第7章
消費税関係

1 仕入税額控除 …296

ケース61 消費税の課税仕入れに係る区分の是正 …296

2 課税事業者と免税事業者 …301

ケース62 過去の取引の是正と免税事業者の判定 …301

凡　例

法法………………法人税法	通法………………国税通則法
所法………………所得税法	通令………………国税通則法施行令
所令………………所得税法施行令	法基通……………法人税基本通達
相法………………相続税法	所基通……………所得税基本通達
相令………………相続税法施行令	相基通……………相続税法基本通達
消法………………消費税法	民訴法……………民事訴訟法
地法………………地方税法	民訴規……………民事訴訟法規則
地令………………地方税法施行令	民調法……………民事調停法
措法………………租税特別措置法	民執法……………民事執行法

※判例集等略称

税資………………税務訴訟資料
訟月………………訟務月報
裁事………………公表裁決事例集
集民………………最高裁判所裁判集民事
民集………………最高裁判所民事判例集
民録………………民事判決録
行集………………行政事件裁判例集
刑集………………最高裁判所刑事判例集
判時………………判例時報
判タ………………判例タイムズ
ジュリ……………ジュリスト

★カッコ書においては、下記例の略語を用いた。
　法法23①─……法人税法第3条第1項第1号

＊本書は、平成30年4月1日現在の法令通達による。

第 1 章

過去の申告等を
是正するための制度

1 概　要

　所得税、法人税、相続税、贈与税、消費税、法人住民税、法人事業税、償却資産に係る固定資産税など国税及び地方税の主たる税目については、納税者が行う申告により一次的に納税義務が確定し、その申告に係る税額の計算が法令の規定に従っていなかった場合や申告がなかった場合等に、更正または決定により行政庁が二次的に税額等を確定するという申告納税方式が採用されている。

　なお、申告すべき納税義務者がその提出期限までに申告書を提出しない場合や提出した申告書の計算が誤っている場合など法定申告期限後に税額を新たに確定する必要が生じる場合に、課税当局がその税額を是正するための手続に加え、納税者が自ら是正する手続（期限後申告・修正申告）や是正を求める手続（更正の請求）も規定されている。

　また、租税は、民法や会社法を中心とする私法によって規律される各種の経済活動や経済現象を前提にして課される。そこで、納税者が申告書を提出した時点または課税当局が更正や決定を行った時点においては正しく税額が計算されていたとしても、その申告や更正等の時点では予知ないし予測できなかった事由等により、その後にその計算の基礎となった事実に変動を生じ、税額が増減することもある。あるいは、税額計算の前提となった私法上の法律行為自体に取消される原因や無効となる原因があり、申告等の後にその行為の効力が失われる場合もある。このような私法上の後発的な事由に基因する事実関係の変動に備えて、納税者または課税当局がその税額を是正するための手続も規定されている。

　さらに、納税者が行った私法上の行為について、当初予定していたよりも重い税負担を負うこととなった場合に、税負担の錯誤を理由にその行為が無効となるか、あるいは、納税者が行為を取消した場合や契約を解除し

た場合に、その効果は一旦確定した税負担まで及ぶかという問題も生じる。これらの問題については、第2章以下で具体例に即して検討するが、租税法律関係の早期確定の要請と納税者の権利救済との関係から、いったん確定した税額を減額することは限定的であり、一定の場合にのみ認められる。

他方で、課税の対象となる私法上の行為に基づく事実関係が変動する場合ではなく、課税当局が当初採用していた法律の解釈が判決等により変更される場合もある。このような後発的な理由に基づき、課税標準や税額の是正が求められる場合もある。

なお、課税標準及び税額を確定する手続については、国税は国税通則法と個別税法に、地方税は地方税法第1章総則と第2章以下の地方税の税目ごとに規定されている。

ここで、国税通則法と個別税法の関係を確認しておきたい。国税に関する基本事項及び共通事項について国税通則法4条は「この法律に規定する事項で他の国税に関する法律に別段の定めがあるものは、その定めるところによる」としており、個別税法で各税目に即した取扱いが規定されている。すなわち、国税通則法が一般法、個別税法が特別法という関係にある。

なお、国税通則法は、行政手続等に関する一般法である行政手続法、行

一般法　　　　特別法

行政手続法
行政不服審査法
行政事件訴訟法

国税通則法
地方税法総則

所得税法・法人税法
相続税法・消費税法
地方税法(第2章以下)等

一般法　　　　特別法

政不服審査法及び行政事件訴訟法に対しては、特別法の関係にある。

　行政手続法1条2項は、「処分…等を定める手続に関しこの法律に規定する事項について、他の法律に特別の定めがある場合は、その定めるところによる」と規定しているが、この「他の法律に特別の定め」として国税通則法があるため、国税に関する処分等の手続は国税通則法の規定に基づくことになる。同様の定めが行政不服審査法1条2項及び行政事件訴訟法1条にもある。また、地方税に関しては、国税通則法に相当するものが地方税法の「第1章 総則」に定められている。

　課税標準や税額の是正に関して国税通則法や個別税法及び地方税法が設けている手続には、納税者が自ら是正することができる手続（期限後申告及び修正申告）と、課税当局により行われる手続（更正・決定）がある。後者には、課税当局が調査を経て行う場合と納税者からの請求（更正の請求）に基づき、調査を経て行われる場合がある。そして、更正の請求には、通常の更正の請求と後発的事由に基づく更正の請求がある。

2　納税者が行う手続
—期限後申告・修正申告・訂正申告—

1．期限後申告

　申告すべき者が申告期限までに申告しなかった場合に、納税者が行う手続は「期限後申告」である（通法18）。期限後申告ができる者には、納税者の相続や合併等により納税義務を承継した者も含まれる（通法5〜7の2）。

　期限後申告書は、課税当局から決定を受けるまではいつでも提出できるが、申告期限後に申告すると、原則として延滞税や無申告加算税が課される（通法60①、66①）。ただし、正当な理由があると認められるときは無申告課税は課されない（通法66①但書）。また、調査等により決定がある

べきことを予知してされたものでない場合は、無申告加算税の割合が5%
軽減され（通法66①カッコ書）、反対に、無申告に係る税額が50万円超の
場合は5%が加重される。（通法66②）。さらに、隠ぺいまたは仮装の事実
があった場合は重加算税が課されることとなる（通法68②）。

　また、後発的事由が生じたために申告期限後に新たに申告すべきことと
なった場合の期限後申告の特則として、相続税法及び所得税法並びに租税
特別措置法においても期限後申告が規定されている（所法151の5、相法
30、措法41の3、同69の3、同70）。個別税法における期限後申告は、修
正申告及び更正の請求と共通する点が多いため、下記**4**で税目別に概説す
る。

　なお、平成27年度税制改正により創設された制度である国外転出（相続・
贈与）時課税制度に係るものは、所得税法と相続税法に関係するため、同
制度に関する手続は下記**5**で概説する。

2.　修正申告

　確定申告書の提出後または更正もしくは決定を受けた後に、計算誤りや
後発的事由が生じたため、税額が不足していたこと等が判明した場合にお
いて、納税者自らが是正する手続は「修正申告」である（通法19①②）。

　原則としては、法定納期限から納付日までの延滞税及び過少申告加算税
が課される。ただし、国税局や税務署の調査により更正があるべきことを
予知してされたものでない場合には過少申告加算税は5%軽減され（通法
65①カッコ書）、増差額が一定額を超えると5%加重される（通法65②）。
また、「隠ぺい又は仮装の行為」があった場合は重加算税が課される（通
法68①）。

　なお、税額が不足していた場合以外にも、純損失等の金額が過大である
場合、還付金の額に相当する税額が過大である場合、税額を記載しなかっ
た場合で税額があるときも修正申告が必要となる（通法19①二、三、四）。

　期限後申告の場合と同様に、修正申告書を提出できる者には、納税者の

相続や合併等により納税義務を承継した者が含まれ、課税当局による更正があるまではいつでもできる。

なお、修正申告についても、期限後申告書と同様に個別税法に特則があり（所法151の2ないし6、相法31、措法28の3、同30の2、31の2ほか）、下記4及び5で概説する。

3. 訂正申告

提出した確定申告書の間違いを法定申告期限前に発見した場合など、法定申告期限内に確定申告書が2通以上提出されることがある。この場合は、その納税者からの特段の申出がない限り、その2通以上の申告書のうち最後に提出された申告書を、その者の申告書として取り扱うこととされている（所基通120-4）。これは「訂正申告」と呼ばれ、法定された手続ではないが、法定申告期限内において事務に支障のない限り、申告書の差替えを認めるという趣旨に基づく取扱いを通達により認めているものである。

したがって、後記の更正の請求と異なり、税額が減少する場合であっても、課税当局に対して更正の請求をすることなく税額が確定する。

また、先に提出していた申告書が還付申告の場合で、還付金が法定申告期限前に還付されていた場合には、「訂正申告」としては取り扱われず（所基通120-4(注)）、修正申告または更正の請求となる。そのため、修正申告となる場合は、申告期限前であっても加算税が課される場合があり得ることになる。

なお、所得税以外の税目に係る訂正申告ついては、通達等によって明示されていないものの、実務上、同様の取扱いがなされている。

第1章　過去の申告等を是正するための制度

3 更正の請求

1. 通常の更正の請求（通法23①、地法20の9の3①）

　確定申告書の提出後に、税額の計算が法律の規定に従っていなかったことまたは計算誤りがあったことにより、税額を過大に申告していたこと等が判明した場合、納税者は自ら是正することができず、課税当局に対し「更正の請求」をすることになる（通法23①）。

　具体的には以下の場合である。

　　①　納付すべき税額が過大であるとき
　　②　純損失等の金額が過少であるとき
　　③　純損失等の金額の記載がなかったとき
　　④　還付金の額が過少であるとき
　　⑤　還付金の額の記載がなかったとき

　修正申告の場合と異なり、更正請求書を提出することにより税額を確定的に変更することはできず、課税当局による更正処分を経てはじめて変更される。これは、更正の請求だけで税額が自動確定すると、実質的に納期限を延長したのと同じ効果となって申告納税制度の理念に反するとともに、手続の安定性が害され適当ではないからである[1]。また、申告が過大である場合には、原則として他の救済手段によること（たとえば、不当利得返還請求訴訟など）は許されないと解されており[2]、たとえば、更正の請求によらず、訴訟により直接減額更正を求めることはできない。

　更正請求書を提出できる期間は、原則として法定申告期限から5年（法人税に係る申告または更正が損失の場合は10年（平成30年4月1日前開始事業年度において生じた欠損金額については9年、贈与税及び移転価格税制に係る法人税等の場合は6年。以下同じ））以内である（通法23①、相法32②、措法40の3の3⑪、66の4⑳、68の88㉑）。ただし、一定の事由がある

7

場合には、当該期間経過後であっても、その事由が生じた日から一定の期間内であれば、更正の請求をすることができる（下記 **2.** 参照）。更正の請求をする場合には、更正前後の課税標準または税額のほか、請求の理由、請求に至った事情等を記載した更正請求書を提出しなければならず（通法23 ③）、提出を受けた税務署長（輸入品に係る申告消費税等については税関長）は、調査をして更正または更正すべき理由がない旨の通知をする（同④）。

　もっとも、更正の請求をしても、更正があるまでは、相当の理由があると認められる場合を除き、納税は猶予されない（同⑤）。また、更正の請求は、納税者に税額の変更、是正を求めることを認める権利救済手段であることから、更正の請求が認められず、課税当局から更正の請求に対し更正すべき理由がない旨の通知処分を受けた場合には、その処分は、不服申立てや取消訴訟の対象となる。

　なお、平成23年12月2日より前に法定申告期限が到来した国税の更正の請求の期限は、法定申告期限から1年以内であった。平成23年法律第114号により、同日以後に法定申告期限が到来した国税については「5年以内」に改正されたことに伴い、同日前に申告期限が到来する国税についても、一定の場合に「更正の申出書」の提出を可能とする取扱いがされていた。ただし、法定された手続ではないことから、更正の請求のように通知処分に対する不服申立てや訴訟を提起できるわけではなく、申出が認められれば、同一の効果を得ることができるというものであった。

　また、源泉所得税や登録免許税など賦課課税方式の税は自己の過大申告により過大に税額等が確定することがないので当然であるが、更正の請求の制度はない。ただし、過誤納の事実があれば、その過誤納等の日から5年を経過する日までに確認を求めることができる（通令24）。

　申告納付または申告納入に係る地方税については、国税通則法23条1項と同様に、通常の更正の請求に関する規定が地方税法20条の9の3第1項に定められている。

　問題となるのは、更正決定がされた後の更正の請求と不服申立てとの関

第1章　過去の申告等を是正するための制度

係である。この場合は「あわせ審理」により併合して審理される（通法
104④）。

[1] 志場喜徳郎ほか編『国税通則法精解（平成28年改訂）』（大蔵財
務協会）345頁

[2] 最判昭和53年3月16日 集民123号245頁、金子宏『租税
法（第22版）』（弘文堂）887頁

2. 後発的事由に基づく更正の請求（通法23②）

　課税処分や更正の請求に期間制限が設けられているのは、租税法律関係
の早期安定及び課税の公平の要請に基づくものであると解されている[3]。

　しかし、通常の更正の請求の期限（上記1.参照）を経過した後であって
も、一定の場合には更正の請求（後発的事由に基づく更正の請求）をするこ
とができる（通法23②）。申告をした税額や決定を受けた税額がその後に
過少となるケースは、課税標準や税額計算に係る法律の適用または計算に
誤りがあったときのみではないからである。

　具体的には次の場合である。

①　課税標準等または税額等の計算の基礎となった事実（以下「事実」
という。）が判決等により異なることとなったとき（通法23②一）

②　所得や課税物件等の帰属者が異なるとして他の者に更正や決定が行
われたとき（通法23②二）

③　事実に含まれていた行為の効力に係る官公署の許可その他の処分が
取り消されたとき（通令6①一）

④　事実に係る契約が解除権の行使によって解除され、もしくは契約の
成立後に生じたやむを得ない事情によって解除され、または取り消さ
れたとき（通令6①二）

⑤　帳簿書類の押収その他やむを得ない事情により、課税標準等または
税額等を計算することができなかった場合に、その後、その事情が消
滅したとき（通令6①三）

9

⑥　租税条約に規定する相互協議により、課税標準等または税額に関し、異なる内容の合意が行われたとき（通令6①四、租税条約実施特例法7①②）

⑦　通達に示されている法令の解釈等が、判決等に伴って変更され、変更後の解釈が公表されたことにより、課税標準等または税額等が異なる取扱いを受けることとなったことを知ったとき（通令6①五）

これは、上記のような納税者本人の事情によらない場合には、通常の請求期限を徒過していても更正の請求を認めようという趣旨で設けられたものである。ただし、例外的な取扱いであるため、その事由が生じた日の翌日から2月以内という、通常の更正の請求ができる期間に比べて極めて短い期間内に行わなければならない。もっとも、これらの理由に基づく場合であっても、通常の更正の請求（上記1.）ができる期間内であれば、通常の更正の請求を行うことになる（通法23②カッコ書）。

なお、上記後発的事由に関しては、たとえば、①の「判決等」に裁判上の和解が含まれると解されているが、判決や和解の内容については税目や事案により、また、④の解除や取消しがあった場合についても、その解除及び取消しがあった時期やその経緯等により、その変更された事実や契約の内容等またはタイミングに応じて、更正の請求が認められたり、認められなかったりされた事例がある。具体的な事例は第2章以下で個々に検討する。更正請求書への記載事項や税務署長等の処分、徴収納付の取扱いは上記1.の通常の請求をする場合と同じである。

国税通則法に規定される更正の請求以外に、各税目に特有の後発的な事由に係る更正の請求が、個別税法に定められている（下記**4**及び**5**）。また、申告納付または申告納入に係る地方税については、地方税法20条の9の3第2項に定められている。

[3]　志場喜徳郎ほか編『国税通則法精解（平成28年改訂）』（大蔵財務協会）809頁

第 1 章　過去の申告等を是正するための制度

4　個別税法における特則

1．所得税法の特則

　所得税法には、下記5で概説する国外転出時課税制度に係る期限後申告及び修正申告を除き、期限後申告及び修正申告の特則はない。更正の請求については、所得税の各種所得の金額につき、次の事実が生じたことにより所得税額等が過大となったときは、その事実が生じた日の翌日から2月以内に限り、税務署長に対して更正請求書を提出することができる（所法152）。更正請求書には、国税通則法所定の事項に加え、その事実が生じた日を記載しなければならない。

① 事業者（不動産所得、事業所得または山林所得の事業者）が事業を廃止した後に生じたその事業に係る費用または損失を前年分の所得金額の計算上必要経費に算入する場合（所法63）

② 収入金額または総収入金額に算入した資産の譲渡代金の全部または一部が回収不能となった（保証債務の履行に係る求償権の行使不能も含まれる）ため、各種所得の計算上なかったものとみなされる場合（所法64）

③ その計算の基礎となった事実のうちに含まれていた無効な行為により生じた経済的成果がその行為の無効であることに基因して失われたこと

④ その計算の基礎となった事実のうちに含まれていた取り消すことのできる行為が取り消されたこと

　これらは、非居住者の所得税法の総合課税に係る所得税についても準用される（所法167）。また、不動産所得または事業所得に連動する個人事業税について、本来的には税務官署が行うべき「伴い更正」を行わない場合には、納税者による上記「伴い更正」の請求が認められている（地法72

の 50 ③)。また、下記 **2.** の法人税法と同様、「伴い更正」の請求ができる制度がある（所法 153）。更正の請求の期限は修正申告書の提出の日または更正・決定の通知を受けた日の翌日から 2 月以内である。また、記載事項は、国税通則法所定の事項に加え、修正申告書の提出の日または更正・決定の通知を受けた日を記載しなければならない。

2．法人税法の特則

法人税法には、前事業年度につき修正申告書の提出または更正・決定を受けたことに伴い、その後の事業年度において(i)法人税額が過大となる場合及び(ii)還付金の額が過少となる場合には、その修正申告書の提出の日または更正・決定の通知を受けた日の翌日から 2 月以内に限り、税務署長に対し更正請求書を提出することができる（法法 80 の 2、外国法人については同 145）。いわゆる「伴い更正」を請求するための制度である。国税通則法所定の事項（上記 3 1. 参照）に加え、修正申告書を提出した日または更正もしくは決定の通知を受けた日を記載しなければならない。連結納税制度を採用している場合の連結事業年度についても同様である（法法 82）。

また、法人税と連動する法人住民税、事業税については、法人税の更正等に伴う更正の請求の制度がある（地法 53 の 2、72 の 33 の 2、321 の 8 の 2）。ただし、還付加算金の起算日に違いが生じるため注意が必要である（地法 17 の 4、地令 6 の 15）。

3．相続税法の特則

相続税の場合、相続開始後 10 月以内に申告することとされているが、申告後に、遺産分割協議が成立したり、遺留分減殺請求がされたりするほか、遺産の取得者等に異動を生じる場合などが想定されることなどから、期限後申告、修正申告及び更正の請求につき、次の①〜⑩の相続税固有の特則がある（相法 30 ①、31 ①、32 ①一〜十）。このうち期限後申告は①から⑧、修正申告は①から⑨、更正の請求は①から⑩の事由による。

第 1 章　過去の申告等を是正するための制度

① 　未分割財産について法定相続分または包括遺贈の割合に従って課税
　価格が計算されていた場合において、その後当該財産の分割が行われ、
　共同相続人または包括受遺者が当該分割により取得した財産に係る課
　税価格が当該相続分または包括遺贈の割合に従って計算された課税価
　格と異なることとなったこと（相法 32 ①一）

② 　民法の規定による強制認知、相続人の廃除またはその取消しに関す
　る裁判の確定、相続の回復、相続の放棄の取消しその他の事由により
　相続人に異動を生じたこと（相法 32 ①二）

③ 　遺留分減殺請求に基づき返還すべき、または弁償すべき額が確定し
　たこと（相法 32 ①三）

④ 　遺贈に係る遺言書が発見され、または遺贈の放棄があったこと（相
　法 32 ①四）

⑤ 　条件を付して物納の許可がされた場合で、その条件に係る物納に充
　てた財産の性質その他の事情に関し、土壌汚染や廃棄物があることが
　判明して、その許可が取り消され、相続税の課税価格等が過少または
　過大となったこと（相法 32 ①五、相令 8 ①）

⑥ 　相続もしくは遺贈または贈与により取得した財産についての権利の
　帰属に関する訴えについての判決があったこと（相法 32 ①六、相令 8
　②一）

⑦ 　民法規定による相続の開始後に認知によって相続人となった者の価
　額支払請求権に基づく請求により弁済すべき額が確定したこと（相令
　32 ①六、相令 8 ②二）

⑧ 　条件付きの遺贈について条件が成就したこと（相令 32 ①六、相令 8
　②三）

⑨ 　民法の規定による特別縁故者に対する相続財産の分与を受けたこと
　（相令 32 ①七）

※なお、期限後申告が⑨に定められていないのは、相続税の申告期限が自
　己のために相続の開始があったことを知った日から 10 月以内となってお

り、特別縁故者が「知った日」は「分与を受けた日」となることから、期限後に新たに税額が生じることがなく、特則を設ける必要がないからである。

⑩　未分割財産が3年以内に分割されない場合の申告期限の承認を受けていた場合で、その分割が行われたことにより、配偶者の税額軽減の規定を適用して計算した相続税額が従前の相続税額と異なることとなったこと（①に該当する場合を除く）（相法32①八）

また、贈与税についても、上記①から⑧の事由が生じ、相続または遺贈により財産を取得しないこととなったため、新たに贈与税の申告書を提出する義務が生じたり、贈与税額に不足を生じる場合や、上記①から⑩の事由により贈与税が過大となる場合もあることから、贈与税についても一定の事由による期限後申告、修正申告及び更正の請求の特則が定められている（相法30②、31④、32①一～六、相令8①②）。

なお、上記以外に国外転出時課税制度に基づく相続税及び贈与税の更正の請求があるが、これについては、下記 5 で概説する。

また、贈与税の更正の請求は上記の事由以外に、相続税との関係で特則がある。すなわち、贈与税の課税価格計算の基礎に算入した財産のうち、相続開始の年に被相続人からの贈与によって取得した財産であるために贈与税の課税価格に算入されないこととなった場合には、更正の請求ができるとされている（相法32①十）。

相続税または贈与税の通常の更正の請求ができる期間は、法定申告期限から5年または6年以内（国税通則法上の後発的事由に基づく更正の請求は2月以内）であるが（相法32②）、相続税法の特則による更正の請求は、その事由が生じたことを知った日の翌日から4月以内である（相法32①）。

4．消費税法の特則

消費税法には、期限後申告及び修正申告に係る特則はなく、更正の請求についてのみ、上記 **2.** の法人税法及び **3.** の所得税法と同様に、前課税期間の消費税額等に更正等があった場合に「伴い更正」の請求ができる制度

第1章　過去の申告等を是正するための制度

がある（消法56①）。請求期限や記載事項も同様である。

　また、消費税の「伴い更正」は、前課税期間の修正申告または更正決定等に伴う更正のほか、引取りに係る課税貨物に係る消費税額についての更正も認められている。すなわち、修正申告または更正決定等を受けたことに伴い、課税資産の譲渡等または特定課税仕入れについての課税期間に係る課税標準額もしくは消費税額が過大または中間納付控除不足額が過少となる場合には、課税貨物に係る消費税額につき、修正申告書の提出、更正もしくは決定または賦課決定もしくは変更決定の通知を受けた日の翌日から2月以内に限り、税務署長に対して更正の請求をすることができる（消法56②）。

　この場合の記載事項は、他の「伴い更正」を求める更正の請求と同様に、国税通則法所定の事項に加え、「伴い更正」に係る修正申告書の提出日または更正決定等の通知日を記載しなければならない。

　地方消費税である消費税の譲渡割額の算定の基礎となった消費税の額または還付金の額が過大または過少となった場合には、本来的には税務官署がこれに伴う更正を行うが、税務官署が行わなかった場合には納税者から更正の請求ができる特則が地方税法に規定されている（地法72の90）。

5.　租税特別措置法の特則

ア）所得税関係

　租税特別措置法上の所得税の期限後申告に係る特則は、住宅借入金等を有する場合の税額控除の特例と居住用財産に係る特別控除の特例が重複適用できないことによるものである。住宅借入金等の税額控除の適用を受けていた者が、その後、居住用財産に係る特別控除を受けることとなった場合には、特別控除を受ける年分の確定申告期限までに、住宅借入金等に係る特別控除を適用していた年分の修正申告書を併せて提出しなければならない（措法41の3①）。

　しかし、その者が年末調整により税額控除を受けた場合など確定申告不

15

要な者に該当しており（所法 121）、期限内申告書を提出していない場合が想定される。この場合には、期限内申告書を提出していなかった年分の所得税については期限後申告書を提出することとなるが（措法 41 の 3 ①カッコ書）、その提出期限内に提出された期限後申告書は期限内申告書とみなされ（措法 41 の 3 ④一）、延滞税等を課されることはない。反対に、この期限後申告書を提出しない場合には、5 年以下の懲役もしくは 500 万円以下の罰金、または併科等の罰則規定が適用される（措法 42 の 3）。

　所得税については、租税特別措置法においても、見積もり計算をする場合など特例の性質に応じて必要な限度で修正申告及び更正の請求の特則の制度が定められている。

　具体的には次の事由である。

①　転廃業助成金等に係る課税の特例制度（措法 28 の 3）における転廃業助成金等の交付を受け、その翌年以後に資産を取得または改良した場合もしくは期間内に取得等をしなかった場合（措法 28 の 3 ⑦⑩）

②　収用交換等に伴い代替資産を取得した場合または取得しないで期間が経過した場合（同 33 の 5 ①④）

③　特定の居住用財産の買換えの場合（同 36 の 3 ①〜③）

④　特定の事業用資産の買換えの場合（同 37 の 2 ①②）

⑤　大規模な住宅地等造成事業に係る土地等の交換等の場合（同 37 の 8 ①）

⑥　相続財産に係る譲渡所得の課税の特例（同 39 ④）

⑦　保険年金の保険金受取人等に係る更正の請求の特例（同 41 の 20 の 2 ①）

①から⑤について更正の請求ができるのは、その事由が生じた日から 4 月を経過する日までであり、修正申告書の提出は同日までの義務規定である。また、⑥については、相続税の期限内申告書を提出した日の翌日から 2 月を経過する日、または、修正申告書の提出もしくは更正があった日の翌日から 4 月を経過する日までである。⑦は、平成 22 年 7 月 6 日の最高裁判決[4]を受けて、保険年金に係る税務上の取扱いが変更されたことに伴い、平成 23 年 6 月改正法の施行日から 1 年以内（平成 24 年 6 月 30 日

まで）に限り、更正の請求ができるとされたものである。

[4] 最判平成 22 年 7 月 6 日 民集 64 巻 5 号 1277 頁

イ）法人税関係

法人税の更正の請求に関する租税特別措置法上の特則は、国外関連者との取引について独立企業間価格で行われていない、いわゆる移転価格税制が適用された場合のみである（措法 66 の 4 ⑳）。この場合の更正の請求ができる期間は、法定申告期限から 5 年ではなく 6 年である。租税条約に基づき権限のある当局間による相互協議に基づく合意がされた場合は、その合意の日から 2 月以内である。

法人税に関して、後発的な事由に基づく更正の請求の特則がないのは、損失の計上時期について、一般に公正妥当と認められる会計処理の基準に依拠し、過年度ではなく、当該事由が生じた日の属する事業年度と解されるためである（詳細は第 6 章参照）。

ウ）相続税関係

相続税に関し、(i)在外財産等についての相続税の課税価格の計算の特例の適用を受けた場合においては、相続税等の申告書の提出の有無にかかわらず、その在外財産等の価額につき算定可能となったとき、(ii)公益法人等に対して相続財産を贈与した場合の相続税の非課税の適用を受けた場合において、相続税の申告書提出の有無にかかわらず、その後に当該財産がその公益を目的とする事業の用に供していないことにより相続税の課税価格の基礎に算入すべきこととなったときは、その算定することができることとなった日またはその財産の受入れの日から 2 年を経過した日の翌日から 4 月以内に修正申告書または期限後申告書を提出しなければならない（措法 69 の 3 ①②、70 ⑥⑦）。

その期限内に提出された場合には期限内申告とみなされ、提出されなかった場合には罰則規定が適用される（措法 69 の 3 ④、70 の 13）。

エ）贈与税関係

　租税特別措置法上の贈与税の修正申告に係る特則が適用されるのは、直系尊属からの住宅取得等資金について贈与税の非課税の適用を受けた特定受贈者が、その贈与を受けた日の属する年の翌年3月15日経過後において、その住宅取得等資金により新築または取得した住宅を居住の用に供していなかった場合である。

　この場合においては、贈与税の非課税規定が適用されないことから、特定受贈者は、その該当することとなった日から2月以内に、適用を受けた年分の贈与税についての修正申告書を提出し、かつ、当該期限内に当該修正申告書の提出により納付すべき税額を納付しなければならない（措法70の2④）。

　この場合、上記ア）の相続税と同様に、所定の期限内に提出された修正申告は期限内申告とみなされ（措法70の2⑥）、提出されなかった場合には罰則規定が適用される（措法70の13）。相続時精算課税を選択している場合も同様である（措法70の3④）。

5 国外転出時課税制度に係る特則

　平成27年度税制改正において創設された国外転出時課税制度（国外贈与・相続時課税制度を含む）は、有価証券等、未決済の信用取引契約または未決済のデリバティブ取引契約等に係る一定の資産を有している場合において、国外転出時、非居住者に対する贈与時または相続時に所得税のみなし譲渡課税をなす制度である（所法60の2、60の3）。

　ただし、譲渡または決済をしたとみなして課税される利益または損失の額の合計額が1億円未満である場合や、転出等の日前10年以内の住所または居所を有していた期間が5年以下の場合は適用されない（所法60の2⑤）。

第1章　過去の申告等を是正するための制度

　また、一定の場合には納税猶予を選択することができ（所法137の2①、137の3①②）、さらに、国外転出期間中に対象資産を譲渡等した場合や対象資産の価額が下落した場合、国外転出をした者が帰国した場合などには、転出した年分の所得税について後年一定の再計算をして、修正申告または更正の請求を行うことが必要となる（所法60の2～3、137の2～3、151の2～6、153の2～6、所令273の2）。

　これらの規定はいずれも非居住者について準用されている（所法167）。国税通則法及び相続税法の期限後申告及び更正の請求は「できる」規定であるが、所得税法上の期限後申告は必ず行わなければならない義務規定である点で他の制度と相違する。

1．納税猶予を選択した場合

　国外転出時に納税猶予を選択した者について、猶予期間が満了した場合には、満了日から4月以内に猶予されていた所得税を納付する（所法137の2①）。また、転出後に次の事由が生じた場合、一定期間内に更正の請求ができる。

国外転出後の状況	措　　置	更正の請求期限
対象資産の譲渡、対象取引の決済、または限定相続等をした際、転出時より価額が下落している場合 （所法60の2⑧一、153の2②）	譲渡、決済または限定相続時等の譲渡価額等で国外転出時に譲渡等があったものとして転出時の所得税を再計算	譲渡、決済または限定相続等の日から4月以内
納税猶予期間満了の日の適用資産の価額が転出時より下落している場合 （所法60の2⑩、153の2③）	満了日の価額で譲渡があったものとして転出時の所得税を再計算	納税猶予期間満了の日から4月以内
対象資産の譲渡、対象取引の決済、限定相続等をしたときに国外転出先の国で外国所得税が課税され二重課税が生じる場合 （所法95の2、153の6）	外国税額控除	外国所得税を納付することとなる日から4月以内

19

2. みなし譲渡課税を受けた場合

国外転出時にみなし譲渡課税を受け、転出の日から5年以内に帰国し、適用資産を継続保有している場合、適用資産を居住者に贈与した場合、死亡した場合でその相続人等が居住者となった場合は、国外転出時課税制度の適用はなかったものとして（所法60の2①一、⑥二、三）、所得税を再計算する。この場合、帰国から4月以内に更正の請求をする（所法151の2①、153の2①）。

3. 国外転出（贈与）時課税

国外転出（贈与）時課税制度は、一定の非居住者に対象資産を贈与した場合、贈与時の価額で譲渡等があったものとみなして贈与者に対し所得税が課される。納税猶予の適用を受けることもできる（所法137の3①、④）。納税猶予期間中に、譲渡または決済、限定相続等があった場合には、その日から4月を経過する日に納税猶予期限が確定するため、期限後申告書または修正申告書を提出しなければならない（所法137の3⑥、⑭）。その際、対象資産等の価額が下落している場合は、所得税を再計算する更正の請求をすることができる（所法60の3⑧、153の3②）。

また、受贈者が帰国する場合や受贈者が居住者に対象資産を贈与した場合、受贈者が亡くなり、その相続人等が居住者となった場合などで、対象資産等を継続保有している場合には、国外贈与時課税の適用はなかったものとして、贈与者は贈与をした年分の所得税を再計算し、帰国の日から4月以内に更正の請求をすることができる（所法60の3⑥）。

4. 国外転出（相続）時課税

国外転出（相続）時課税制度は、一定の対象資産を有している一定の居住者が死亡し、非居住者である相続人が相続または遺贈により対象資産を取得した場合に、その相続開始の時にその対象資産の譲渡等があったもの

とみなして、被相続人に所得税を課す制度である（所法60の3）。

　また、他の国外転出時課税制度と同様に納税猶予を受けることができる（所法137の3②）。納税猶予期間中に、その対象資産の譲渡または決済、限定相続等をした場合には、その譲渡等の日から4月を経過する日に納税猶予期限が確定し、納付をすることとなる（所法137の3⑥⑭）。その際、その譲渡価額等が相続開始時の価額よりも下落してる場合には、譲渡等の日から4月以内に更正の請求をすることができる（所法60の3⑧、153の3②）。また、相続人または受遺者が帰国した場合には、帰国の日から4月以内に更正の請求をすることにより、本制度の適用がなかったものとして、被相続人の準確定申告に係る所得税を再計算することができる（所法60の3⑥）。

5. 遺産分割等があった場合

　国外転出（贈与・相続）時課税制度の特例の適用を受けていた被相続人の準確定申告書の提出期限後に「遺産分割等」が行われたことにより、国外転出（贈与・相続）時課税制度が適用され、新たに準確定申告を提出すべき要件に該当することとなった場合には、期限後申告をしなければならない。「遺産分割等」とは、上記**4** 1.の相続税法の規定と同様の事由である（所法151の6①各号、所令273の2）。

　その者の相続人は、その遺産分割等の事由が生じた日から4月以内に、被相続人の死亡の日の属する年分の期限後申告書を提出しなければならない（所法151の5①）。

6. 納税猶予期限が満了した場合

　納税猶予期限が満了した場合には、満了日の翌日以後4月を経過する日までに納税を猶予されていた所得税を納付する（所法137の2①）。

　国外転出（贈与・相続）時課税制度に係る所得税の納税猶予を受けていた者について、相続が開始した場合には、相続人が納税猶予分の所得税額

に係る納付義務を承継することになる（所法137の2⑬〜⑮）。

この場合、その納税猶予額は将来的に免除される可能性があり、債務として確定していないことから、相続税の計算において債務控除の対象外とされている。そのため、相続税の申告後に、その納付義務を承継した相続人が納税猶予の確定事由に該当し、納付義務が生じた場合には、被相続人の債務として、相続人は相続税の更正の請求をすることができる（相法32①九）。

なお、更正の請求の起算日は、実際の納付の有無にかかわらず、納税猶予期限の確定日となる（相基通32－5）。

第 2 章

紛争処理手段

1 　交　渉（私法上の和解・合意）

ケース 1　裁判所の関与なき私人間の合意
（国税不服審判所裁決平成3年8月1日 裁事42集1頁）

相続税の修正申告において課税価格に含まれていた土地について、所有権移転登記を行う旨の合意をしたことを理由とする国税通則法23条2項1号に基づく更正の請求が認められなかった事例。

事実の概要

　審査請求人Ｘは、被相続人Ｅの相続人である。Ｘは、本件土地を課税価格に算入したうえで、Ｅの相続に係る相続税の修正申告をしていた。

　Ｘは、本件土地について、Ｃとの間で、所有権をＸから真正な名義人であるＣに移転すること、ＣがＸに既払いの固定資産税を支払うこと等を内容とする合意を行った（以下「本件合意」という）。

　Ｘは、本件合意により、本件土地がＥの相続に係る相続税の課税価格に含まれないことが明らかになったとして、国税通則法23条2項1号に基づく更正の請求を行った。

　Ｘの主張によれば、本件合意には以下の経緯がある。

・本件土地は、Ｅの父であるＡの生存中からＢに貸されていた土地として、ＡからＥ、ＥからＸに、相続に基づく所有権移転登記が行われていた。

・本件土地所有権の所在が不明確であったため、ＸがＢの相続人Ｃと折衝したところ、ＣからＡＢ間の本件土地に関する売買契約書（売買代金は当日受領）を提示され、本件土地の登記名義をＣに変更するように求められた。

・Ｘは、Ｅの妻Ｄから、Ｅが生存中本件土地に関する代金を半分しか

第2章　紛争処理手段

もらっていない等と述べていたことを聞いたが、売買代金が完済され
ていないとする証拠がなく、事実関係も古く事情を知る者がいないこ
とから訴訟提起は断念し、やむを得ず本件合意に応じた。

審判所の判断

　審判所は、国税通則法23条2項1号の要件につき、概要、以下のよう
に判示した。

> 　国税通則法23条2項1号の「判決と同一の効力を有する和解その他の
> 行為」とは、訴訟上の和解、簡易裁判所に申立てをしたうえで行う起訴前
> の和解、その他請求の認諾または請求の放棄等をいうものと解されている。
> すなわち、ここにいう判決、和解は、国家機関としての裁判所がする私人
> 間の紛争の法律的解決のための民事訴訟手続等によるものを意味し、かつ、
> それに限定されている。

解　説

1.「和解」の意義

　一般に「和解」といわれる行為は、裁判所の関与する裁判（訴訟）上の
和解のほか、裁判所の関与なく行われる民法上の和解（民法695）、単なる
私法上の合意に分類できる。

　民法上の和解は、法律関係について争う当事者が、互いに譲歩して争い
をやめることを目的とする契約であり、いわゆる示談のように、一方当事
者のみが主張を放棄または減縮するような内容の合意は、民法の規定する
和解とは異なる[1]。

　このうち、裁判上の和解は、確定判決と同一の効力が認められ（民訴法
267）、後述のとおり更正の請求の根拠となる行為として挙げられている。
他方、民法上の和解や単なる私法上の合意は、確定判決と同一の効力を認

25

める規定がなく、更正の請求の根拠となる行為としても挙げられていない。

[1] 我妻栄ほか『我妻・有泉コンメンタール民法 –総則・物権・債権–（第
2版）』（日本評論社）1215 ～ 1216頁

2. 私人間の合意と後発的事由に基づく更正の請求の理由

　本裁決は、一般的な私人間の合意が、国税通則法23条2項1号が定める後発的事由に基づく更正の請求の根拠となる行為に該当しないことを明らかにしたものである。

　Xが主張する本件合意は、所有権の帰属に関するCの主張を全面的に認めるものであり、所有権移転への対価もない（固定資産税の負担は所有者の義務であり、互譲の結果とは言い難い）ことからすると、民法上の和解にも当たらない単なる私法上の合意にすぎないと思われるが、少なくとも確定判決と同一の効力が認められる裁判上の和解等に該当しないことは明らかである。

　したがって、本件合意は国税通則法23条2項1号が列挙する「判決と同一の効力を有する和解その他の行為」には該当しない。

　なお、国税通則法23条2項3号を受け、同法施行令6条1項2号は、税額等の計算の基礎になった事実に係る契約が解除された場合の更正の請求を認めており、単なる当事者の意思表示のみによって税額の変動を認めているようにも思える。しかし、後述するとおり、更正の請求には、当該契約の成立後に生じたやむを得ない（客観的）事情（ケース7）や、解除された行為によって生じた経済的効果の除去（ケース8）が要求されており、この場合も更正の請求の趣旨を損なわない解釈がとられている。

3. その他の行為

　私人間において、一定の事項を公正証書によって合意した場合が、国税通則法23条2項1号に該当するかが争われた例がある[2]。

　この点につき裁判所は、概要、以下のように判断した。

国税通則法23条2項1号の規定ぶりに照らすと、「判決と同一の効力を有する和解その他の行為」は、少なくとも「判決と同一の効力を有する」ものであることが必要であり、判決の効力としては訴訟終了効、既判力、形成力及び執行力が挙げられるが、公正証書には前三者の効力は認められていない。いわゆる執行証書（民執法22五参照）は、債務名義として執行力が認められているものの、それは、債務者が公証人に対し直ちに強制執行に服する旨を陳述したことに基づくものと解されており、判決等が執行力を有することとはその正当性の根拠を明らかに異にする。したがって、公正証書は、「判決と同一の効力を有する和解その他の行為」には含まれない。

　これは、当事者間の合意のみによる事後的な税の減額修正を認めていない国税通則法の規定と整合的な判断であり、妥当といえよう。

[2] 札幌高判平成16年8月25日 税資254号順号9722、一審札幌地判平成16年3月9日 税資254号順号9590。なお、問題の公正証書はいわゆる執行証書ではなかった。

2 調停・審判

ケース 2 売買契約の無効を確認した調停
（東京地判平成19年3月9日 税資257号順号10648）

被相続人の所得税の確定申告について不動産譲渡所得の申告漏れがあるとして行われた更正処分及び過少申告加算税賦課決定処分に対して、当該不動産譲渡に関する調停の成立を理由とする更正の請求が認められなかった事例。

事実の概要

納税者 X らは C の共同相続人である。C は生前、本件土地について、代金 2 億 2,000 万円の売買契約（以下「本件売買契約」という）を原因として株式会社 D への所有権移転登記を行っていた。D はその後、本件土地につき分筆登記を行い、地方公共団体に寄附した 1 筆を除くすべてを E 株式会社に売却し、さらに E は本件土地を第三者に譲渡していた。

X ら共同相続人は、D に対し、本件売買契約の不存在確認訴訟を提起した。これに対して E は、X ら共同相続人及び D を相手方として、D への所有権移転登記抹消登記手続債務がないことの確認を求める調停を申し立て、調停が成立した（以下「本件調停」という）。主要な調停条項は、次のとおりである。

① X ら共同相続人及び D は、C が本件土地を売却する意思を有していなかったにもかかわらず、X が G らに欺罔され、D に対し、C の使者として、本件土地の所有者の名義を C から D に変更する意思を表示し、C に本件土地を売却する意思がないこと及び当該欺罔があったことにつき善意の D がこれを応諾したことにより、本件売買契約が締結されたが、D は C の上記真意を知り得べきであったにもかか

わらず、過失によりこれを知らなかったことから、本件売買契約は、Xら共同相続人とDとの間では、心裡留保（民法93但書）により無効であることを相互に確認する。

② Xら共同相続人及びDは、Eに対し、前項の無効を対抗することができず、DE間の本件土地売買契約が有効であり、本件土地の所有権がDからEに有効に移転したこと及び本件土地の現在の所有者が有効に所有権を取得していることを確認する。

③ Dは、Xら共同相続人に対し、Dが本件売買契約の代金全額をGらに支払ったが、C及びXら共同相続人は当時その事実をまったく知らずに、今日までこの代金をまったく受領していないことを確認する。

④ Eは、Xら共同相続人に対し、和解金として2,490万円の支払義務があることを認める。Dは、Xら共同相続人に対し、和解金として10万円の支払義務があることを認める。

⑤ Xら共同相続人及びDは、E並びに本件土地の現在の所有者及び本件土地の所有権の承継人に対し、本件土地の返還請求、本件土地に係る所有権移転登記の抹消登記請求、損害賠償請求、不当利得返還請求その他いかなる請求もしない。

　Xら共同相続人及びDは、Eに対し、本件土地の現在の所有者または本件土地の所有権の承継人が、上記に定める本件土地の現在の所有者としての地位または本件土地の所有権の承継人としての地位を援用する旨の受益の意思表示をしたときは、Xら共同相続人またはDによる本件土地返還請求その他の請求を拒むことのできる地位を取得することを確認する。

⑥ Xら共同相続人は、Dに対し本件土地の返還を請求しない。

⑦ 3当事者間の清算条項

原処分庁は、Xらが行ったCの所得税の確定申告につき、本件土地に係る譲渡所得の申告漏れがあるとして、更正及び過少申告加算税賦課決定（以下「本件更正処分等」という）を行っていた。Xらは、本件調停によって、

本件売買契約が意思能力または正常な判断能力のない所有者を当事者とする取引であることが確認された等として、国税通則法 23 条 2 項 1 号に基づいて更正の請求を行った。

裁判所の判断

1. 本件調停が国税通則法23条2項1号の「判決」に当たるか

裁判所はまず、国税通則法 23 条 2 項 1 号の該当性について、概要、以下のとおり判示した。

ア） 調停条項①のとおり本件売買契約が無効であれば、D は X ら共同相続人に対して本件土地返還義務を負うはずであるが、調停条項⑥によって D の当該義務は否定されている。

イ） 調停条項②において、X ら共同相続人は、本件売買契約の無効を E に対抗できず、E 及びその承継人が本件土地所有権を有効に取得したことを確認し、また、調停条項⑤により E 及びその承継人に対していかなる請求もできないから、X ら共同相続人は本件土地の所有名義を回復できない。

ウ） さらに、⑦の清算条項の存在により、X ら共同相続人らは、D に対する本件土地所有権移転登記の抹消登記手続請求すらできなくなる。

エ） 結局、本件調停により、本件売買契約が無効であることが X ら共同相続人と D の間で確認されたものの、その無効を前提とする法律効果を発生させない措置がとられている。したがって、本件調停は、その結果において本件売買契約に基づく法律効果の発生及びその存続を容認したものになっている。

オ） 本件売買契約の代金については、D から G への代金支払の効果が C に帰属した可能性は排除できず、X ら共同相続人は、和解金 2,500 万円を取得するが（調停条項④）、それは本件売買代金の 11％強にすぎず、本件土地に対する権利主張をしないことの対価としては低額であるた

め、Dが本件土地譲渡の対価をCに支払ったとの事実を覆す効果は認められない。

カ） また、本件調停によって本件土地が譲渡されたのであれば、本件和解金は譲渡の対価であり譲渡所得となるところ、Xらはこれを申告していない。

キ） したがって、本件調停の内容は、①の「無効」という文言にも関わらず、全体としてみれば、Cが本件土地をDに譲渡したとの事実に基づく法律効果の発生及びその存続を覆すものとはいえないから、同号の「判決」には当たらない。

2. Xらの主張について

次に裁判所は、概要、以下のとおり述べてXの請求を斥けた。

原告らは、本件調停条項①の文言に着目し、Cには本件土地を処分する意思がなかったし、Xは本件土地につき何の処分権限もなかったことが本件調停によって確定したと主張する。

しかし、Xが処分権限を有しない単なる使者にすぎなかったとすると、X自身が「意思表示」をすることはできないはずであり、Cの錯誤が問題となるはずであるが、本件調停条項①は心裡留保が成立するとしている。また、Xが本件土地の所有者の名義を変更する意思を表示したともしており、本件調停条項①はその内部において矛盾している。

したがって、本件調停条項①は必ずしも民法の正しい理解に基づかない条項と言わざるを得ないから、その表面的な文言にとらわれることなく、法律効果に着目して本件調停条項全体の中で合理的解釈を行う必要がある。そして、前述したとおり、そのような解釈をする限り、本件調停条項は本件売買契約に基づく法律効果の発生を妨げるものと理解することはできない。

解 説

1. 民事調停制度

　民事調停（民調法2）は、一般民事事件について、裁判所関与のもとで当事者の互譲・合意による解決を図る手続であり、裁判官と一般市民から選ばれた調停委員からなる調停委員会によって行われる（民調法5〜7）。民事調停においては、調停委員会が当事者から事情を聴取して調停案を作成し、両当事者が調停案に合意して調書に記載されれば調停が成立する。当該記載は、裁判上の和解と同一の効力を有する（民調法16）。ここにいう「効力」には、執行力は含まれるが、既判力は含まれないとされている[3]。

　民事調停は、当事者の合意による紛争解決手段であり、法の規定のみにとらわれない柔軟な解決が可能であること、秘密性や迅速性、費用等の点で民事訴訟にはないメリットがある。

　ただし、調停委員の中には非法曹出身の市民もいるため、調停条項が持つ法律効果の分析には注意を要する場面もあろう。

[3] 伊藤眞『民事訴訟法（第3版3訂版）』（有斐閣）5頁

2. 国税通則法23条2項1号「判決」の意義

　後発的事由に基づく更正の請求について規定する国税通則法23条2項1号の「判決」には、判決と同一の効力を有する和解その他の行為が含まれる（同号カッコ書）。「判決」と同一の効力を有する行為としては、（裁判上の）和解のほかに、本件のような民事調停や、請求の認諾・放棄等が挙げられる（民訴法267）。

　後発的に課税要件事実に変動が生じた場合に、確定済みの租税法律関係を変動した状況に適合させるという更正の請求の趣旨からすれば、判決等によって課税の根拠となる行為や事実に何ら変動がない場合はもちろん、判決等の内容が実質的には当該行為や事実の法律効果を覆すものでない場合は、更正の請求の根拠としては認められない。

また、調停や和解等により、課税の根拠となる行為や事実がなかったのと同等の経済的状態が作出される場合であったとしても、和解等の内容がその成立時点から将来に向かって新たな権利関係等を創設する趣旨のものであって、従前の権利関係等に変動をきたすものでないと認められるときは、本条にいう「和解」には当たらない[4]。その理由は、和解によって従前の権利関係等が変動した場合は、課税の根拠となっていた前提事実等が変動しているから、これに応じて従前の課税権の内容が変動するのに対し、将来に向けた新たな合意は、その時点以降の課税関係の変動をもたらすにすぎず、従前の課税権を遡及して変動させるものとは解されないためと考えられる。

そこで、当該行為や事実の効果それ自体を覆す趣旨なのか（当初申告等の前提事実の変動として是正すべき場面）、当該行為や事実を前提に、その影響を和解等により事後的に除去する趣旨にすぎないのか（当初申告等の事実には影響がない、その後の新たな権利関係の変動）、調停や和解の内容を解釈する必要が生じる。

[4] 大阪地判平成 11 年 1 月 29 日 税資 240 号順号 8330

3. 本件について

本件において原処分庁が行った本件更正処分等の根拠となる事実は、「Cが本件土地を D に売却した（ことにより所得を得た)」こと、すなわち本件土地売買契約の成立である。当該事実を基礎として譲渡所得課税を行う以上、税額計算においては「本件売買契約が有効である」事実も当然基礎としている。したがって、本件調停によって、これらの事実が計算の基礎としたところと異なることが確定したと主張できれば（たとえば「本件土地売買契約は無効」という事実の確定）、本件更正の請求は国税通則法 23 条 2 項 1 号を満たすことになる。

本件調停条項では、文言上は本件売買契約が「無効」であるとされている。その一方で、共同相続人らは、本件和解によって D にも本件土地の

返還その他の請求することができず、本件売買契約の相手方に対する契約無効の主張すら事実上封じられた格好になっている。しかし、心裡留保や詐欺のような意思表示の瑕疵を原因とする法律行為の無効や取消しは、第三者はともかく契約当事者間における主張は別段制限を受けない。たとえば、契約無効を前提とした土地返還請求は当然可能であるし、仮にこれが履行不能であるとしても、契約無効を前提とした他の請求まで封じられることにはならないはずである。

また、共同相続人らが主張する意思無能力を原因とする無効は、絶対的な無効であり[5]、心裡留保と異なり第三者に対しても無制限に対抗することができるのだから、本件調停がその趣旨であるとするとなおさら不整合が生じてくる。

このように、本件調停条項は、代理人と使者の区別という実務的に難しい問題点が絡んだとはいえ、無効の原因の点を含め、民法の理解を誤ったものといわざるを得ず、「無効」という文言と異なる効果の解釈を導きやすい事例であった。

本件の判旨は、本件調停の各条項の法的意義を、それぞれの関係性も意識しながら検討したものであり、結論として妥当であったと考えられる。

また、本件調停上、本件売買契約の無効の理由は、使者である共同相続人の一人（X）が第三者に欺罔された結果、被相続人Cの真意に反して売却の意思表示をしたことが心裡留保（民法93）に当たるとされている。

しかし、Xを使者として契約がなされたのであれば、使者は意思表示を伝達する者にすぎないから、意思表示の主体は被相続人Cである。したがって、Xの「意思」の「表示」は観念できないから、Xの意思表示に心裡留保が成立することはない（仮に、使者が本人の意思を誤って伝達したとしても、問題となるのは本人の意思表示に関する錯誤等である）。そうすると、本件調停によってXが本件土地の処分権限を持たない使者であったという事実が確定されたとも言い難い。

したがって、この点に関する原告の主張も認め難いものであるといえる。

第 2 章　紛争処理手段

　なお、仮に本件調停条項中の「使者」が法的には代理人の趣旨であると
すると、代理人の意思表示の瑕疵は原則として代理人について決するもの
であるから（民法 101 ①）、代理権の授与行為に関する錯誤等が問題にな
る可能性はあるものの、錯誤無効や詐欺取消しは代理人の意思表示に関し
て起こる問題であって、本人の意思表示について検討すべき問題ではない。
本件調停条項中では被相続人本人の意思の形成過程や内容も問題とされて
いるように読むことができ、「使者」を代理人の趣旨と解釈することにも
疑問の余地はあるが、いずれにせよ、本件調停条項で本件売買契約が無効
であったという事実が確定されたとはいえないであろう。

　　　　　　　　　[5] 大判明治 38 年 5 月 11 日 民録 11 輯 706 頁

4.　和解等の解釈における着眼点

　本判決は、(i)売買契約が無効であるとすれば生じるはずの請求権や義務
の存否、(ii)契約の目的物や代金の帰結、(iii)和解によって交付される金員の
性質や意義等について注意深い検討を加え、本件調停が本件売買契約の無
効を確認したものであるとの納税者の主張を排斥した。

　本件調停をこれらの視点から検討した結果は、判決が指摘するとおり、本
件売買契約の無効を前提としているとは認め難いものであったと考えられる。

　他の調停や和解においても、(i)課税の根拠となっていた行為の法律効果
が覆ったとすれば生じるはずの権利や義務の帰趨、(ii)当該行為によって変
動した財産関係が調停や和解によりどのように変化するか、(iii)和解によって
新たに生じる義務の意味等について検討することが必要になると考えられる。

5.　審　判

　審判の形式で終結する事件には、家事審判事件、労働審判事件などが挙
げられる。これらの事件の審判も、確定した場合には確定判決または裁判
上の和解と同一の効力が認められている（家事事件手続法 281、287、労働
審判法 20、21）。

3 裁　判（判決・裁判上の和解）

ケース 3 　贈与の無効を確認する裁判上の和解
（国税不服審判所裁決平成24年11月12日〔非公開裁決〕TAINS：F03-3-327）

納税者が、祖父の共同相続人との間で、祖父から受けた贈与が無効で
ある旨の訴訟上の和解が成立したとして行った更正の請求が認められ
た事例。

事実の概要

　納税者は、祖父から本件各土地の贈与を受けていたところ、当該贈与は
納税者のあずかり知らないところで行われたものであるとして、同贈与の
無効確認訴訟を提起し、祖父の共同相続人らと納税者との間で、贈与が無
効である旨の訴訟上の和解が成立した（以下「本件和解」という）。そこで
納税者は、本件和解を理由として更正の請求を行った。

　これに対し原処分庁は、本件和解は客観的、合理的根拠のないものであ
るから、国税通則法23条2項1号カッコ書に規定する「和解」に該当し
ないとして争った。

審判所の判断

　審判所は、本件和解につき、概要、以下のように判示した。

　本件和解に係る訴訟（本件訴訟）における請求人及び本件共同相続人ら
の主張内容等に鑑みても、本件贈与が請求人のあずかり知らないところで
請求人の承諾なくして行われた無効なものである旨の請求人の主張が根拠
を欠くものであるとは直ちに認め難い。

　また、本件訴訟の経過によれば、原告である請求人が本件贈与の無効の

確認を求めたのに対し、被告である本件共同相続人らがこれを争うという状況の下において、受訴裁判所の主導により、本件贈与が無効である旨の請求人の主張を認めて本件各土地に係る遺産分割協議をやり直す方向での和解が勧試されている。そして、本件共同相続人らが、当該方向での和解を行うことによる新たな課税問題の発生に対する懸念や請求人及びその両親への不信感から難色を示す中で、双方の訴訟代理人を交えた交渉と説得が重ねられ、本件訴訟の提起から約2年後に本件和解の成立に至ったものと認められる。

　そうすると、本件和解は実質において、客観的、合理的根拠を欠くということはできないから、国税通則法第23条第2項第1号カッコ書に規定する和解に該当するというべきである。

解　説

1.　裁判上の和解

　裁判上の和解とは、訴訟上の和解と起訴前和解（民訴法275）とを含む概念である。

　訴訟上の和解は、訴訟係属中に口頭弁論や弁論準備手続等において行われる和解である。その法的性質に関しては、私法行為説、訴訟行為説、両行為併存説（新併存説）等があるが、いずれにせよ、訴訟上の和解には確定判決と同一の効力が認められる（民訴法267）。

　ここにいう「効力」に既判力が含まれるのかという伝統的な議論はあるが、訴訟終了効及び執行力が認められるという点で争いはなく、国税通則法23条2項1号の更正の請求の理由となる行為になることには異論がない。

　起訴前和解は、その名のとおり起訴前すなわち訴訟係属が未了の段階で行われる和解であり、申立人が相手方の普通裁判籍の所在地を管轄する簡易裁判所に申立てを起こし（民訴法275①）、期日において成立した合意

37

が調書に記載されることによって（民訴規169）、訴訟上の和解と同一の効力を有する和解となる。したがって、起訴前和解も、国税通則法23条2項1号カッコ書の「和解」に当たる。

2. 後発的事由に基づく更正の請求の明文なき要件

　後発的事由に基づく更正の請求を認める国税通則法23条2項1号は、判決や和解等の取得目的を文言上制限してはいない。

　しかし、後発的事由に基づく更正の請求が、単なる税軽減の一手段として用いられることとなれば、租税法律関係の早期安定並びに適正な納税申告及び納税義務の履行という国税通則法全体の目的に反する事態となることは想像に難くない。このことは、同法23条2項3号にいう「やむを得ない理由」を規定する同法施行令6条1項2号が、解除の場合について「当該契約の成立後生じたやむを得ない事情」を求めており、税負担の錯誤は通常これに当たらないとされている（ケース9参照）ことからもうかがえる。

　したがって、専ら租税負担を回避する目的による和解等は、国税通則法23条2項1号における更正の請求の理由としては認められない。

　このような和解がいかなる要件によって排除されるのか、また、他にいかなる和解が排除される可能性があるのかについては、**ケース5**において詳細な分析を述べるが、本件において問題になったのはいわゆる真正（判決）要件、つまり、和解等に至る経緯、訴訟中の応訴態度等から当該和解等に実質的・客観的根拠があるかという点である。

　いずれにせよ、和解等の目的・真正性を検討するに際して判断すべき要素は、本裁決も挙げるとおり、その行為に関する実質的・客観的根拠であると解される。その根拠の有無を左右する具体的事情を一般的に挙げることは困難であるが、本件のような訴訟上の和解の場合、当該和解等による納税者の利益といった事情に加えて、その内容が請求の趣旨等と比較してどの程度譲歩されたものであるか、審理中の応訴態度及び和解に至る経過に不当な目的をうかがわせる事情がないか（真摯な訴訟追行の結果かどうか）といった点が検討されるものと思われる。

第2章　紛争処理手段

ケース **4**	和解によって確定されるべき事実関係

（神戸地裁平成19年11月20日　訟月55巻4号1933頁）

表見相続人に対する相続回復請求訴訟における返還額を一部制限した
訴訟上の和解が、国税通則法23条2項1号の和解に当たらないとさ
れた事例。

事実の概要

　Aは生前、Bを養子とする養子縁組届出を行っていた。Aの死亡後、B
はAの唯一の相続人として相続税の申告を行い、相続税を納付した。

　これに対し、Aの兄である原告XがBを相手方として、AとBの養子
縁組の無効確認訴訟を提起し、同養子縁組が無効であることを確認する判
決が確定した。

　続いてXは、Bに対し、Aの遺産のうちBがXに返還していない財産
の価格相当額の返還義務があると主張して、合計1億6,000万余りの相続
回復請求訴訟を提起した。この訴訟の係属中、XはAの相続について申
告書を提出し、相続税を納付した。なお、当該申告書によると、Xが相続
回復請求権で取得した遺産の合計は約1億5,980万円となっていた。

　X及びBは、本件相続回復請求訴訟において、「従前の審理の過程でB
の支払限度額が3,100万円であることが判明し、この状況下で当事者双方
が受訴裁判所の和解勧告に従って和解するに至った」旨確認したうえで、
(i)Bが原告に対し、同日和解金として3,100万円を支払うこと、(ii)Xは
これを受領のうえその余の請求を放棄すること、(iii)当事者双方は他に債権
債務のないことを確認することを内容とする和解を行った(以下「本件和解」
という)。

　Xは、本件和解により前記申告書記載の相続回復請求権約1億5,980万
円が3,100万円に減額されたことを理由に、国税通則法23条2項1号に
基づき相続税の更正の請求を行うとともに、これを前提とする還付請求を
行った。

裁判所の判断

裁判所は、概要、以下のように判示して原告らの主張を排斥した。

　相続税について判断する場合、国税通則法23条2項1号の「和解」とは、遺産の範囲または価額等の申告に係る税額の計算の基礎となった事実を争点とする訴訟等において、当該事実につき申告における税額計算の基礎とは異なる事実を確認し、または、異なる事実を前提とした裁判上の和解をいうものと解すべきである。そして、遺産の範囲及びその価額の判断における事実の異同とは、遺産を取得する時期であり、取得する遺産の範囲を決定する基準時となり、かつ、その財産の価額評価の基準時でもある相続開始時における遺産の範囲及び価額と申告書に記載されたそれとが異なることが確認等されたか否かによって判断することになる。したがって、たとえば、相続開始後に遺産が減失し、または、その価額が減少したことを確認し、または、これを前提とする裁判上の和解がなされても、この和解は同号の「和解」に当たらない。

　本件和解は、実質的には、BがXに対して占有管理していたAの遺産のうち3,100万円を和解金名目で返還し、Xはその余の相続回復請求権を放棄することを内容とするものであり、Aの遺産の範囲及びその価額等につき、相続開始時にさかのぼってB及びXのした相続税の申告と異なるものであったことを確認し、または、これを前提とするものではない。

　Xは、取得すべきであった遺産が本件和解により3,100万円に減縮された旨主張するが、「その余の請求を放棄する」との和解条項によりXが放棄した請求権は、相続回復請求権以外にはあり得ず、本件和解は、遺産の範囲自体は事後的にせよ変更することなく、逸失した遺産をどの範囲で返還させるかにつき互譲のうえ合意したものであるから、Xの主張は採用できない。

　また、Xは、「社会通念」、「納税者感情」及び「社会正義」の観点から、更正の請求を認めるべきであると主張する趣旨とも解される。

第2章　紛争処理手段

しかし、現行制度においては、過大申告の過誤があっても、申告どおり納税義務を確定させるのを原則としつつ、特定の場合に限って一定の期限を設けて例外的に過大申告の過誤を是正する更正の請求制度を設けたものと解されるから、国税通則法及び他の個別法規が認める理由以外の理由による更正の請求は認められないと解すべきである。

本件のXと類似の状況は、相続開始前から第三者が占有管理する遺産につき通常の評価をして相続税の申告をしたところ、当該第三者がこれを費消し、かつ無資力となった場合や、遺産である債権につき債権額を評価額として相続税の申告をしたところ、債務者が無資力化した場合及び相続開始後に遺産が第三者により滅失毀損された場合等にも生ずるのであり、本件に限って、法律の規定を超えた救済を必要とする理由があるとはいえない。

解説

1. 相続回復請求（民法884）

相続人は、相続権を侵害されている事実を知ったとき、当該侵害者（典型的には表見（僭称）相続人）に対して、相続回復請求をすることができる。

相続回復請求の法的性質については議論があるものの、実際の訴訟で主張立証すべき事実は、通常の所有権に基づく物権的請求とあまり変わりはない[6]。

本件は、こうした相続回復請求権の行使が十分になされなかった場合において更正の請求を認めなかった事案である（もっとも、本件において同請求権の行使が不十分であったかについては後述のとおり疑問がある）。

> [6] むしろ、相続回復請求は、その名称のもつ雰囲気と裏腹に真正相続人の権利行使が消滅時効にかかるという意味で、真正相続人に不利な規定であるとさえいわれる。そのため、適用が限定的に解釈される傾向がある（最大判昭和53年12月20日民集32巻

41

9 号 1674 頁参照）。

2. 本件について

本件において、当初 X が申告の基礎とした事実関係は「B に対する相続回復請求権があり、その評価は合計約 1 億 5,980 万円である」というものである。したがって、本件和解がこれと異なる事実を確定していれば、X の請求は要件を充足していたことになる。

そのような和解のもっとも典型的な例は、遺産の範囲に関して原告らと表見相続人の主張が異なり、和解の前提となった相続回復請求権の範囲や価格自体が申告時のものと異なっていた場合が挙げられる（たとえば、回復すべき遺産が 1 億円分に限られるなど）。これは、単に回復請求権の一部が現実には行使できなかった場合とは異なり、相続した財産の範囲ないし価額そのものに過誤があった場合であるから、課税価格そのものが変動していると解される。

これに対して、本判決は、本件和解において X が放棄した請求権は相続回復請求権以外にあり得ないことから考えると、X が B に対して 3,100 万円を超える相続回復請求権を有していたことが、当然本件和解の前提となっていることに着目した。そのうえで、本件和解は遺産の範囲や価額自体については事後的に何ら変更を加えるものではなく、返還させるべき財産の範囲を互譲のうえ確定したものにすぎないと述べ、更正の請求の理由たる「和解」に当たらないと判断した。

判決も指摘しているとおり、相続開始時点における相続財産の範囲や評価が誤っていた場合と異なり、相続債権が事後的に債務者無資力のため回収不能となった場合には、相続税の課税価格に変動が生じるわけではない。相続回復請求権の場合も、究極的には同様であり、債務者である表見相続人からの回収ができなかったからといって、相続税額の変動が生じるとする必然性はないから、判旨は正当であるといえる。

なお、本判決の他の箇所では、X が和解金 3,100 万円のほかに返還を受けた財産があることが示唆されており、本件和解に対する上記解釈には、

42

当該事情も影響しているものと考えられる。

3. 相続税に関する更正の請求

　本判決は、相続税に関する更正の請求の理由たる「和解」について一般的な判示をしており、参考になる。

　すなわち、相続税申告に係る遺産の範囲及びその価額の判断における事実の異同とは、遺産を取得する時期を基準時として、その取得する遺産の範囲及び価額が申告書に記載されたものと異なる場合を指し、事後的に価額が変動してもこれに当たらないということである。

ケース	5	通謀虚偽表示による遺産分割協議の無効判決

通謀虚偽表示による遺産分割協議の無効判決
（最判平成15年4月25日 訟月50巻7号2221頁）

配偶者に対する相続税軽減規定の適用による利益を最大限に受けるため、通謀のうえ仮装の合意として成立させた遺産分割協議について、その無効を確認する判決を理由とする更正の請求が認められなかった事例。

事案の概要

上告人Xは亡Aの子であり、Aの相続人は、Aの妻及びXらAの子4人の計5人であった。

Xら共同相続人は、亡Aの相続に係る相続税の法定申告期限内に遺産分割協議を成立させ（以下「本件遺産分割協議」という）、Xは本件遺産分割協議に基づき相続税の申告を行った。

その後、X以外の他の相続人らは、本件遺産分割協議が通謀虚偽表示により無効である旨主張し、Xに対する本件遺産分割協議の無効確認請求訴訟を提起した。当該訴訟においては、Xら共同相続人が、Xの主導の下に、配偶者に対する相続税軽減規定の適用による利益を最大限に受けるべく、相続税申告期限内に遺産分割が成立したこととするため、通謀のうえ仮装の合意として本件遺産分割協議を成立させたと認定され、他の相続人らの請求認容判決が確定した（以下「別訴判決」という）。

Xは、別訴判決によって亡Aの遺産が未分割の状態にあり、法定相続分により計算した相続税を超える額について、申告に係る課税価格及び納付税額が過大になったとして、国税通則法23条2項1号に基づく更正の請求を行った。

第2章　紛争処理手段

裁判所の判断

　最高裁は、次のとおり述べて上告を棄却した。

　本件で上告人は、自らの主導の下に、通謀虚偽表示により本件遺産分割協議が成立した外形を作出し、これに基づいて本件申告を行った後、本件遺産分割協議の無効を確認する判決が確定したとして更正の請求をしている。そうすると、上告人が、法23条1項所定の期間内に更正の請求をしなかったことにつきやむを得ない理由があるとはいえず、同条2項1号により更正の請求をすることは許されないと解するのが相当である。

解　説

1.　配偶者に対する相続税軽減制度

　配偶者に対する相続税軽減制度は、相続税法19条の2に規定された制度である。同制度では、配偶者の相続税額から、相続税法19条の2第1項2号イとロに挙げられる金額のうちいずれか少ない金額をもとにして計算した金額を控除するものとされている。

　そして、この税額控除は、「配偶者に係る相続税の課税価格に相当する金額」(相法19の2①ニ、ロ)の課税価格の計算の基礎となる財産について、申告書の提出期限までに未分割の財産を含まないとしている(同②本文)ことから、その財産に係る相続税については、軽減措置が受けられないことになる。

　本件は、この配偶者に対する相続税軽減制度の恩恵を最大限受けるために通謀虚偽表示によって成立した遺産分割合意について、これをのちに無効であることを確認した判決が更正の請求の理由とはならないとした最高裁判決である。

　なお、相続税の申告書に、「申告期限後3年以内の分割見込書」を添付し、申告期限までに分割されなかった財産を3年以内に分割した場合や、申

45

告期限後 3 年を経過するまでに分割できないやむを得ない事情があって、税務署長の承認を受けた場合等は、例外的に申告期限後の分割であっても配偶者に対する相続税軽減制度を利用することができる（相法 19 の 2 ②但書）。

2. 税負担軽減目的の判決等

ケース 3 で述べたとおり、訴訟上の和解は、実質的客観的根拠を欠き専ら税負担を軽減する目的で行われたものである場合には、通則法の目的及び更正の請求の趣旨に照らし、更正の請求の根拠として認められない。このことは、和解のみならず、他方当事者が真摯な訴訟追行を放棄した馴合い訴訟の場合等にも当てはまる。

下級審判決においては、こうした税負担軽減目的の馴合い訴訟判決が、更正の請求の理由たる「判決」とならないと述べるものがある[7]。

ここで問題になるのは、こうした判決がいかなる要件によって国税通則法 23 条 2 項 1 号から排除されるのか、こうした判決以外にいかなる判決が排除されるのかという点である。

なお、前掲の各裁判例は、当初申告は事実に適合していたが、取得した判決が馴合いであったというものであるのに対し、本件は当初申告が仮装の事実に基づくものであり、事後の判決が適正な事実関係を認定しているという相違点にも注意が必要である。

[7] 東京高判平成 10 年 7 月 15 日 訟月 45 巻 4 号 774 頁、広島高判平成 14 年 10 月 23 日 税事 36 巻 2 号 67 頁、大阪高判平成 16 年 12 月 17 日 税資 254 号順号 9865

3. 国税通則法23条2項1号に明文のない要件

国税通則法 23 条 2 項 1 号に関する明文のない要件に関する分析は、学説上、以下のような議論がある[8]。

明文なき第一の要件が、「真正判決要件」である。つまり、専ら税負担を回避する目的でなしたもの[9]、客観的事実と明らかに異なる内容の事実を確認するもの[10]等、客観的合理的根拠に欠ける判決等は同号における

判決等としては認められない。

当該要件を判断する要素は、**ケース3**において指摘したとおり、当該判決等の経緯、訴訟中の応訴態度等から、当該判決等に客観的合理的根拠があるかという観点から判断されるものと思われる。

続いて、第二の要件として、納税者が、国税通則法23条1項の期間内に更正の請求をすることができなかったことにつき「やむを得ない理由」があるかという「無帰責性要件」[11] が求められる。そして、当該要件について判断したと考えられるのが本件最高裁判決であり、そのほかには、横浜地判平成9年11月19日[12]、高松高判平成23年3月4日[13] がある。

しかし、この「やむを得ない理由」がいかなる場合に認められるのかについては、未だ支配的な見解を見ない。この点については、更正の請求が問題となりうる場面に応じて考えたほうがよいと思われる。

まず、本件最高裁判決のように、①当初申告の基礎となる事実が仮装であり、後の判決によって適正な事実関係が認定された場合である。

本件最高裁判決は、Xが「主導的に」虚偽の事実を作出したことを指摘しており、仮装の事実の作出に対して主導的な関与がある場合には「やむを得ない理由」が認められないとしている。この最高裁の判示は、仮装を主導したという納税者の悪意に着目しているのか、仮装の主導性が仮装の悪意（知情）を強く推認させることに着目しているのか、なお見解の分かれ得るところである[14]。

他方で、本件の原審[15] は、「申告時、納税者が、基礎事実と異なることを知らなかった」ことまで求めており、仮装の主導性がある場合に「やむを得ない理由」を認めないとする最高裁よりも厳格な基準をとっているとも考えられる。

もっとも、上記最高裁の判旨につき、仮装の主導性は悪意推認の一事情であるという立場をとるなら、両者の判断は、事実の仮装性に関して悪意であれば「やむを得ない理由」を認めない点では一致しており、基準に差はないと考えることもできるであろう（過失については不明であるが、後述

の申告納税制度の一般論を考慮すると、過失ある納税者を救済すべき必然性は
ないという結論を導きやすいのではないかと考えられる）。

　次に、②当初申告の基礎となる事実は一応真正なものではあるが、容易
に税額の変動を生じる事由を予想することができた（そのうえで、仮装な
いし客観的根拠に乏しい疑いのある判決を受けた）場合である。このような
事例を扱った最高裁判決は見当たらないが、前掲横浜地判平成9年や前
掲高松高判平成23年などの下級審においては、まず、納税者が申告の時
点で税額に変動が生じる事由を予想できたかを検討し、その後の経緯も踏
まえて国税通則法23条1項所定の期間内に更正の請求をしなかったこと
につき「やむを得ない理由」があるか検討していると考えられる。

　申告納税制度は、課税標準及び税額に関する事情に最も精通する納税者
自身の申告に基づき租税法律関係を効率的かつ合理的に確定するものであ
る。そして、申告納税制度下においては、納税義務の有無及び納税額等に
ついては、納税者自身が、自己の責任において、法定申告期間内に十分に
検討したうえで正確な申告をすることが期待される[16]。

　したがって、申告当時容易に税額等の変動が生じる事由を予想し得た場
合は、少なくとも国税通則法23条1項の更正の請求の期間中に減額の措
置を受けられるように行動すべきであり、それを怠った納税者は、そのこ
とによる不利益を被ってもやむを得ない。下級審の上記検討はそのような
趣旨に基づくものと解される。

> [8]　神山弘行「判研」ジュリ1266号209頁、武田昌輔監修「DHCコ
> 　　　ンメンタール　国税通則法」（第一法規）1441の5頁。なお、
> 　　　金子宏『租税法（第21版）』（弘文堂）841頁は、異論ありとする。
>
> [9]　東京高判平成10年7月15日 訟月45巻4号774頁、広島
> 　　　高判平成14年10月23日 税資252号順号9215、大阪高判
> 　　　平成16年12月17日 税資254号順号9865
>
> [10]　東京高判平成3年2月6日 税資182号順号6653
>
> [11]　神山（前掲注 [8]）では「善意要件」や「善意無過失要件」と呼

ばれている。

[12] 税資229号順号8030。東京高判平成10年7月15日の原審。保証債務の仮装性までは断定しなかったため。

[13] 訟月58巻1号216頁。最決平成23年10月21日（上告不受理）税資261号順号11793

[14] 神山（前掲注［8］）210頁

[15] 福岡高判平成13年4月12日 税資250号順号8878

[16] 高松高判平成23年3月4日 訟月58巻1号216頁参照。

ケース 6	相続財産の一部である株式の譲渡契約に関する判決
	（東京高判平成26年10月30日 税資264号順号12560）

相続財産に株式が含まれる前提で行った相続税の申告について、後の別件訴訟判決によって当該株式が相続財産に含まれていなかったことが確定したとする更正の請求が認められなかった事例。

事実の概要

納税者Xは、平成16年に死亡した被相続人Aの子である。

Xは、Aの相続財産に、株式会社Cの子会社であり、Aが代表取締役会長を務めていたB株式会社の株式（以下「本件株式」という）が含まれ、かつその価額は財産評価基本通達に基づき1株あたり1,083円であるとして相続税申告を行っていた。本件においてXが更正の請求の理由たる「判決」であると主張したのは、XとCの間の訴訟の判決である。

Xは、平成17年2月、Cとの間で、本件株式を1株あたり642円で譲渡する契約を締結した（以下「本件株式譲渡契約」という）。本件株式譲渡契約の契約書には、以下のような記載があった。

① 対象株式は、平成16年に死亡した亡Aの保有に係る本件株式であり、Aの相続人はXらである。上記株式は、その大半がもとCの保有していた株式であり、これを亡Aに従前Cが譲渡したものである。

② Cは、①記載の経緯により、Xらが保有する本件株式を譲り受けることをXらに申し入れ、Xらはこれを承諾した。

③ 本件株式につき、従前Cが亡Aに譲渡した金額を含む平均取得金額は1株あたり642円であるため、CはXらに対して同額で対象株式を譲り受けたい旨申し入れ、XらはこれをＬ承諾した。

Xは、平成21年、C及びその顧問弁護士に対して、①主位的に、本件株式譲渡契約に当たり、Cらの虚偽の説明によって不当に低い価格で本件株式を譲渡させられたとして、不法行為による損害賠償請求権に基づき、②予備的に、亡AとCの間に本件株式を取得価格でCに譲渡する旨の合

意が存在しないのにこれが存在した錯誤により本件株式譲渡契約は無効であると主張し、不当利得返還請求権に基づいて、財産評価基本通達によって評価した額である1株1,083円で算定した本件株式の価額と、実際の譲渡代金（1株642円）の差額の支払を求める訴訟を提起したが、Xの請求はいずれも棄却された（以下「別訴判決」という）。

Xは、これを受け、別訴判決によって、(i)亡Aの相続財産に含まれていたのは本件株式ではなく、Cに譲渡された本件株式の売買代金請求権であったこと、(ii)本件株式自体が相続財産であるとしても、AとCとの間に本件株式売買予約が存在していたことが確定し、いずれにしても相続開始時の本件株式価額（時価）が1株1,083円ではなく、1株642円であったことが確定したとして、国税通則法23条2項1号に基づく更正の請求を行い、本訴を提起した。

裁判所の判断

裁判所は第一審[17]を引用し、Xの主張(i)について以下のとおり判示した。

> 別訴の訴訟物は、本件相続開始後にされた本件株式譲渡契約に関する虚偽の説明を理由とする不法行為に基づく損害賠償請求権（主位的請求）及び同契約の錯誤無効を理由とする同契約の売買代金に係る不当利得返還請求権（予備的請求）であり、本件相続開始時における本件株式の帰属自体ではなく、それと表裏一体の関係にあるといい得る権利関係でもないから、別訴判決における訴訟物に関する判断によって、本件相続開始時における本件株式の帰属が確定するものということはできない。

次に裁判所は、Xの主張(ii)についても第一審を引用し、以下のとおり述べて排斥した。

> 別訴訴訟物が本件株式の売買予約の存否自体ではなく、これと表裏一体の関係にあるといい得る権利関係でもないから、別訴判決によって売買予約の事実が確定するものということはできない。

さらに、裁判所は、(i)及び(ii)のいずれについても、第一審の別訴判決の理由に係る部分の判示を削除し、以下の理由を追加した。

> 別訴判決の主文はXの請求をいずれも棄却するというものであって、Aの相続開始当時、第三者が本件株式を有していたこと、その他の相続開始当時本件株式がAに帰属していなかったことを意味する権利状態を、判決の主文で確定したと同視できるような場合に該当しない。

なお、本判決は最高裁判所で不受理決定され、確定した[18]。

[17] 東京地判平成 26 年 2 月 18 日 税資 264 号 1241 頁
[18] 最決平成 27 年 12 月 3 日 税資 265 号順号 12765

解 説

1. 民事訴訟の判決の効力

民事訴訟の判決には、後訴裁判所に対して確定判決と矛盾する判断を禁じる（訴訟法上の）効力、すなわち既判力がある（民訴法 114 ①。既判力の定義はその本質と絡んで民訴法学上争いがあるが、ここでは省略する）。

この既判力が生じる範囲は、原則として主文中の判断、つまり訴訟物に関する判断についてのみ生じるとするのが通説である。すなわち、訴訟物に関する判断の前提となる事実や権利・法律関係は、たとえ理由中で示されていたとしても既判力は生じない（明文の例外は相殺に関する民訴法 114 ②。なお、前訴と後訴の訴訟物に一定の関係があるときに既判力の作用によって後訴における特定の主張が制限されたり、信義則上特定の主張が封じられる

第2章　紛争処理手段

場合[19] はあるが、そのことと当該確定判決によってある事実が既判力をもって確定されているといえるかは別問題である）。

たとえば、AのBに対する所有権に基づく土地明渡請求訴訟が、請求認容判決で終了した場合、既判力が生じるのは、（既判力の基準時である事実審の口頭弁論終結時における）「AのBに対する所有権に基づく土地明渡請求権」が存在するという判断のみであり、その前提となる権利関係に当たる「Aが土地所有権を有する事実（権利関係）」は既判力によって確定されるわけではない[20]。

また、AのBに対する売買契約に基づく代金支払請求訴訟が、請求棄却判決で終了した場合、既判力が生じるのは「AのBに対する売買契約に基づく代金支払請求権が存在しない」という判断のみであり、その判断を導く理由である弁済や売買契約当事者の意思無能力等の判断には生じない。

このことは国税通則法の更正の請求にも影響を及ぼすこととなる。すなわち、民事訴訟における審判の対象は訴訟物であり、既判力をもって確定されるのは、原則として主文中の訴訟物に関する判断だけであるから、既判力が生じない判決理由中の事実に関しては、後訴裁判所が異なる判断を下すことが論理的に可能である。そうすると、当該判決によって理由中の事実が確定されたということはできない。

したがって、ある判決によって課税の基礎となる事実が覆されていたというためには、当該事実の存否や当該事実と表裏一体の権利関係[21] 自体が訴訟物となっている必要があるということになる。

[19] 最判昭和 51 年 9 月 30 日 民集 30 巻 8 号 799 頁

[20] 最判昭和 30 年 12 月 1 日 民集 9 巻 13 号 1903 頁は、所有権に基づく抹消登記手続請求訴訟の判決につき、所有権の存在を確認した理由中の判断には既判力がないと明確に述べている。その他、判決理由中の判断に関する既判力を否定した判例としては、最判昭和 44 年 6 月 24 日 判タ 239 号 143 頁、最判昭和 48 年 10 月 4 日 判時 724 号 33 頁等がある。

53

[21] なお、所有権と所有権に基づく登記請求権は、訴訟物としては異なるものの表裏一体の権利関係であるとの説は存在するが、異説もある。

また、判決主文に含まれる事項には、訴訟物でなくとも既判力に準じた効力が生じる場合がある（相続人の限定承認に関する最判昭和49年4月26日民集28巻3号503頁）。

2. 本件について

ア) Xの主張(i)について

本件において、課税の基礎となった事実は「A死亡時においてAに本件株式の所有権が帰属していた」という事実である。

これに対して、別訴の訴訟物は、「XからCらに対する（本件株式譲渡契約に関する虚偽の説明を理由とする）不法行為による損害賠償請求権（主位的請求）及び（同契約の錯誤無効を理由とする）同契約の売買代金に係る不当利得返還請求権（予備的請求）」であり、既判力はこれらの請求権の不存在の判断に生じている。

この場合、「A死亡時においてAに本件株式の所有権が帰属していた（すなわち、生前の譲渡がなかった）」という事実は、それ自体が訴訟物であるわけではなく、これらの請求権を発生させる前提となり得る一つの事実にすぎない。また、虚偽の説明を理由とする不法行為の成立には、本判決が挙げるように、Cらにおける虚偽の説明に関する違法性、その故意または過失等が認められなければならないし、錯誤無効を理由とする不当利得返還請求においても錯誤の有無や要素性等が問題になるから、上記事実とこれらの請求権の存否が表裏一体の関係にあるともいえない。

したがって、別訴訴訟物との関係では、上記事実は、上述の既判力が働かない例と同じように単なる前提としての一事実にすぎないから、Xの請求を棄却した別訴判決が本件の課税の基礎となった上記事実と異なる事実（Aが生前本件株式をCに譲渡していたこと）を確定したことにはならない。本判決はかかる論旨であり、その指摘は法的に正当である。

裁判所は、別訴判決の理由中の判断の趣旨に言及した第一審の判示部分を削除し、判決の主文において申告の基礎となった事実と異なる事実が確定されたことと同視できるような場合に該当しないことのみを理由としており、これは、判決等により更正の請求ができる場合は、判決の理由中ではなく、主文で異なる事実が確定したと考えられる場合に限定されるとの考慮に基づくものと思われる。

イ）Xの主張(ii)について

裁判所がXの主張(ii)について判断したのは、課税の基礎となる事実には、「相続開始時にAに本件株式が帰属していた」という事実のみならず、「相続開始時点における本件株式の評価額が1株1,083円」という事実も含まれているところ、Aの生前の売買予約によってCらに1株642円の売買予約完結権が与えられていたとすれば、A相続開始時点における本件株式の評価額もまた1株642円と評価すべきであると考え得るから、その意味で事実の転覆がなかったか（別訴判決によって売買予約が成立していたという事実が確定されていないか）を検討する必要性があったことによる。

この点についても、裁判所は、別訴判決の主文で当該事実が確定されていないことを理由に排斥し、上記ア）と同様に原審の別訴判決理由中の判断に係る判示を削除している。

3. 類似裁判例

本件と同じ問題点を扱った裁判例[22]がある。

原告は、他人に土地売却の代理権を授与し、代理人が本件土地を売却したが、代理人が原告に対して売却代金の一部しか渡さないまま、一部を自ら取得した。原告は、買主に対し、残代金の支払請求訴訟を提起したが、同訴訟は原告敗訴に終わった。原告は、当該敗訴判決によって代理人の代金横領の事実が確定し、横領額が所得税法72条1項による雑損控除の対象となるとして、国税通則法23条2項1号の更正の請求を行った。

裁判所は、同号にいう「判決」とは、申告に係る税額等の計算の基礎となった事実の存否や効力等を直接審判の対象とする訴訟において、上記計

算の基礎となった事実と異なる事実の存否等を確定した判決であると述べたうえ、別件判決による既判力の客観的範囲は、原告が買主に対して売買代金支払請求権を有していないという限度で生じるにすぎず、その余の事実についてまで及ぶものではないから、代理人が原告の取得すべき金員を横領した事実について既判力が生じたとはいえず、上記の「判決」には該当しないとした。

[22] 津地判平成 23 年 3 月 31 日 税資 261 号順号 11658

4. 自らが当事者となっていない判決[23]

　共同相続人の 1 人が原告となり、相続財産として申告していた貸付金のうち自らの法定相続分に相当する部分の支払を求めた貸金返還請求訴訟において、当該貸付金の存在が認められないとして請求棄却判決がなされた場合、当該訴訟の原告以外の共同相続人が行った更正の請求が認められるか。

　確定判決は、原則として当事者にのみその効力が及ぶ（民訴法 115 ①一）。したがって、確定判決の効力が及ばない者であれば、当該確定判決でどのような事実が認定されようとも、何らの影響も受けず、当該確定判決によって申告等に係る課税標準等または税額等の計算の基礎とした事実と異なる事実が確定することはない。

　したがって、更正の請求者に効力の及ばない判決を理由とした更正の請求は認められない。

[23] 国税不服審判所裁決平成 25 年 8 月 22 日 裁事 No.92

5. 刑事訴訟の判決

　刑事訴訟の判決が確定する対象は、犯罪事実の有無及びその判断に基づく国家刑罰権の存否であるから、刑事事件の判決において申告の前提と異なる事実が犯罪事実として認められても、私法上の権利関係は何ら変動しない。

第2章　紛争処理手段

　また、現行租税法制は、刑事事件の判決において認定された事実によって課税額の計算が拘束され修正される制度をとっていない。

　したがって、刑事事件の判決は、国税通則法 23 条 2 項 1 号における更正の請求の根拠とはならないと考えられる。

　たとえば、修正申告と同額で検察官が立件した犯則事件について、逋脱税額を一部減額した有罪判決があっても、1 号の「判決」には当たらない[24]。

[24] 最判昭和 60 年 5 月 17 日 税資 145 号 463 頁、国税不服審判所裁決平成 3 年 11 月 1 日 裁事 42 集 7 頁

4 仲　裁

　仲裁とは、すでに生じた、または、将来において生ずる可能性がある民事上の紛争の解決を、第三者である仲裁人にゆだね、かつ、その判断（仲裁判断）に服する旨の合意（仲裁合意。仲裁法2①）に基づいて行われる紛争解決手段である。

　仲裁は、訴訟と異なり、当事者双方が仲裁による解決に合意（仲裁合意）しなければ行うことができない。また、仲裁法上に規定されている裁判所の関与を除き（仲裁法35）、裁判所において行われる手続ではない。

　他方、調停とは異なり、仲裁合意に基づいて仲裁を行えば、仲裁人の判断に従わなければならず、当事者はこれに拘束される。また、仲裁判断の執行には裁判所に対する執行決定が必要であるが（仲裁法45①但書、46）、仲裁判断自体は確定判決と同一の効力を有するとされている（同項本文）。

　したがって、有効な仲裁判断がなされた場合は、国税通則法23条2項1号に該当することになる。もっとも、すでに述べた和解や判決と同様の問題点が生じうることには注意が必要である。

　なお、国際課税分野、特に移転価格税制の適用場面において、国際的二重課税が生じた場合に、これを排除するために租税条約に基づく二国間相互協議による解決が模索される。しかし、国によっては二国間相互協議が実質的に機能しないことから、納税者が国内法上の争訟手続による解決を余儀なくされるケース[25]も散見される。

　そこで、このような状況に対処するため、OECDはBEPS行動14「効果的な紛争解決メカニズムの策定」において、相互協議の効率性の改善への取り組みとして、相互協議条項に義務的仲裁条項を導入することを提言した。もっとも、現時点では同条項の導入について、BEPSプロジェクトの参加国間でコンセンサスがとれていない状況ではあるものの、我が国の

条約にはすでに義務的仲裁条項が規定されているものもある[26]。具体的な手続としては、納税者により相互協議が申し立てられた事案において、当事国の課税当局による相互協議の開始から2年を経過しても当局間で合意に至らない場合に、納税者が仲裁を申し立てることができ、仲裁が申し立てられた場合には、当事国が各1名、その2名が推薦したもう1名の計3名の独立した仲裁人による仲裁委員会が設けられ、仲裁開始から10か月程度（期間は条約により異なる）で仲裁決定がされる手続である。仲裁決定がされると、納税者は30日以内にその諾否を決定し、納税者が承諾した場合は、両当事国は決定の内容に拘束される。我が国の相互協議事案で仲裁に至った例は明らかにされていないが、仲裁制度の導入により、当事国間の相互協議における事案の解決が促進されることが期待されている[27]。なお、移転価格課税に関しては、更正の請求ができる期間が6年とされ、相互協議等による当事国間で租税条約に基づく合意（仲裁決定も含まれる）をした場合等には、一定の部分について、延滞税が免除され、反対に還付加算金が賦課されないという特則がある（措法66の4⑳ないし㉕）。

[25] 東京高判平成27年5月13日 税資265号順号12659、国税不服審判所裁決平成14年6月28日〔非公開裁決〕TAINS FO-2-105ほか

[26] 我が国が締結した租税条約で最初に仲裁条項が規定されたのは、平成22年4月の日蘭租税条約である。その後、香港、米国、ニュージーランド、英国、ドイツなど多くの租税条約に導入されている。

[27] 平成27年1月16日経団連税制委員会企業部会「BEPS行動14に係わる公開討議草案に対する意見」参照

第3章

法制度及び契約に基づく事実関係の修正

1 契約の解除

| ケース **7** | **解除における「やむを得ない事由」**
（大阪高判平成27年3月6日 税資265号順号12622） |

代償分割の方法による遺産分割協議について、代償債務の履行を受けられなかったために行った遺産分割協議の債務不履行解除及び合意解除が、国税通則法施行令6条1項2号にいう「解除権の行使」や「当該契約の成立後生じたやむを得ない事情」による解除に当たらないとされた事例。

事実の概要

被相続人Aの共同相続人は、B、原告Xらの3人である。

Xら共同相続人は、BがAの相続財産である不動産すべてを相続し、その代償として、BがXらに対して各5,000万円を支払う旨の遺産分割協議を成立させた（以下「本件当初分割協議」という）。本件代償債務の履行時期は、ゴルフセンターの売却時または本件相続に係る相続税の納付時のいずれか早い時期とされた。

Xら共同相続人は、本件当初分割協議に基づき、Xらが取得した財産は各代償債務の額であり、Bが取得した財産はAの全相続財産から本件各代償債務の合計1億円を控除した額であるとするAの相続に係る相続税申告を行った。

しかし、結果的にBからXらに対して本件各代償債務は履行されず、本件当初分割協議から10年以上経過後、大阪国税局からXらに対して、Bの相続税に係る連帯納付義務の履行を求める書面が送付された。

その後、XらはBに対し、本件各代償債務が履行されていないこと、それにもかかわらずBが負っている相続税に係る連帯納付義務まで課さ

62

れることになったことを理由として、債務不履行に基づき本件当初分割協議を解除する旨の通知を行った。

さらにXらは、その数日後、本件当初分割協議がBの債務不履行を理由に解除されたことを確認するとともに、「Aの遺産は再び未分割の状態に服することとなったため、改めて共同相続人全員で遺産の分割協議を行った」と明らかにしたうえで、BがAの財産及び債務のすべてを相続し、Xらは何も相続しない旨の遺産分割協議書を作成した（以下「本件分割協議」という）。

Xらは、(i)本件当初分割協議は、Bの債務不履行を原因として法定解除権の行使により解除されたから、国税通則法23条2項3号・同法施行令6条1項2号の「解除権の行使」がなされた、(ii)本件分割協議がなされたことにより、本件当初分割協議は合意解除されており（以下「本件合意解除」という）、本件分割協議による本件合意解除には「やむを得ない事情」がある、として更正の請求を行った。

裁判所の判断

1. 本件当初分割協議が「解除権の行使によって解除」されたものか

裁判所はまず、Xらの主張(i)について、原審（大阪地判平成26年2月10日　税資264号順号12413）を引用し、概要、以下のとおり判示した。

共同相続人間において遺産分割協議が成立した場合に、相続人の一人が他の相続人に対して当該協議において負担した債務を履行しないときであっても、他の相続人は民法541条によって当該遺産分割協議を解除することができないと解するのが相当であるから（最判平成元年2月9日　民集43巻2号1頁参照）、本件においても、原告らが債務不履行を原因として民法541条に基づき本件当初分割協議を解除することはできないというべきである。

2.「当該契約の成立後生じたやむを得ない事情」が認められるか

次に裁判所は、X らの主張(ⅱ)について、以下ア)のとおり、本件合意解除と本件分割協議による再分割であるとは認めたうえで、イ)のとおり、やむを得ない事情は認められないと判示した。

ア）本件分割協議によって本件当初分割協議が合意解除されたといえるか

遺産分割協議の法定解除は上記のとおり認められないが、共同相続人の全員がすでに成立している遺産分割協議を合意により解除したうえ、改めて遺産分割協議をすることは、当然には妨げられるものではない（最判平成 2 年 9 月 27 日 民集 44 巻 6 号 995 頁参照）。

国は、X らは本件分割協議により再分割の名の下に B に対する本件各代償債務に係る債権を放棄したにすぎないから、実質的には当初分割協議が合意解除されたとはいえないと主張するが、本件分割協議当時、B が主要な財産及び収入を失い、経済的に破綻して本件各代償債務を履行することができない状態にあったことは争いがないから、X らが本件当初分割協議を合意解除した上で改めて本件分割協議を成立させる方法により、回収不能となった本件各代償債務を免除しようとしたことについて合理性を伴う理由がないわけではなく、そのような場合に遺産分割の合意解除と再分割という法形式を選択することが許されないということもできない。したがって、本件当初分割協議が合意解除されたとはいえないとする国の主張は採用すべきでない。

イ）「当該契約の成立後生じたやむを得ない事情」が認められるか

「やむを得ない事情」とは、法定の解除事由がある場合、事情の変更により契約内容に拘束力を認めるのが不当な場合、その他これに類する客観的な理由のある場合をいうものと解される。

X らは、何らの錯誤や誤信等もなく成立した本件当初分割協議により、

第3章　法制度及び契約に基づく事実関係の修正

十分な経済的価値を有する本件代償債務に係る債権を取得したにもかかわらず、自らの任意による選択に基づき、長年にわたってその回収を図ろうとしないまま放置し、その結果、経済事情の変動等が原因で上記債権が経済的に無価値となる事態を招いた上、そのような事態が生じてから更に3年以上が経過した後、相続税の連帯納付義務を免れる目的をもって本件当初分割協議を合意解除した上で改めて本件分割協議を成立させたものであり、このような経過の下に行われた上記解除等が「やむを得ない事情」によってされたものであるということはできないから、当該解除は、通則法施行令6条1項2号に該当せず、通則法23条2項3号所定の更正の請求の原因とはならないというべきである。

本判決は以下のような事情にも言及している。

すなわち、本判決は、当初分割協議に基づく代償債務の履行期は、Aの相続に係る相続税の納付時であったが、Xらは、その時期以降代償債務の支払を請求することができたにもかかわらず、6年ないし7年程度、実質的な回収可能性があったこと及び経済的価値のある代償債務を回収しなかったことを指摘し、Xらが取得した債権の回収可能性や財産的価値に錯誤・誤信等があったとは考えられないうえ、合理的な理由もないのに長年回収を図らないまま債権を無価値にする事態を招いたと認定した。

また、本判決は、国税通則法23条2項3号が政令で定める「やむを得ない理由」がある場合に、当該理由が生じた日の翌日から起算して2月以内の期間に更正の請求をすることができる旨を定めていることに照らすと、同法施行令6条1項2号の定める「当該契約の成立後生じたやむを得ない事情によって解除され」た場合とは、解除等の原因となった事情変更の時から起算して合理的期間内に解除等がされた場合に限られると解するのが相当であると判示し、代償債務の回収不能という解除の原因となる事情の変更が判明してから3年後に本件分割協議を成立させていることからすると、本件解除は「やむを得ない事情」によってされたものである

65

ということはできないと述べた。

解　説

1. 国税通則法施行令6条1項2号

　後発的事由に基づく更正の請求ができる場合として、国税通則法施行令
6条1項2号は、「その申告、更正又は決定に係る課税標準等又は税額等
の計算の基礎となった事実に係る契約が、解除権の行使によって解除され、
若しくは当該契約の成立後生じたやむを得ない事情によって解除され、又
は取り消された」場合を定める。

　同号の「解除権の行使による解除」と「それ以外の解除」の違いは、前
者が形成権の一種である「解除権」の行使、すなわち一方的な意思表示に
よる解除であるのに対し、後者が合意による解除を想定している点である
と考えられる。

　解除権には、民法上の債務不履行解除のように法律に規定されている法
定解除権と、当事者が合意によって定める解除権留保特約等に基づく約定
解除権がある。また、解除権の行使の効果は契約の遡及的無効であるとす
るのが通説であり、課税の根拠となる事実を生じさせた行為の有効性が行
為時にさかのぼって覆されることになる。

　これに対して「合意解除」は、当事者間で契約を遡及的に無効とするこ
ともできるが、それ自体が解除時点の新たな契約によって旧契約の効力を
消滅させる再度の権利変動という側面も有している。

　「やむを得ない事情」の要否が明文で分かれているのは、このような解
除の法的性質の差に基づくものとも考えられるが、すでに述べたとおり、
後発的事由に基づく更正の請求一般について、通常の更正の請求によるこ
とができない「やむを得ない理由」が求められると考えられることからす
ると、解除権の行使の場合にも、「やむを得ない理由」がないとして更正
の請求が認められない場合がありうるのではないかと思われる（たとえば、

66

租税負担回避のために債務不履行原因を作出する目的で、あえて債務不履行を装う等。後述の「錯誤」の場合〔ケース9〕も参照）。

2.「解除権の行使」が争われた事例

更正の請求そのものが直接の争点となったわけではないが、納税者と当局の間で解除権の行使に当たるかが争われた例として、直近の例では広島地判平成23年9月28日[1] が挙げられる。同事案の概要は以下のとおりである。

被相続人は生前に相続財産である不動産の売買契約を締結し、手付金の支払を受けた。同契約には不動産の引渡期日（残代金の支払期日）までは手付解除が可能な旨定められていた。しかし、被相続人は当該期日前に死亡した。その後、共同相続人らは、買主に対して売買契約の決済を待ってほしい旨申し入れ、引渡期日の経過後に手付倍返しによる解除を行った。相続人らは売買契約に係る課税財産は各不動産であると主張した。

これに対して国は、(i)買主が履行に着手していたこと、(ii)引渡期日経過後であって手付解除ができないこと、(iii)原告らは債務不履行に陥っていたことなどから、原告は手付解除ができず、実質的には合意解除である等と主張し、課税財産は売買代金債権であると主張した。

裁判所は、(i)買主が履行に着手していたとは認められないこと、(ii)被相続人死亡前後の買主とのやり取りからすると、買主も決済の延期や解除に異議を唱えておらず、売主である被相続人の突然の死という事態に直面して決済日を延期する黙示の合意があったと認められること、(iii)原告らに債務不履行があったとまでは評することはできず、他に原告らの債務不履行を基礎づける事実は認められないことを理由として、国の主張を排斥し、更正等の取消しを認めた。

このように、解除権の行使による解除については、そもそも本当に「解除権の行使」なのか、実質的には「合意解除」ではないかという争いが生

67

じうることを念頭に置く必要があると思われる。

そのほか「解除権の行使」が認められた事案には、受贈者の同居・扶養義務違反を発生事由とする解除権留保特約付の贈与契約が当該義務の不履行を理由に解除された場合[2]、売買代金未払を理由として不動産売買契約を解除した場合[3]がある。

本件では、当初分割協議が債務不履行によって解除されたと主張されているが、遺産分割協議は相続開始時への遡及効を有していることや、解除時の共同相続人内部処理の困難性等の理由から、債務不履行解除はできないというのが判例である。そのため、この主張は認められなかった。

[1] 税資 261 号順号 11773
[2] 国税不服審判所裁決昭和 61 年 2 月 27 日 裁事 31 集 1 頁
[3] 東京高判昭和 61 年 11 月 11 日 税資 154 号順号 5826

3.「当該契約の成立後生じたやむを得ない事情」が争われた事例

「当該契約の成立後生じたやむを得ない事情によって解除され」た場合（通令6①二）とは、法定の解除事由がある場合、事情の変更により契約内容に拘束力を認めるのが不当な場合、その他これに類する客観的な理由のある場合をいうものと解されている[4]。

このような解釈がとられる理由としては、国税通則法施行令 6 条 1 項 2 号以外に同項で列挙されている事由が、官公庁の許可等の取消し（1 号）、帳簿書類の押収等のやむを得ない事情による税額等の計算不能（3 号）、二重課税回避または脱税防止のための条約に規定する当局間の合意（4 号）、国税庁長官の法令解釈の変更（5 号）など、納税者の意思と無関係な事由を定めていることとの整合性が必要となること、及び主観的な事情を考慮した場合に税負担回避を目的とする更正の請求の濫用のおそれがあることが挙げられる。また、主観的事情を考慮すべきでない理由としては、**ケース 5**で述べた申告納税制度に関する一般論も挙げられる。

したがって、税負担に関する知識の欠如あるいは誤解を原因とする錯誤

を理由として合意解除をしても、それらの錯誤は主観的な理由にすぎないため、「やむを得ない事情」があったとは認められない[5]。この「やむを得ない事情」の有無を判断するにあたっては、**ケース5**で述べたところを参考にできると考えられる。

この点、第一審は、単に租税負担回避目的であることのみを理由として「やむを得ない事情」がなかったと述べているわけではない。

本件において、Xらが当初分割協議に基づく代償債務の履行を一切受けていないことは事実であり、通常の契約であれば債務不履行解除が可能と思われる場面である。したがって、本ケースは上記裁判例の挙げる「法定の解除事由がある場合ないしは契約の拘束力を認めるのが不当な場合」に類するといえるため、租税負担回避目的であることのみで「やむを得ない事情」がないとは言い切れないと判断したものと考えられる。

第一審では、上記目的にさらに立ち入った検討を加え、当初分割協議の内容や当時の事情からすれば、当該時点において代償債務の履行可能性等を検討することは十分可能であったことを指摘したうえで、そうであるとすると、当初分割協議によって生じる租税負担の回避を目的とすることには救済すべき「やむを得ない事情」が認められないとの判断をしている。

かかる判断の根底には、国税通則法23条2項1号の「判決」に関する裁判例が、申告当時において、納税者が税額の変動を生じる事由を容易に予期できたかを検討していることと同様に、同条1項の更正の請求によることができないやむを得ない理由があったかを検討すべきであるという考えがあると思われる。

[4] 大阪高判平成8年7月25日 訟月44巻12号2201頁、同上告審最判平成10年1月27日 税資230号152頁

[5] 東京地判昭和60年10月23日 行集36巻10号763頁、同控訴審東京高判平成元年10月16日 税資174号順号6373、同上告審最判平成2年5月11日 訟月37巻6号1080頁、東京高判昭和61年7月3日 訟月33巻4号1023頁、最判平成10年1月27日 税資230号152頁

4. 後発的事由に基づく更正の請求の起算点

国税通則法上の規定では、更正の請求の期間の起算点は「解除」「取消し」の時点であり、解除原因となった事実が生じた時点ではない。

しかし、後発的事由に基づく更正の請求は、期間制限が付されていることからもわかるとおり、納税者本人がある程度迅速に対応することを前提として、課税の基礎となった事情が事後的に変動した場合の非常的な救済を行う手段である。納税者の対応が先延ばしになれば、証拠に乏しい遠い過去の事実関係が争われるなど租税法律関係の明確化・早期安定という要請に反する事態も予測され、この点はやむを得ない面がある。

解除原因となる事情が生じた場合に早期の対応が求められることは、本件のような遺産分割協議以外にも共通する事項と考えられるため、注意が必要である。

第3章　法制度及び契約に基づく事実関係の修正

ケース 8	解除による原行為の経済的効果の除去
	（さいたま地判平成16年1月28日 税資254号順号9530）

錯誤があったことを理由として行われた土地売買契約の合意解除について、解除された契約により生じた経済的成果が失われていないとして、更正の請求が認められなかった事例。

事実の概要

優良宅地造成等のために土地を譲渡した場合の譲渡所得に関しては、租税特別措置法（平成8年法律第17号による改正前のもの）により、長期譲渡所得に対する税率が軽減され、優遇される特例が設けられている。

原告は、Aに対して複数の土地を売却したが、契約前の売買予約時の覚書には「優良宅地（譲渡所得の特例のため）の認定を受けるための適切な行為をするものとする」と記載されていた。

しかし、原告は、売却した土地の一部について所定の期間内に開発行為の許可を得ることができず、上記特例の適用を受けられないことになった。

そこで原告は、売主側において税法上の問題が生じたことを理由として、同特例の適用を受けられなくなった本件土地に関する売買契約を合意解除したうえで、これを理由として、国税通則法23条2項3号、同法施行令6条1項2号に基づき、更正の請求を行った。

裁判所の判断

裁判所は、概要、以下のとおり述べて原告の請求を斥けた。

課税の対象となる経済的成果を生じさせた行為により代金受領等の経済的成果が発生している場合には、合意解除の結果、利得者には法律上利得の原状回復義務が生じるが、右義務が生じたというだけでは税法上所得が消滅したものと評価することはできず、現実に原状回復義務が履行されて経済的成果が失われたときにはじめて減額更正の基礎となるべき所得の消

71

減を認定し得ると考えられる。そこで、契約の合意解除を原因とした国税通則法 23 条 2 項 3 号、同法施行令 6 条 1 項 2 号に基づく更正の請求が有効となるためには、特段の事由がない限り、遅くとも更正または更正の請求に理由がない旨の通知をするまでに当該経済的効果の除去（代金の返還等）をしておかなければならないと解するのが相当である（最高裁平成 2 年 5 月 11 日判決 訟月 37 巻 6 号 1080 頁参照）。

　しかるところ、原告は本件通知処分までに返還すべき代金の 4 割に満たない金員を返還しているにすぎない。そうすると、本件通知処分までに本件合意解除により生じた経済的成果が失われたとはいえないから、原告の本件更正の請求に理由がないとした本件通知処分に違法はないというべきである。

解 説

1．私法上の行為の無効と課税の原則

　一般に、課税の対象が私法上の行為によって生じた経済的成果（たとえば「所得」）である場合には、その原因たる私法行為に瑕疵があっても、経済的成果が現に生じている限り、課税要件は充足され、課税は妨げられないと解すべきであり、後に、原因たる行為の瑕疵を理由として経済的成果が失われた場合には、更正がされなければならない[6]。

　ある行為により生じた経済的成果が、その行為が無効であることに起因して失われた場合に、更正決定等を行える旨規定している国税通則法 71 条 1 項 2 号や、各種所得の金額に異同が生じた場合の更正の請求の特例において、無効となった行為によって生じた経済的成果が失われたことを求めている所得税法 152 条、同法施行令 274 条 1 号は、かかる原則に則ったものであると考えられる。

　これに対して、課税の対象が私法上の行為それ自体である場合や私法上の行為の法的効果である場合には、当該私法上の行為が無効であれば課税

要件は最初から充足されなかったものとなり[7]、更正の請求が認められる
余地がある。

[6] 金子宏『租税法（第21版）』（弘文堂）121、122頁
[7] 金子（前掲注[6]）122頁

2. 本件について

本判決は、上記一般論を述べてから、特段の事由がない限り、遅くとも
更正または更正の請求に理由がない旨の通知をするまでに当該経済的効果
の除去(代金の返還等)をしておかなければならないという規範を定立した。

そのうえで、代金の4割程度を返還しただけでは、未だ売買代金の受
領という経済的成果が失われたとはいえないと判断した。

この点、どの程度原状回復が履行されれば経済的成果が失われたと評価
できるのかは、経済的な実質に着目して事案に応じた判断をすべきであろ
う。経済的成果に着目する以上、法的な帰結である債権債務の存否のみに
連動するわけではないと思われるが、本件のような金銭債務に関していえ
ば、原則として債務全額の提供でなければ債務の本旨に従った弁済の提供
にならない[8] ことも考慮すれば、少なくとも大半の履行が完了している
ことが必要であろう。

なお、本件では、国は、代金の返還について、返還原資の貸主から原告、
原告から買主、買主から原告を通じて貸主へという資金の還流があると主
張しており、原告の支払により代金が返還されたといえるのかについても
争われていた。

[8] 大判明治44年12月16日民録17輯808頁

2 無　効

ケース 9　錯誤無効を理由とする後発的事由に基づく更正の請求
（高松高判平成18年2月23日 訟月52巻12号3672頁）

税負担の錯誤に基づく売買契約の無効を理由とする国税通則法23条
2項3号の主張が認められなかった事例。

事実の概要

納税者 X1 及び X2 は、有限会社の出資口売買契約（以下「本件売買契約」
という）の当事者である。

X1 らは、当該有限会社の経営権を X1 に円滑に委譲するために本件売
買契約を企図したものであり、X1 に対する贈与税が課されないことが
X1 らにとって重要な要素であった。

しかし、原処分庁は、本件売買契約の代金額が適正価額を下回り低額譲
渡に該当するとして、贈与税の決定処分等を行った。

そこで X1 らは、本件売買契約が錯誤により無効であるとして、贈与税
の決定処分及び更正の請求に対する更正すべき理由がない旨の通知処分の
取消し等を求めて出訴した。

裁判所の判断

裁判所は、概要、以下のように判示して X1 らの主張を斥けた。

> 国税通則法施行令6条1項は、同法23条2項3号にいう「やむを得な
> い理由」の具体的事由を4つ挙げている。
>
> このうち1号、3号及び4号は、いずれも納税者の意思にかかわらない
> 第三者の一方的な行為によるものと考えられる。また、国税通則法23条2

項に基づく更正の請求について、外形を伴わず外部から認識することのできない主観的な事情に基づく更正の請求を認める場合には、当該事情の存否の判別が困難であるうえ、不誠実な納税者により、滞納処分を免れる手段として後発的事由に基づく更正の請求の制度が悪用されるおそれも生じるから、主観的な事情を含ませることは妥当とはいえない。

そうだとすると、同法施行令6条1項2号については、同項1号、3号及び4号と整合的に解釈すべきであり、同項2号にいう「やむを得ない事情」とは、たとえば、契約の相手方が完全な履行をしないなどの客観的な事由に限定されるべきであって、錯誤のような表意者の主観的な事情は含まれないと解するのが相当である。

本件の場合、X1らは、本件売買契約の締結により控訴人X1に多額の贈与税が課されることにつき、錯誤に陥っていたものであって、もとよりX1らの主観的な事情に基づくものであるから、同項各号に該当しないことが明らかである。

解説

1. 無効な行為と更正の請求

本判決は、契約の錯誤無効を理由とした、国税通則法23条2項3号に基づく更正の請求は認められないとしたものである。

無効な法律行為は、当初から法律効果を一切生じなかったものと扱われる。無効な法律行為の代表例は、意思表示が錯誤に基づく場合（民法95）、通謀虚偽表示である場合（民法94①）である。

これらは、意思表示自体に瑕疵が存在した場合であり、後発的な事実発生によって無効となるわけではないため、後発的事由に基づく更正の請求の根拠としては挙げられていない（通法23②三、通令6①二）。

もっとも、課税の基礎となる事実に係る行為が錯誤等により無効であるとの判断が判決等によって確定すれば、同法23条2項1号に定める事由

に当たり得る。この場合、当該判決について、1項の更正の請求によることができなかったことにつき、「やむを得ない理由」が必要となることは、すでに述べたとおりである（ケース5参照）。

　また、錯誤等を理由として当事者が契約を合意解除した場合は、その合意解除に「当該契約成立後生じたやむを得ない事情」が認められれば（通法23②三、通令6①二）、更正の請求が可能となる余地はあるが、本来、錯誤が意思表示の時点で内在する瑕疵を理由とするものであり、後発的事象を理由とする解除とは言い難いことや、「やむを得ない事情」について客観的な理由を要求する本判決等の裁判例の傾向からいえば、通常は認められないものと思われる。

　当事者間に錯誤の争いがない場合にまで判決等を求めることになりかねない（そして、そのような判決等には馴合いの疑いが持たれ得る）点は疑問もあるが、もとより後発的事由に基づく更正の請求が特別の救済手段であって、通謀的な合意を排除する必要性が高いことも考慮すると、裁判例の傾向も不当とはいえないと考えられる。

2. 国税通則法23条1項1号の更正の請求

　錯誤無効を理由として契約を合意解除した場合、国税通則法23条1項1号に基づく更正の請求は認められるか。

　下級審においては、認められた事例[9]と認められなかった事例[10]がある。認められた事例は次のようなものである。

　原告らは、被相続人の相続財産に含まれる株式について、類似業種比準方式ではなく、配当還元方式による評価を受けられるように配分を行おうとしたところ、税理士の助言が誤っていたことにより、相互保有株式を控除して発行済株式総数を評価する財産評価基本通達に従って計算すると配当還元方式の適用を受けられない配分内容で遺産分割協議を行ってしまった。そこで、原告らは、配当還元方式の適用を受けられるように再度遺産分割協議をやり直した。

第3章　法制度及び契約に基づく事実関係の修正

　これに対して裁判所は、分割内容自体の錯誤と課税負担の錯誤を分けたうえで、後者に関して、申告納税制度の意義や課税負担の軽減のみを目的とする課税負担の錯誤の主張を無制限に認めた場合の弊害に言及した。

　そして、法定申告期限後は、申告者は課税負担またはその前提事項の錯誤を理由として当該遺産分割が無効であることは原則主張できないが、(ⅰ)申告者が、更正の請求期間内、かつ、課税庁の調査時の指摘、修正申告の勧奨、更正処分等を受ける前に、自ら誤信に気づいて更正の請求をし、(ⅱ)更正請求期間内に、新たな遺産分割の合意による分割内容の変更をして、当初の遺産分割の経済的成果を完全に消失させており、(ⅲ)その分割内容の変更がやむを得ない事情により誤信の内容を是正する一回的なものであると認められる場合のように、「更正請求期間内にされた更正の請求においてその主張を認めても上記の弊害が生ずるおそれがなく、申告納税制度の趣旨・構造及び租税法上の信義則に反するとはいえないと認めるべき特段の事情がある場合」に限って、課税庁に対してその無効を主張できると判断した。

　そのうえで、当該事案においては、(ⅱ)は、再度の遺産分割協議及びこれに基づく名義書換によって充足されると認められると述べた。

　また、(ⅲ)は、配当還元方式の適用が重要な条件として明示的に協議されていた事項であり、評価方法の誤信が税理士の誤った助言に起因するもので、税務の専門家でない相続人らにとって税理士の助言の誤りに直ちに気づくのが容易とはいえなかったこと、相続人らは誤信に気づいた後速やかに再度の遺産分割に至っていること等から認められると述べた。

　このように、申告納税制度の趣旨等に照らして課税負担の錯誤を理由とする主張が厳しく制限されるのはやむを得ない。当該判決は、課税負担の錯誤を根拠とした通常の更正の請求を例外的に認めたものとして参考になると思われる。

　　　　　[9] 東京地判平成21年2月27日 判タ1355号123頁。本判決についてはケース56も参照。

[10] 東京高判昭和61年7月3日 訟月33巻4号1023頁

3. 本判決の評価

　上記2. の東京地裁判決と本判決及び他の錯誤を理由とする通常の更正の請求が認められなかった事例との相違点は、錯誤について、納税者が課税庁から指摘を受ける前に自ら気づき、その経済的成果を完全に消失させ、かつ一回的な変更に基づく更正の請求であったという点である。平成23年度の税制改正により、通常の更正の請求ができる期間が1年から5年（贈与税等の場合は6年）に延長されたことから、税負担の錯誤に税務調査前に気づくことができれば、これに応じた処理をすることにより更正の請求が認められる可能性は高くなったといえる。

第3章　法制度及び契約に基づく事実関係の修正

3 時効取得

ケース10　時効取得を認容した判決と更正すべき理由
（大阪高判平成14年7月25日　訟月49巻51号1617頁）

相続財産を構成する不動産につき第三者による時効取得を認容した判決が、相続開始後に言い渡されたことを理由として更正請求がなされた場合、それに対する更正すべき理由がない旨の通知処分は適法であるとされた事例。

事実の概要

　納税者XらはBの相続人であり、B及びCらはAの子である。

　昭和63年11月23日、Bが死亡した。その後、平成4年3月13日、Aが死亡した。Aは第1土地及び第2土地（以下「本件各土地」という）等についての各3分の1の共有持分権を、Xらに遺贈ないし相続させる旨の公正証書遺言（以下「本件公正証書遺言」という）をしていた。Xらは、期限内にY税務署長に対して相続税申告を行った。

　一方、CらはXらを被告として、本件各土地についてCらへの所有権移転登記手続を求める訴訟を提起した。同訴訟においてCらは、予備的主張として、それぞれ、昭和49年3月25日時効取得（同日占有開始、20年の時効取得）、昭和47年10月1日時効取得（同日占有開始、20年の時効取得）を主張したところ、神戸地裁尼崎支部は、平成11年1月26日、本件各土地についてCらに対して各時効取得を原因とする所有権移転登記を命ずる判決（以下「別件判決」という）を言い渡し、同判決が確定した。

　そこで、Xらは本件各土地は、Cらがそれぞれの占有開始日から所有権を有していたのであるから、本件各土地を相続財産から除外すべきであるとの理由による更正の請求をした。これに対してY税務署長は、時効の

79

完成、援用という事後的に発生した新たな事実に基づいてなされた別件判決はこれに当たらないとして、更正をすべき理由がない旨の処分を行った。

そこでXらは、適法な不服申立手続を経たうえで、租税法上も時効の遡及効は認められ、本件各土地を相続または遺贈させるとする本件公正証書遺言はその内容において無効であり、Xらには相続等が生じなかったとして、訴訟に及んだ。

裁判所の判断

第一審（神戸地判平成14年2月21日 税資252号順号9072）は、以下の理由によりXらの請求を棄却した。

> 国税通則法23条2項1号にいう「判決」とは、申告に係る課税標準等又は税額等の計算の基礎となった事実・・・を訴えの対象とする民事事件の判決をいう。
>
> 時効による所有権取得の効果は、時効期間の経過とともに確定的に生ずるものではなく、時効が援用されたときにはじめて確定的に生ずるものと解するのが相当である（最判昭和61年3月17日 民集40巻2号420頁）。別件判決は、時効の完成及び援用という本件相続開始（A死亡）後に発生した新たな事実、すなわち、本件相続開始（A死亡）後の時間の経過という事実及び実体法上の意思表示でもある時効援用の事実を判断の基礎としたものであり、本件相続開始（A死亡）時に既に存在していた事実のみによって課税標準等を変更するものではない。
>
> したがって、別件判決は、「既に存在していた」事実を明らかにしたものではないから、国税通則法23条2項1号にいう「判決」には該当しない。

本判決も、本件相続開始（A死亡）時においては、本件各土地について、Cらによる時効援用がなかったことはもちろん、時効も完成していなかったのであるから、その時点では、Xらが本件各土地につき所有権を有して

いたとしたうえで、本件相続開始時には、Xらが各土地につき所有権を有していた点で食い違いはなく、別件判決は国税通則法23条2項1号にいう「判決」には該当しないと判示した。

また、「時効の効力が起算日まで遡る以上、租税法の解釈としても同様に解すべきであり、遡及効という法的効果を無視することは許されない」とのXらの主張に対しては、「時効制度は、その期間継続した事実関係をそのまま保護するために私法上その効力を起算日まで遡及させたものであり、他方、租税法においては、所得、取得等の概念について経済活動の観点からの検討も必要であって、これを同様に解さなければならない必然性があるものとはいえない」とした。

解 説

1. 取得時効

取得時効とは、一定期間、占有者が所有の意思をもって物を継続的に占有してきた事実に着目して、当該占有者にその物の所有権を帰属させる制度である。「一定期間」を20年とする長期取得時効（民法162①）と10年とする短期取得時効（同②）とがあり、後者については、占有者が占有開始時に善意無過失であることが求められる。

取得時効が成立し、占有者が所有権を取得した場合の効果として、民法144条は、「時効の効力は、その起算日にさかのぼる」と定めており、実体的権利関係は占有開始時に遡及する。したがって、時効完成とともに法律上初めから所有者であったとして扱われる（原始取得）[11]。

一方、民法145条は、「時効は、当事者が援用しなければ、裁判所がこれによって裁判をすることができない」と定める。この「援用」の法的性質については、最判昭和61年3月17日[12]が、「時効による所有権取得の効果は、時効期間の経過とともに確定的に生ずるものではなく、時効が援用されたときにはじめて確定的に生ずるものと解するのが相当である」と

判示し、いわゆる不確定効果説・停止条件説をとることを明らかにしている。

[11] 我妻栄『新訂 民法総則』（岩波書店）442頁など

[12] 民集40巻2号420頁

2. 取得時効と課税

　取得時効の完成により利益を得た場合の課税については、前記停止条件説を根拠に、課税実務上は、時効の援用の時に一時所得に係る収入が発生したものとされている[13]。

　ところで、相続開始前に既に取得時効が完成し、援用もされている場合、当該事実を認めた判決が国税通則法23条2項1号の「判決」に該当することについては争いはない。

　一方で、時効の援用が相続開始後にされた場合（本件では、時効の援用だけではなく、取得時効の完成も相続開始後である。ただし、下記3.で述べるとおり、相続開始時点で取得時効が完成していたか否かにより結論が変わりうる可能性もある）、当該事実を認めた判決が国税通則法23条2項1号の「判決」に該当し、更正の請求が認められるかどうかが、問題となる。すなわち、時効の遡及効により、相続開始時には当該不動産は相続財産を構成していなかったことになるのだから、時効援用の事実を認めた判決は同号の「判決」に該当し、更正の請求が可能となるのではないかとも考えられるからである。実際、Xらもこのような主張を行っていた。

　しかし、本判決は、時効援用の法的効果に関する停止条件説を前提として、相続開始時点では時効の援用がなかった以上、被相続人は所有権を喪失していなかったのだから、時効の援用の事実を認めた判決は国税通則法23条2項1号には該当しないとの結論をとった。

[13] 東京地判平成4年3月10日 訟月39巻1号139頁

3. 分　析

　本判決は、取得時効と課税の問題につき、民事上の時効取得の効力と租

税法上の解釈とを同様に解さなければならない必然性があるものとはいえないと判示したうえで、納税者らの主張を斥けた。

本判決の時系列を簡単に示すと次のとおりである。

一方で、国税不服審判所裁決平成19年11月1日[14]（以下「平成19年裁決」という）は、次の時系列の事案において本判決と異なる判断をし、納税者側の主張を認めている。

ただし、その理由は、上記時系列のもとにおいては、相続税の課税価格

に算入すべき価額について納税者らに土地の所有権を確保すべき攻撃防御方法がないため、納税者らが所有している土地は相手方に時効援用されれば所有権の喪失を甘受せざるを得ない状態の土地であり、土地の価額と提供を要する金額が同額であれば、結局のところ、その財産の価額は0円になると理解するのが相当であるというものである。なお、平成19年裁決においても、納税者らは取得時効の遡及効に関する主張を行っていたが、こちらは認められていない。

　本判決と平成19年裁決との時系列上の違いは、相続開始前に取得時効の完成がされていたか否かである。確かに、相続開始時に取得時効が完成していないのであれば、相続人としても時効完成を防御すれば対象財産を失うことはなくなるのであるが、「相続人が時効中断の手続をとるいとまがなかった等、真に保護に値する場合には、相続人は申告納付した相続税の減額を求めて更正の請求をすることができると解すべきである」[15]との指摘もある。

　相続税申告期限までに、相続財産につき詳細な検討を行い、取得時効の完成している不動産がないか、ある場合はそれが相続開始前か後かにより大きく結論が異なることに留意して評価すべきである。

[14] 裁事74集1頁

[15] 金子宏『租税法（第21版）』（弘文堂）884頁

第3章　法制度及び契約に基づく事実関係の修正

4 停止条件付契約

ケース11 停止条件付契約に基づく契約の解除か、再売買かが争われた事例
（国税不服審判所裁決昭和54年10月12日　裁事19集34頁）

「期限までに代替地を取得させることができない場合には、本件土地を本件譲渡契約と同額で売り戻し、買い戻す」との合意に基づき行われた取引は、再売買によるものではなく譲渡契約の解除によるものであると認定し、分離長期譲渡所得の金額を０円とした事例。

事実の概要

　納税者ＸとＡ社とは、昭和44年8月15日、Ｘが所有する農地（以下「本件土地」という）を1,915万7,050円でＡ社に対して売り渡す内容の農地売買契約書（以下「本件売買契約書」という）を取り交わした。

　なお、本件売買契約書が締結された昭和44年8月15日付のＡ社Ｘ間の覚書が存在しており、「Ａ社が昭和50年8月15日までに代替地を請求人に取得させ得ない場合には、Ａ社は本件土地を本件譲渡契約と同額の19,15万7,050円で請求人に売戻し、請求人はこれを買戻すものとする」との合意がなされていた（以下「本件合意」という）。

　昭和44年9月4日、本件売買契約書に基づき、Ａ社はＸに対して、手付金を支払い、同年10月3日、Ｘは本件土地について売買予約を原因とする所有権移転の仮登記を行った。また、昭和45年6月には、Ａ社はＸに対し、売買代金の残額を支払った。

　一方、Ｘは、Ｙ税務署長に対して、本件売買を前提とした申告をした。

　その後、昭和50年8月15日までにＡ社がＸに対して代替地を取得させることはなかった。

　昭和50年12月17日、Ｘは本件売買契約を解除したため、ＸはＡ社

85

に対して 1,915 万 7,050 円を支払い、同月 23 日、X は本件土地の所有権
移転請求権仮登記を抹消した。

そして、X は、昭和 51 年 2 月 14 日、分離長期譲渡所得の金額を 0 円
とする更正の請求を行ったところ、原処分庁は、本件売買契約を解除した
のではなく再売買にすぎないこと等を理由に、昭和 52 年 10 月 31 日付で
更正の請求に対する更正をすべき理由がない旨の処分を行った。

審判所の判断

国税不服審判所は、代替地の提供がない場合には、本件土地を請求人に
本件譲渡契約の売買価額と同額で譲渡するとする覚書が作成されているこ
と、本件土地所有者らのうち X 以外の者は所有権移転登記を完了してい
るが、X は所有権移転登記を行っていないこと、及び X に対する代替地
の提供は A 社の内部事情により履行できなかったことを認定した。

そして、覚書については X の主張を認めたうえで、請求人は、本件譲
渡契約を解除したといえるから、分離長期譲渡所得の金額は 0 円とすべ
きと判示した。

解 説

1. 停止条件付契約と課税時期

停止条件付契約は、停止条件が成就したときからその効力を生ずる（民
法 127）。通常、契約は締結した段階で効力が発生するが、停止条件付契
約は、「停止条件の成就」があってはじめて契約の効力が発生し、停止条
件が不成就に確定すると当該契約は無効となる。

このような停止条件付契約の課税時期はどのように考えるべきか。譲渡
所得の一般原則としては、資産の引渡しがあった日もしくは売買契約など
の効力発生の日をもって収入すべき時期とされるが、農地に係る譲渡所得
の場合、農地等の引渡しがあった日もしくは売買契約が締結された日を

もって収入すべき時期とされている（所基通36－12）。

　本件売買契約の対象物は農地であったことから、引渡日もしくは売買契約締結日をもって収入すべき時期となるため、停止条件の内容如何によっては成就よりも前に課税が発生することになる。本件でも、条件成就よりも先に課税時期が到来したことから、Ｘは申告のうえ納税を行っていたものと思われる。

2. 分　析

　本件では、本件売買契約書に基づき、Ａ社からＸに対して売買代金が支払われ、Ａ社は所有権移転仮登記も備えたが、その後、本件合意で定められた期限までにＡ社はＸに対して代替地を取得させることができなかった。そのため、Ｘは本件売買契約を解除し、Ａ社に対して売買代金を返金し、Ａ社の所有権移転仮登記を抹消したとして、本件売買契約が解除されたことを理由に更正の請求を行った。

　これに対してＹは、本件売買契約に代替地の提供が条件とされている記載はなく、本件譲渡契約に契約が解除されるべき要因があったとは認められないとしたうえで、本件合意の記載内容からは再売買をしたものと認められると主張した。

　こうした両者の主張に対し、国税不服審判所は、ＸはＡ社に対して代替地を請求したが、Ａ社側の事由により代替地の提供がされなかったため本件売買契約を解除したとして、Ｘの主張を認めた。

　結果的に、Ｘの主張は認められているが、このような紛争となった要因としては、本件合意では「期限までに代替地を取得させない場合には、売り戻し、買い戻すものとする」という合意があったものの、これだけでは、本件売買契約に停止条件が付されていることを俄かには読み取ることはできない点が挙げられる。

　仮に、契約書において、代替地を提供することが停止条件であることが明示されていれば、停止条件付契約において停止条件の不成就が確定すれば、本件売買契約は無効となることは争いはないのであるから（国税不服

87

審判所は本件売買契約が解除されたと認定しているが、本件合意の期限までに代替地を付与できなかったことにより本件売買契約は停止条件不成就により無効となっているものと考えられる。ただし、解除にせよ、無効にせよ、結論が変わるわけではない)、本件のような紛争になることはなかった。当然のことではあるが、契約書・合意書の内容は二義を生じさせず、誰が読んでも同じ意味にしか読み取れないようなものにすることが重要である。

第3章　法制度及び契約に基づく事実関係の修正

5　解除条件付契約

ケース12　解除条件が明示されていなかった土地贈与に係るみなし譲渡課税
（東京高判平成16年9月13日　税資254号順号9742）

「納税者らが行った社会福祉法人に対する土地の贈与は、当該法人が
贈与の目的を達成するような運営をするという負担付贈与であった」
もしくは、「目的に沿った事業がまったくできなくなったときは贈与
がさかのぼって無効になる旨の遡及的解除条件が付されていた」との
納税者らの主張は認められないとして、みなし譲渡所得課税が適法で
あるとされた事例。

事実の概要

　平成8年1月31日、納税者Xらの親族である甲らは老人介護施設の設
置運営を目的として社会福祉法人Aを設立した。同日、XらはAに対して、
Aの基本財産とし、老人介護施設の敷地にするために、本件土地を贈与し
た。なお、Xらは当該贈与について一切の申告を行わなかった。

　その後、平成8年5月頃には、Aは老人介護施設の建築を開始したもの
の、反対運動が起きたことから、同年8月頃には建築工事が中断され、
平成12年10月24日にはAが解散するに至っている。

　平成12年1月31日にY税務署長がXらに対して平成8年分所得税更
正処分等を行ったことから、適法な不服申立手続を経たうえで、Xらは、
平成8年分所得税更正処分等は、①遡及的解除条件が成就したか負担の
不履行により解除された土地贈与について所得税法59条1項1号に基づ
き課税した違法があり、また、②本件贈与が解除されたこと、かかる事実
が別訴訴訟における口頭弁論期日において認諾がされたことにより確定し
ていること、または、合意解除されたことにより本件贈与には後発的瑕疵

89

があり、国税通則法 23 条 2 項 1 号、3 号、同法施行令 6 条 1 項 2 号の趣旨より本件処分はさかのぼって違法となること、さらに、③土地の価額評価を誤って課税した違法があると主張して、Y に対し上記各処分の取消しを求めた。

裁判所の判断

第一審（甲府地判平成 16 年 3 月 9 日 税資 254 号順号 9591）は、X らの主張①について、本件贈与に関する契約書には A が設立の認可を得られない場合に贈与契約が無効になる旨の記載がされているのみであり、X らの主張するような遡及的解除条件または負担について何ら記載がないことを指摘したうえで、X らも本件処分に対する異議申立てにおいて遡及的解除条件または負担について何ら主張せず、単にみなし譲渡課税（所法 59 ①）についての知識不足から寄付（贈与）について課税することへの不平を述べていたにすぎないこと、本件土地の所有権移転登記は依然として A のままになっていることといった事実を認定したうえで、本件贈与に遡及的解除条件または負担が付されていたとは認められないとした。

また、主張②について、主張①で認定したとおり負担が付されているとは認められないことから、本件処分後に本件贈与契約が負担の不履行により解除されたため本件贈与契約には後発的瑕疵があり取り消されるべきである、との負担があることを前提とした主張も採用できず、合意解除の事実は認められず、別件訴訟における認諾は事実関係に照らすと納税を免れる目的で馴合いによってなしたものというほかなく、国税通則法 23 条 2 項 1 号の「判決と同一の効力を有する行為」に当たらないことも明らかであるとした。

さらに、主張③について、本件処分における Y の本件土地の価額評価に違法な点はないとして、X らの請求を棄却した。

X らは控訴し、第一審における主張に加えて、④本件贈与の意思表示には錯誤があり無効であること、⑤所得税法 59 条 1 項の規定は憲法に違反

することを主張した。

　本判決は、Xらの①の主張について、第一審の判示事項に加えて、「X
らは、贈与の目的物に使途の限定があるときは、その贈与は、目的物をそ
の使途に従って使用すべき負担付きであるか、使途に沿った使用ができな
くなることを解除条件としていると解すべきであるとも主張する。しかし
ながら、贈与の目的物の使途に限定があることのみをもって直ちにXら
が主張するように解することはできず、老人介護施設の敷地とするために
本件土地が贈与されたこと以外には、X主張のような（黙示の）合意が成
立したと評価できる事実関係を認めることのできる証拠はない」とした。
また、Xらの主張④、主張⑤はいずれも採用できないとし、控訴を棄却し
た。

　なお、これに対して、Xらは上告及び上告受理申立てを行ったが、最高
裁（最判平成17年9月20日　税資255号順号10137）は上告を棄却し、上
告受理申立てを不受理とした。

<hr>

解　説

1.　解除条件と課税

　解除条件が付された法律行為は、解除条件が成就した時からその効力を
失う（民法127②）。よって、解除条件付契約は、解除条件が成就すれば、
後発的事由として、解除条件の成就の日の翌日から起算して2月以内に
更正の請求を行うことが認められる（通法23②三）。

　この効果は、個人の譲渡所得の場合と事業所得・法人税の場合とでは異
なる。すなわち、個人の譲渡所得であれば更正の請求による遡及訂正は可
能となる。一方、事業所得や法人税の場合には、所得の計算について、当
期において生じた損失は、発生事由を問わず当期に生じた益金と対応させ
て当期において経理処理をすべきものであって、その発生事由が既往の事
業年度の益金（収入）に対応するものであっても、その事業年度にさかの

ぼって損金（費用または損失）としての処理はしないというのが一般的な会計の処理であるとされており、遡及訂正はできない[16]（第6章❶参照）。

　また、解除条件付契約が、法人所得の算定にどのような影響を及ぼすかは、その契約の個別内容によって検討されることとなる。たとえば、債権放棄にあたって、5年以内に利益が生じた場合には債権を行使するという解除条件を付けた場合に、その債権放棄の損金算入が問題となる。

　この点について、解除条件を付して放棄した貸付債権の損金算入時期について、当該意思表示がされた時の属する事業年度ではなく、当該条件の不成就が確定した時の属する事業年度であるとする裁判例（ケース42）がある。

[16] 最判昭和62年7月10日 税資159号65頁は、原審である東京高判昭和61年11月11日 行集37巻10-11号1334頁の判断を正当としている。

2. 分　析

　合意の段階では解除条件は明示的に付していなかったものの、課税をされた段階でそれを争うために「実は当該契約には解除条件が付されていた」との主張がなされることがあるが、本判決もその例である。

　本件では個人の譲渡所得税に係る処分が問題となっており、上記1. で述べたとおり、仮に本件贈与契約が解除条件付契約であり、解除条件の成就により本件贈与が遡及して効力を失い、かつ、原状回復されていれば、Xらの主張は認められていた可能性もある。

　しかし、本件は、そもそも解除条件付契約であるとは認められなかった。その判断の基礎となる事実として、裁判所は、契約書に解除条件についての記載がないことを指摘している。

　また、別の裁判例[17]でも解除条件が付されていたとの納税者の主張が、それを示す証拠がないとして排斥されている。すなわち、納税者が、被相続人である養父から土地を相続し、数年後、離婚した妻に対する財産分与として当該土地を譲渡したが、この譲渡に対する譲渡所得税の課税が争わ

第3章　法制度及び契約に基づく事実関係の修正

れた事案において、土地の相続は納税者の離婚が解除条件となっていたとの納税者の主張は、それを認めるに足る証拠がないとして排斥されている。

　これらの裁判例に鑑みると、解除条件付契約であると主張するためには契約書等にその旨記載しておくことが重要である。また、本件では、異議申立て段階では解除条件付契約であるとの主張がされていなかったことも本件贈与契約が解除条件付契約であると認定できない理由の一つとして挙げられており、参考になる。

[17] 大阪高判平成4年9月2日 税資192号379頁

6　意思表示の撤回

ケース13　債務免除の意思表示の撤回と経済的な利益の喪失
（仙台高判平成18年7月14日　税資256号順号10451）

申告した債務免除益に係る債務につき、債務免除の意思表示を撤回し、自然債務とする調停が成立したことを理由とする更正の請求について、本件調停により本件債務免除による経済的な利益が失われたとはいえず、また、本件通知処分が信義則または禁反言の法理に反するともいえないとし、更正すべき理由がない旨の通知処分の取消請求が棄却された事例。

事実の概要

納税者Ｘは歯科医師業を営む個人である。ＸはＡに対して、3億円を超える債務を負担していたが、平成13年3月15日、ＸＡ間でＸが債務の一部を弁済する代わりに、Ａが残金を放棄し、担保も解除するという内容の本件債務弁済契約を締結した。そして、Ｘが契約どおり債務を一部弁済したことから、平成13年9月14日、ＡはＸに対して残金2億円あまりの支払を免除する債務免除通知をし、Ｘは本件債務免除を受けた。

平成14年3月12日、ＸはＹ税務署長に対し、平成13年分の所得税の確定申告書を提出し、その際、本件債務免除による利益を事業所得及び一時所得に含めて申告を行った。

一方、平成14年2月22日、Ｘは本件債務弁済契約は錯誤により無効であるとして、無効確認等を求める調停を管轄簡易裁判所に提起した。同年3月29日、Ｘ及びＡは本件債務弁済契約が無効であることを確認したうえで、Ａは平成13年9月14日付の債務免除の意思表示を撤回すること、ＸのＡに対する一部弁済及び担保の解除は有効であること、ＡはＸに対

94

して同日現在の残債務について支払を請求しないことを内容とする本件調停が成立した。

　Xが、平成14年3月29日付で調停が成立し、本件債務免除が取り消されたことを理由に更正の請求をしたのに対し、Yは、その更正をすべき理由がない旨の本件通知処分を行った。そこで、Xは適法な不服申立手続を経て訴訟に及んだ。

裁判所の判断

　第一審（盛岡地判平成17年11月4日　税資255号順号10192）は、本件調停により本件債務免除益が消滅したとの原告の主張に対し、債務免除を受けた場合の債務免除金額は所得税法36条1項の「経済的な利益」に該当することを指摘したうえで、「債務免除による経済的な利益が後発的な理由によりさかのぼって消滅したというためには、形式面のみならず、実質的な観点からみて債務免除による経済的な利益が失われたと認められなければならないと解すべきである」とした。

　そして、本件調停における合意は本件債務を自然債務とする合意であり、法形式上の変化はあったものの、XはAから支払を請求されない無担保の債務を負担しているにすぎず、本件債務はこれを支払うかどうか専らXの意思に任され、Xの財産は本件債務につき責任財産とはされていないのであり、経済的な利益という点においては債務免除を受けたときと何ら変わりがないとして、本件調停により本件債務免除益が消滅したとのXの主張は失当であると判断した。

　なお、Xは、本件調停は国税通則法23条2項1号の「判決（判決と同一の効力を有する和解その他の行為を含む。）」（以下「判決等」という）に該当するので本件更正の請求は認められるべきであるとの主張も行っていたが、第一審はこの点について判断するまでもなくXの本訴請求は理由がないとした。

　本判決も、本件調停により本件債務は自然債務となったが、自然債務は

その債務の履行が法律以外の社会規範による債務者の自発的な意思にゆだねられている債務であって、債権者は強制履行の手段をとりえない債務であり、弁済をしなくても債務者には何らの法的不利益を生じないため、いかなる意味でも支払が担保されていないものなのだから、現実の弁済がなされない限りその経済的価値はないに等しいと判断した。そして、通常の債務が自然債務に転化すればその時点で債権者の経済的利益は失われ、その反面債務者は対応する経済的利益を得たとみるのが相当であるとし、本件控訴は理由がないためこれを棄却するとした。

解　説

1. 自然債務

　債権とは、債務者に特定の給付をさせることを内容とし、債務者に対して給付を請求することができる権利である。債権の効力としては、①債務者による任意の弁済を受領する効力（すなわち、債務者から金銭等を受け取っても不当利得とならない）、②債権者が債務者を裁判所に訴えて、判決の形で債務者に対して給付の実現を促してもらうことができる効力、③判決の存在にもかかわらず債務者が履行しないときは、その判決を「債務名義」として、裁判所の手により強制的に給付を実現する効力の3つが一般に挙げられる。

　自然債務とは、上記債権の効力のうち①のみを負担し、②及び③を負担しないものを意味する。民法には自然債務の規定はないが、自然債務を契約によって生じさせることはできると考えられており、古い裁判例ではあるが、特殊な事情のもとで行われた贈与契約につき、債務者みずからが進んで履行すれば債務の履行であるが、債権者において訴求できない契約があるとしたものがある[18]。

[18] 大判昭和10年4月25日 法律新聞3835号5頁

第3章　法制度及び契約に基づく事実関係の修正

2. 分　析

　所得税法 36 条 1 項は、「その年分の各種所得の金額の計算上収入金額とすべき金額又は総収入金額に算入すべき金額は、別段の定めがあるものを除き、その年において収入すべき金額（金銭以外の物又は権利その他経済的な利益をもって収入する場合には、その金銭以外の物又は権利その他経済的な利益の価額）とする」と規定している。そして、債務者が債権者から債務の免除を受けたときの免除金額は、原則として同法の「経済的な利益」に該当する（所基通 36 - 15(5)。ただし、免責許可の決定等により債務免除を受けた場合の経済的利益の総収入金額不算入（所法 44 の 2）など一定の場合は課税されない）。

　本件では、債務免除の合意が本件調停により自然債務となったときに、「経済的な利益」が消滅したといえるのか否かが争われた。

　X は、債務免除と自然債務とでは法律的に明確な差異があること、X は本件債務について弁済意思があること、実際 X は本件債務に係る債権を譲り受けた会社に対して 500 万円の放棄を受けるのと引き換えに 100 万円の支払をしていることなどを指摘し、本件調停により「経済的な利益」が消滅したと主張した。

　これに対して裁判所は、「形式面のみならず、実質的な観点からみて債務免除による経済的な利益が失われたと認められなければならない」と指摘したうえで、実質的にみて本件調停における合意では「経済的な利益」は喪失していないとしている。

　自然債務は 1. で述べたとおり、「債務者による任意の弁済を受領する効力」のみを負担する債務であり、弁済するか否かは債務者の判断に任せられている。そして、実質的な観点からみれば、債務者にとって債務免除と変わらない利益状況といえるため、「経済的な利益は喪失していない」との裁判所の判断は妥当なものであると考える。

3. その他

　本件では、X は本件調停は国税通則法 23 条 2 項 1 号の「判決等」に該

97

当するため本件更正の請求は認められるべきであるとの主張も行っている
が、この点は何ら判断されていない。

　「判決等」には、判決及び判決と同一の効力を有する和解その他の行為
が含まれるが、裁判上の和解は確定判決と同一の効力を有し（民訴法
267）、調停調書は裁判上の和解と同一の効力を有する（民調法16）ことか
ら（第2章2参照）、民事調停における和解も国税通則法23条2項1号の
「判決等」に該当する場合がある。ただし、そもそも、当該判決が、当事
者の納税を免れる目的で馴合いによってこれを得たなど、実質において客
観的、合理的根拠を欠く場合には「判決」に該当しない[19]とされており、
「判決等」に該当するか否かについても、民事調停の成立の経緯やその内
容などが吟味されることになる。

[19] 東京高判平成10年7月15日 訟月45巻4号774頁

第3章 法制度及び契約に基づく事実関係の修正

7 無権代理

ケース14 無権代理を理由として契約を無効とした判決の理由中の判断
（福井地判平成18年1月25日 税資256号順号10281）

無権代理による土地譲渡を前提とした税額に対する更正の請求につき、別件判決の理由中で当該土地譲渡は無権代理により無効であることが確認されてはいるが、これは別件判決の主文を導くうえで必要不可欠であったとはいえないから、別件判決は国税通則法23条2項1号の「判決」に該当しないとされた事例。

事実の概要

納税者XらはAの子であり、Aの法定相続人の一部である。Aは本件土地を所有していたところ、平成4年9月8日、Xら以外の法定相続人がAに無断で本件土地を甲に売り渡し（以下「本件売買契約」という）、甲に対して条件付所有権移転仮登記を行い、本件土地の売却を前提とした本件申告書がAに無断で作成・提出された。Aは平成5年3月14日に死亡した。

平成5年4月9日、Xらは甲を被告として条件付所有権移転仮登記の抹消登記手続を求める訴えを提起したが（以下「本件抹消登記手続訴訟」という）、控訴審において本件土地譲渡の結果を維持した和解が成立し、Xらは訴えを取り下げた（以下「本件和解」という）。

本件申告書に記載した税額を納付する義務を承継したXらが義務を履行しないため、Y税務署長はXら所有の不動産を差し押さえた（以下「本件差押処分」という）。

Xらが本件差押処分の取消しを求める訴えを提訴したところ、平成15年2月26日、Xらの請求を棄却する判決が出されたが、判決理由において、本件土地についての本件売買契約が無権代理によって無効であると認定さ

99

れた（以下「別件判決」という）。

　Xらは、平成15年4月15日、Yに対して、Aの平成4年分の所得税につき更正の請求をした。これに対し、Yは、同年6月13日付けで更正をすべき理由がない旨の通知をした（以下「本件通知処分」という）。

裁判所の判断

　まず、所得税法152条、同法施行令274条1号が適用されるためには、課税の原因となった法律行為が無効であるだけでなく、すでに生じていた経済的成果が、その行為の無効であることに基因して失われたことが必要であるとしたうえで、本件において経済的成果を消滅させる行為があったと認めるに足りる証拠はなく、経済的効果が本件売買が無効であることに基因して失われたとはいえないから、同法施行令274条1号は適用されないとした。

　次に、国税通則法23条2項1号の適用の可否について、同項の趣旨から、「判決」とは、当事者間に権利関係の争いがあり、その後、判決により申告等があった当時の権利関係と異なる事実関係が生じた場合の判決を指し、また、当該事実関係に関する当事者間ないしこれに準ずる関係にある者との間において、手続的保障がされ、十分な攻撃防御が尽くされたものでなければならないとした。そして、「判決により……確定された」というためには、判決主文または主文を導くのに必要不可欠な判決理由中の判断において確認されたことが必要であるという一般論を述べたうえで、本件土地の譲渡の有効性については、Xらと甲との間では本件和解の成立によってすでに解決が図られており、別件判決が、その理由中において本件売買契約が無権代理によるもので無効であると判断していることが権利関係に何らかの影響を及ぼしているとは認められないとした。また、別件判決は、本件売買契約が無効であるとしながら、結局、本件差押処分は有効である旨判断してXらの請求を棄却しているから、本件売買契約が無権代理により無効であることは、別件判決の主文を導くうえで必要不可欠で

あったとはいえず、国税通則法 23 条 2 項 1 号の「判決」に該当するとはいえないとした。

さらに、国税通則法 23 条 2 項 3 号、同法施行令 6 条 1 項 2 号の準用または類推適用の可否については、「無効」と「解除・取消し」とは法的意味合いが異なるため準用や類推適用はできないと判示した。

解　説

1.　無権代理

無権代理とは、本人を代理する権限（代理権）がないにもかかわらず、ある者が勝手に本人の代理人として振る舞うことをいう。広義の無権代理には、代理権の外観について一定の要件を満たす場合には有権代理と同様の効果を認める表見代理（民法 109、110、112）が含まれるが、狭義の無権代理は、この表見代理が成立しない場合のみをいう（民法 113）。そして、狭義の無権代理は、本人がその追認をしなければ、本人に対してその効力を生じない（民法 113 ①）。

無権代理は親族間で行われることも多いが、無権代理行為の後に本人が死亡し、無権代理人が本人を相続した場合の無権代理行為の効力について、判例は単独相続か共同相続かで異なる判断をしている。すなわち、無権代理人が単独で本人を相続した場合は、「本人自らが行為したのと同様な法律上の地位を生じたものと解するのが相当」[20] とし、本人の追認があった場合と同様に無権代理行為の瑕疵が治癒されるとしているが、無権代理人を含む共同相続人がいる場合には、「共同相続人全員が共同して追認しない限り、無権代理行為が有効となるものではない」[21] としている。

[20] 最判昭和 40 年 6 月 18 日 民集 19 巻 4 号 986 頁
[21] 最判平成 5 年 1 月 21 日 民集 47 巻 1 号 265 頁

2. 本件について

ア）追認の有無

　本件では、Aに無断で本件売買契約が行われており、代理権の外観があったことを示す事情もないことから、本件売買契約は、Aの追認がない限り狭義の無権代理として無効となる。そして、Aは追認をしないまま死亡し、Aの法定相続人として無権代理人を含む共同相続人がいた。したがって、無権代理行為を有効とするためには共同相続人全員による追認が必要であったが、Xらは本件売買契約につき無権代理による無効を主張して本件抹消登記手続訴訟を提起していたのであり、追認があったとはいえなさそうである。そうすると、本件売買契約は無効となり、本件売買契約を前提とした課税は否定されるべきと思われるが、本判決はXらの更正の請求を棄却している。

イ）無権代理に基づく経済的効果の喪失の有無

　まず、所得税法152条、同法施行令274条1号の適用の可否については、経済的効果が失われていないことを理由に否定されている。

　所得のように、課税の対象が私法行為それ自体ではなく、私法上の行為によって生じた経済的成果である場合には、その原因たる私法行為に瑕疵があっても、経済的成果が生じている限り、課税要件は充足される。したがって、無効な行為がなされ、また、その無効であることが知られず、その行為により経済的成果が発生してそのまま存続している場合などにおいては、課税が実質的負担力に着目して行われることから、それに対しても課税が行われる。しかし、その後にその法律行為の無効であることが確認されたため、先に生じていた経済的成果が失われたときは、前にされた課税を取り消しまたは変更し、更に納付済みの税額を還付すべきこととなる。そして納税者の側から税額の還付を求める方式として、所得税法152条、同法施行令274条は、後発的事由に基づく更正の請求を定めているのである。

　したがって、所得税法152条、同法施行令274条1号が適用される

ためには、課税の原因となった法律行為が無効であるだけでなく、無効な行為によりすでに生じていた経済的成果が、その行為の無効であることに基因して失われたことが必要となる。

　本件では、確かにＸらは本件売買契約の効力を争ってはいたものの、本件和解において、本件土地の所有権は甲に移転し、売買代金の返還などもされていないのであり、結果として追認したのと変わらない利益状況となっているのだから、当該判断は妥当なものといえる。

ウ）国税通則法 23 条 2 項 1 号の「判決」の意味

　次に、国税通則法 23 条 2 項 1 号の適用の可否については、同号の「判決」の意味について、申告等があった当時の権利関係と異なる事実関係が生じた場合の判決であり、手続的保障の観点から十分な攻撃防御が尽くされたものでなければならないとしており、判決主文または主文を導くのに必要不可欠な判決理由中の判断において確認されたことが必要であるという一般論を述べている。

エ）解除・取消しとの違い

　最後に、「無効」と「解除・取消し」の相違については、Ｘらが、法律行為の効果を失わせる点では両者は同様の法的意味合いを有し、特に無権代理における「無効」は追認により有効としうる点で「取消し」と極めて近接した性質をもつため、国税通則法 23 条 2 項 3 号、同法施行令 6 条 1 項 2 号の準用または類推適用がされるべきであると主張したのに対し、「無効」と「解除・取消し」とは法的意味合いが異なり、準用や類推適用はできないとしている。

オ）その他

　なお、本件では申告自体が無権代理により行われていることから、Ｘらは納税者の救済が最も強く要請されるべきであるとの主張を行った。これに対し裁判所は、本件申告の時期と本件抹消登記手続訴訟の提訴時期や、同訴訟中の証拠によればＸらが平成 5 年 5 月もしくは 6 月頃には本件申告書が提出されていたことを知っていたという事実によると、

Ｘらは国税通則法 23 条 1 項が規定する更正の請求を行うことが可能であったとして、Ｘらの主張を斥けている。

第4章

所得税関係

1 利益または損失の帰属時期

ケース15 裁判上の和解があった場合の収入金額の帰属時期
（最判平成元年2月23日 税資169号360頁）

裁判上の和解により過年度の収入金額に変動があったとしても、後発的事由に基づく更正の請求は認められず、当該事由によって生じた損失は、その事由の発生した日の属する年分の事業所得の金額上、必要経費に算入されるにとどまるとされた事例。

事実の概要

納税者Xは個人で貸金業を営む者であり、Aに対して制限利率を超える貸付けを行っていたが、貸付回収の手段として、Xはその都度Aから元利合計金を手形金額とする手形を受け取り、これをXの取引銀行に設けた口座を通じて取り立てに回していた。取立回付手形のうち、大部分のものはAの資金不足のため、その支払期日前にAが支払期日を延長した新手形を振り出してこれをXに交付し、AはXから旧手形決済に要する現金を受領し、これをAの取引銀行に入金して旧手形の決済に充てていた。

Aへの貸付残が増加したことから、XがAに対して貸付金の一括返済を強く要求したところ、昭和43年1月25日、XA間で制限超過利息は無効であることを確認して即決和解を行い、Xが収受すべき利息金額は利息制限法所定の年15パーセントの割合によることとなった（以下「本件和解」という）。

Y税務署長は、XのAに対する貸付けにつき、旧手形が決済された日において利息制限法による制限超過の利息を収受したものとして、各年の収入金額の計算をして所得税の決定処分等を行った。

第4章　所得税関係

裁判所の判断

　第一審（京都地判昭和 58 年 4 月 22 日　行集 34 巻 4 号 596 頁）は、「旧手形の決済と新手形の振り出しは手形延期にすぎない」との X の主張に対し、まず本件において新手形が振り出され、これに見合った現金が現実に X から A に交付された場合、法的には、これによって新たな手形貸付がなされたものと解さざるを得ないとした。そして、新たな消費貸借が成立したことになる以上、これによって得られた資金によって決済された旧手形の原因となっていた消費貸借は、当然、現実の弁済によって消滅したものと解すべきであり、この時点で制限超過利息を収受したといえるから、Y がその収受した利息金全額を当該年分における収入利息としたことは相当であるとした。

　また、「X の本件和解により、収受すべき利息が制限内利息であることに確定した」との主張については、期間税たる所得税の場合、納税義務は、暦年の終了の時において法律の定める課税要件が充足されることによって当然に成立するのだから、その後の課税要件の変動によって当然に納税義務の内容に変更を生ずるものではないと判断した。

　そして、国税通則法 23 条 2 項は、特定の後発的事由について更正の請求をすることを認めているものの、所得税については、所得税法が 152 条及び 51 条でこの点について別段の定めを設けているため、これらの定めによるべきところ（通法 4）、同各条項及び同法施行令 274 条・141 条によれば、同法が区分する所得のうち事業所得については、その所得の発生が継続的であることから後発的事由に基づく更正の請求は認められておらず、当該事由によって生じた損失は、その事由の発生した日の属する年分の事業所得金額の計算上、必要経費に算入されるにとどまると述べた。

　そのうえで、本件はいったん現実に収受した制限超過利息につき、本件和解により利息制限法の範囲内でしか利得を得られないこととなったのだから、まさに所得税法 51 条 2 項、同法施行令 141 条 3 号に該当するものとして、昭和 43 年分の事業所得の計算上、必要経費に算入すべきもので

107

あり、遡及的な減額を主張できるものではないと判示してXの請求を棄却した。

控訴審（大阪高裁昭和60年5月29日 行集36巻5号689頁）、最高裁（最判平成元年2月23日 税資169号360頁）もこれを支持した。

解 説

1. 利益の帰属時期

収入がどの年度に帰属するかという点について、所得税法36条1項は、「その年分の各種所得の金額の計算上収入金額とすべき金額又は総収入金額に算入すべき金額は、別段の定めがあるものを除き、その年において収入すべき金額（金銭以外の物又は権利その他経済的な利益をもって収入する場合には、その金銭以外の物又は権利その他経済的な利益の価額）とする」と定めているが、この「収入すべき金額」とは「収入すべき権利の確定した金額」を意味する[1]。すなわち、実際に収入がなくとも、収入すべき権利が確定した時期に所得税が課せられることとなる。

ここで、「収入すべき権利が確定した時期」がいつかについて、争いになる場合がある。たとえば、時効により取得した資産に係る一時所得の収入時期については、援用時に当該資産の所有権を取得すると解するのが相当とした最高裁判決[2]を前提に、時効援用時と解されている[3]。

本判決は事業所得に関するものであるが、利息金は約束手形の場合はその支払期日に債権として確定していると認められ、その全額が所得に帰したものと解するのが相当とされている[4]。

本件では、XがAに対して金銭消費貸借の趣旨で現金を交付し、これと引き換えに手形を受け取り、当該手形を金融機関を通じて取り立てに回して現実に決済をしていたという事実をとらえ、取引形態は手形貸付けであると認定したうえで、旧手形が決済された時点で、旧手形に係る消費貸借契約は消滅し、この時点で制限利息を超えた利息収入を得たものと判断

されている。

[1] 最決昭和 40 年 9 月 8 日 刑集 19 巻 6 号 630 頁

[2] 最判昭和 61 年 3 月 17 日 民集 40 巻 2 号 420 頁

[3] 静岡地判平成 8 年 7 月 18 日 行集 47 巻 7-8 号 632 頁、東京地判平成 4 年 3 月 10 日 訟月 39 巻 1 号 139 頁

[4] 大阪地判昭和 36 年 12 月 18 日 税資 35 号 944 頁

2. 分 析

損失の帰属時期を定める所得税法 51 条 2 項は、居住者の営む事業所得について、「その事業の遂行上生じた売掛金、貸付金、前渡金その他これらに準ずる債権の貸倒れその他政令で定める事由により生じた損失の金額は、その者のその損失の生じた日の属する年分の…事業所得の金額…の計算上、必要経費に算入する」としている。なお、「その他政令で定める事由」について同法施行令 141 条 3 号は、「（事業所得の）金額の計算の基礎となった事実のうちに含まれていた無効な行為により生じた経済的成果がその行為の無効であることに基因して失われ、またはその事実のうちに含まれていた取り消すことのできる行為が取り消されたこと」を定めている。

本件では、当初の契約内容では制限利息を超えた利息を X が取得することとなっていたが、制限超過利息の収受が無効であることが主張され、裁判上の和解手続によって、法に反し不当に得た利得分と残元本の通算を余儀なくされた結果、X は利息制限法の範囲内でしか利得を得られないこととなった。これはまさしく事業所得の「金額の計算の基礎となった事実のうちに含まれていた無効な行為により生じた経済的成果がその行為の無効であることに基因して失われ……たこと」に該当するのであり、本件和解で X に生じた損失については、損失の生じた日、すなわち本件和解の成立日の属する年分の事業所得の金額の計算上、必要経費に算入すべきとの結論になるように思われる。

しかし、一方で、本件裁判上の和解は「その申告、更正又は決定に係る課税標準等又は税額等の計算の基礎となった事実に関する訴えについての

判決（判決と同一の効力を有する和解その他の行為を含む。）により、その事実が当該計算の基礎としたところと異なることが確定したとき」（通法23②一）にも該当し得るといえ、そうであれば、更正の請求が可能であるようにも思われる。

　この点について本判決は、国税通則法に規定する事項で他の国税に関する法律に別段の定めがあるものは、その定めるところによる（通法4）とされていることを指摘したうえで、後発的事由に基づく更正の請求よりも所得税法で定められている損失の帰属時期の定めが優先するという結論を示しているが、この結論は妥当なものであると考える。

　類似の事例で法人税の益金計上時期について争われたケースがあり、本件と同様に解している（**ケース32**参照）。

第4章　所得税関係

ケース16　盗難被害と雑損控除の時期
（那覇地判平成11年3月16日　税資241号91頁）

盗難被害を、被害を受けた年分における雑損控除の対象とせず、その犯人に対する刑事事件判決が確定した時に、更正の請求によって雑損控除することはできないとされた事例。

事実の概要

亡Aは、平成2年12月28日から平成3年2月4日までの間に盗難の被害に遭っていたが、被告人が無罪を主張していたため、これを雑損控除の対象とせずに過大な確定申告をしていた。亡Aは、上記損害を雑損控除の対象にすべく、国税通則法23条1項所定の期間経過後に更正の請求をした後、死亡した。亡Aの相続人である原告Xらは、Aの死亡後、Y税務署長から更正の請求の期間徒過を理由に、更正すべき理由がない旨の通知処分を受けた。

Xらは、亡Aの被害事実に関しては国税通則法23条1項所定の期間内に刑事事件の有罪判決が確定しておらず、このことは同条2項1号または同項3号及び同法施行令6条1項3号に該当するから、本件処分は同項各号に違反する違法な処分であるとして、通知処分の取消しを求めた。

裁判所の判断

本判決は、概要、次のとおりXらの請求を棄却した。

国税通則法23条2項1号の「その申告、更正又は決定に係る課税標準等又は税額等の基礎となった事実に関する訴えについての判決」には、犯罪事実の存否及び範囲を確定するにすぎない刑事事件の判決は含まれないから、本件に同号を適用することはできない。

そして、本件被害事実について、被告人が刑事手続において無罪を主張していたとしても、本件被害事実を前提とした納税申告をすることができないとする理由は見い出し難いから、刑事事件が未確定であることを理由

111

として、同項3号、同法施行令6条1項3号を適用することはできない。

解説

1. 国税通則法23条2項1号の「判決」と刑事事件判決

　国税通則法23条2項1号にいう「その申告、更正又は決定に係る課税標準等又は税額等の基礎となった事実に関する訴えについての判決（判決と同一の効力を有する和解その他の行為を含む。）によりその事実が当該計算の基礎としたところと異なることが確定したとき」とは、申告等に係る課税標準等または税額等の計算の基礎となった事実関係について民事上紛争を生じ、判決や和解によってこれと異なる事実が明らかにされたため、申告等に係る課税標準等または税額等が過大になった場合のことを意味している。

　したがって、同号にいう「判決」とは、申告等に係る課税標準等または税額等の計算の基礎となった事実についての私法行為または行政行為上の紛争を解決することを目的とする民事事件の判決を意味し、犯罪事実の存否及び範囲を確定するにすぎない刑事事件の判決を含まないものと解されている[5]。本判決も、この最高裁判決の解釈に沿ったものである。

[5] 最高裁昭和60年5月17日判決 税資145号463頁

2. 国税通則法施行令6条1項3号の「やむを得ない事情」

　国税通則法23条2項3号、同法施行令6条1項3号は、帳簿書類の押収その他やむを得ない事情により、課税標準等または税額等の計算の基礎となるべき帳簿書類その他の記録に基づいて国税の課税標準または税額等を計算することができなかった場合において、その後、当該事情が消滅したときは、その翌日から起算して2月以内に、更正の請求をすることができる旨を定める。

　これについて本判決は、まず、法定申告期限内において、たとえば、刑

事事件により帳簿等が押収され、その閲覧もできなかった場合のように、納税申告書を提出した者の責めに帰すべきでない事情により、その手元に課税標準等または税額等の計算の根拠となるべき帳簿書類等が存在せず、そのため、申告の時点において税額等の計算ができず過大な申告をしていたところ、後日になってその計算が可能となり、申告が過大であったことが判明したときは、国税通則法23条1項の所定期間経過後であっても、その計算が可能となった時から2月以内であれば更正の請求ができるとした。

　そのうえで、本件においては、被告人が刑事手続において無罪を主張していたとしても、本件被害事実を前提とした納税申告をすることができないとする理由は見い出し難いから、刑事事件が未確定であることを理由として国税通則法施行令6条1項3号を適用することはできないとした。

　なお、本判決では、Xらが、本件被害事実についての有罪判決が未確定の状態では平成2年度に被った損失額など被害事実の具体的内容が不明であるから、雑損控除額の計算ができず、このような状況は、更正の請求をなしえない場合と同視できることを理由に国税通則法施行令6条1項3号を適用すべき旨主張しているようにも解されるとして、この点についても検討を加えている。

　そのうえで裁判所は、証拠によれば、本件被害事実は、亡Aが預金通帳を盗まれ、勝手に預金を引き出されたというものであるところ、亡Aは、銀行に対して照会するなどして預金が引き出された日時及び金額を把握することができたというべきであるとし、国税通則法施行令6条1項3号の趣旨に照らして、本件が、やむを得ない事情により課税標準等または税額等の計算ができないときに当たるとはいえないと判断した。

ケース **17** 　役員報酬の減額と更正の請求
（国税不服審判所裁決平成10年10月2日　裁事56集111頁）

会社の業績不振のため、事業年度終了後に開催した取締役会において、毎月支給済みであった当該事業年度の役員報酬を、期首までさかのぼって減額する旨決議をした後、役員が給与所得の金額が過大であるとして更正の請求をしたが、当該役員報酬の減額は給与所得の収入金額に影響を及ぼすものではないとされた事例。

事実の概要

請求人Xは、同人が代表取締役を務める株式会社E（E社）の平成8年7月期において、同社から毎月820,000円（総額9,840,000円）の役員報酬を受領していた。ところが、E社は、平成8年7月期の業績が不振で、しかも多額の累積欠損金を抱えていたことから、同年9月16日に開催した取締役会において、Xに支給済の役員報酬を平成7年8月分まで遡及して、月額820,000円から500,000円に減額する旨決議した。

Xは、本件減額決議に基づいて平成8年7月期に係る役員報酬から3,840,000円減額されたことを理由に、本件減額分のうち平成7年8月分から12月分までの減額分1,600,000円について、本件修正申告書に係る給与所得の収入金額が過大であるとして、本件更正の請求をした。

原処分庁は、たとえXが本件減額決議に基づき過去に受領していた役員報酬を返還したとしても、Xの給与所得の収入金額に影響を及ぼすものではないとして、更正をすべき理由がない旨の通知処分をした。

審判所の判断

国税不服審判所は、次のとおり、Xの主張には理由がないとして、本件審査請求を棄却した。

所得税法36条1項の規定によれば、その年分の各種所得の金額の計算

第4章　所得税関係

上収入金額とすべき金額は、その年において収入すべき金額とする旨規定している。そして、給与所得の収入金額の収入すべき時期は、契約または慣習により支給日が定められている給与についてはその支給日、その日が定められていないものについてはその支給を受けた日であると解されている。

本件減額決議は、多額の累積欠損金を抱えたE社の再建を目的に行われたことは認められるが、本件取締役会及び本件株主総会を開催した日は、いずれも平成8年7月期の事業年度終了の日以後であり、Xが役員報酬として現実に金銭を受領した後であったことは明らかである。

そうすると、Xの平成7年分の給与所得の収入金額は、収入すべき時期である役員報酬の支給日においてすでに確定していたと認められ、請求人の給与所得の収入金額に何ら影響を及ぼすものではないと解するのが相当である。

解説

1. 役員報酬の減額と自主返上

業績不振や不祥事の発覚を理由に、役員報酬が減額される場合や自主返上が実施される場合がある。役員が受領する税引き前の金額は同じであっても、減額される場合と自主返上する場合では、所得税の課税関係は異なる。

役員と会社の関係は委任関係であるが、給与としての性質を有するものと解され、受領する役員報酬は給与所得として所得税の課税対象となる（所法28①）。役員報酬が減額される場合は、報酬それ自体が減額されるから給与所得として課税される額も減少する。ただし、会社側では下記2.のとおり、一定の改定事由に該当しない限り、減額前の給与のうち減額分に相当する部分の損金計上が認められない。

これに対し、自主返上する場合は、返上前の金額で役員報酬の支給を受けるから、原則として給与所得として課税される額は減少せず、それが未

115

払であった場合にはその返上をしたときに所得税を源泉徴収されるが（所基通 181 〜 223 共-2）、例外的にその支給期が到来前の場合は、課税しない取扱いがされている（所基通 28-10）。また、返上した額は役員から会社への寄附と解されるから、所得税の課税関係に影響しない。

2．役員報酬の減額等に係る会社法の解釈

取締役・監査役の報酬等は、定款に定めがないときは、株主総会の決議によって定める（会社法 361、387）。通常は、取締役報酬・監査役報酬の各総額を株主総会で決議し、取締役会において各取締役の配分を決議する方法で行われることが多い。

いったん報酬額が決定すると、その後、役員の任期中に会社側が報酬額を変更する決定を行ったとしても、その報酬額を変更される役員が同意しない限り無効であり、当初の決議に従った報酬の請求権を失うことはない[6]。

もっとも、役員と会社とは委任契約関係にあることから、その内容に一定の事由が生じた場合に報酬を減額する旨の定め（役員報酬規程のような内規の場合も含む）がある場合には、その定めに従って減額することは可能である。また、実務上、不祥事の発覚や業績不振を理由に、役員報酬が減額されたり、自主返上されたりする場合もある。この場合も、定めがなければ会社が一方的に決定することはできず、各対象者の同意を必要とする。同意があれば、支給済であるか否かは問われない。

[6] 最判昭和 31 年 10 月 5 日 集民 23 号 409 頁

3．給与所得の収入金額の収入すべき時期

給与所得の収入金額の収入すべき時期について、本裁決は、所得税基本通達 36-9 を引用し、上記のとおり判示した。

本件では、役員報酬がさかのぼって減額されているところ、上記 2．のとおり、そもそも取締役会決議のみで役員報酬を変更することはできない。

仮に、役員の同意があったとした場合はどうか。本裁決は、減額相当額の役員報酬を X が現実に受領した後であったことから、支給日に確定し

第 4 章　所得税関係

ていたと認め、収入金額に影響を及ぼさないと判断している。しかし、自主返上の場合とは異なり、減額は、いったん確定したものが変更された場合に該当するものである。本裁決は、この点について何ら示しておらず、問題があると考える。

　なお、本裁決は参照していないが、役員報酬の減額が、所得税基本通達36-9(3)の「給与規程の改訂が既往にさかのぼって実施されたため、既往の期間に対応して支払われる新旧給与の差額に相当する給与」に該当すると解されれば、「その改訂の効力が生じた日」である取締役会決議を受けて当該役員が同意した日が収入すべき日となるとも考えられる。しかし、同通達は給与規程の改訂や労働基準監督署の調査を受け、支給額が変更した場合を想定しているようでもあり[7]、本件のような減額の場合を想定しているか明らかではない。

[7]　三又修・樫田明・一色広己・石川雅美共編『平成 29 年版 所得税
基本通達逐条解説』（大蔵財務協会）310 頁

4. 役員報酬の減額に係る法人税法上の取扱い

　法人税法は損金に算入できる役員給与を定期同額給与等一定のものに限定しており（法法 34 ①一）、いわゆる定期同額給与に該当する役員報酬を事業年度中で変動する場合には、事業年度開始後 3 月以内の定期改定（法令 69 ①一イ）、臨時改定事由（同ロ）のほか、業績悪化改定事由（同ハ）による改定のみ、損金算入が認められる。

　このうち、業績悪化改定事由は「経営の状況が著しく悪化したことその他これに類する理由」と規定されていることから（同ハ）、経営状況が著しく悪化したことなどやむを得ず役員給与を減額せざるを得ない事情があることをいい、財務諸表の数値が相当程度悪化したことや倒産の危機に瀕したことだけでなく、経営状況の悪化に伴い、第三者である利害関係者（株主、債権者、取引先等）との関係上役員給与の額を減額せざるを得ない事情も含まれる。しかし、一時的な資金繰りの都合や単に業績目標値に達し

117

なかったという理由は含まれないと解されている（法基通9-2-13）。

　なお、上記損金算入が認められる改定事由には、不祥事に基づく減額は含まれていない。したがって、このような場合には、いったん報酬を支払ったうえで、すなわち、損金算入したうえで、役員に自主返上させ、受贈益を計上するという方法で処理するほうが有利な場合もあり得る。

第4章　所得税関係

ケース18　診療報酬不正請求の返還金の損失計上時期
（東京高判平成23年10月6日　税資261号順号11780）

診療報酬の不正請求等がなされた場合において、診療報酬の不正請求
分及び未返還分、並びに、加算金については、必要経費に算入するこ
とができないとした事例。

事実の概要

Xは、その経営する病院（以下「本件病院」という）において、平成12
年3月から平成17年2月までの間に、不正な診療報酬請求（以下「本件
不正請求」という）または不当な診療報酬請求（以下「本件不当請求」といい、
本件不正請求と合わせて「本件請求」という）をし、過大に診療報酬を受領
した。その結果、平成17年6月30日、健康保険法等に基づき当該過大
部分について返還する必要が生じるとともに、Xは社会保険事務局より本
件不正請求に係る加算金を課された。

Xは、平成17年10月7日付で本件不正請求分について、平成17年
12月15日付で本件不当請求分について、それぞれ保険者に返還する旨の
返還同意書を提出し、平成18年11月頃、返還額が確定した。

なお、平成17年9月20日、Xは本件病院を廃業し、Bに対し本件病
院の事業を譲渡した。

Xは、平成16年、17年分の所得税の確定申告にあたって、未返還の過
大請求額を含む過大請求額を収入金額から控除し、加算金を必要経費とし
て控除した。

課税庁はXの確定申告に対し、更正処分及び過少申告加算税賦課決定
処分を行った。

裁判所の判断

裁判所はまず、平成16年ないし平成17年2月までの診療報酬として
請求した金額のうち不正請求等に係る部分であるとする金額についても、

119

原告は、現実にその利得を支配管理し、自己のためにそれを享受して、その担税力を増加させたといえるから、原告の上記各年分の所得税における事業所得の計算上、総収入金額に計上すべきもので、これを控除することはできないとした。

　そして、本件未履行債務の金額を、事業所得の金額の計算上、総収入金額から控除し、または必要経費に算入することについて、返還同意書を提出するなどし、各保険者からは原告に対する返還請求が行われているのであるから、Ｘが本件返還債務を負っていることは、当事者間においてすでに確認されているものといえるのであるが、このことのみで、原告が診療報酬の不正請求等をしたことにより生じた経済的成果が失われたということはできないのであり、原告が本件返還債務を現実に履行した場合にはじめて、その部分についてその経済的成果が失われたものとして、その履行した日の属する年分の事業所得等の金額の計算上、必要経費に算入することができるのであり、未履行分については必要経費に算入することができないとした。

　また、加算金については、所得税法 45 条 1 項 7 号、同法施行令 98 条の 2 にいう故意または重大な過失によって他人の権利を侵害したことによる損害賠償金またはそれに類するものに該当するため、必要経費に算入することもできないとした。

解 説

1. 診療報酬・介護報酬の不正請求とその帰趨

　診療報酬や介護報酬（以下「診療報酬等」という）について、報酬請求の要件を充たさなかったことが事後的に明らかになった場合には、その返還を行う必要がある。これが「偽りその他不正の行為」（健康法保険法 58 条 1 項、国民健康保険法 65 条 1 項）によって行われた場合には、当該不正請求額に加え、4 割の加算金が付される（健康保険法 58 ③、国民健康保険法

120

第4章　所得税関係

65 ③、介護保険法 22 ③）。

　実務上は、当該過大請求の債権者である保険者等に対して、同意書等を提出したうえで返済金額を確定していくことになる。返済金額の確定には、保険者と医療機関が協力をして行う必要があるため、相当程度の時間がかかる場合が多い。また、病院や介護施設は、原則として診療報酬等以外による収益がないところ、不正請求等がなされた場合には、一括して返済を行うのが難しく、将来の診療報酬等から分割して返済していかざるを得ない場合が多い。

2．不正請求分の必要経費等への算入

　過大に受領した診療報酬等については、法律上の原因なく受け取った収入であり、医療機関は保険者に対して返還すべき義務を負う。

　そして、所得税法においては、収入金額は、「その年分の各種所得の金額の計算上収入金額とすべき金額又は総収入金額に算入すべき金額は、別段の定めがあるものを除き、その年において収入すべき金額」とされているところ（所法 36 ①）、「収入金額とすべき金額または総収入金額に算入すべき金額」について、その収入の基因となった行為が適法であるかは問われない[8]。

　したがって、診療報酬として請求した金額のうち不正請求等に係る部分の金額についても、現実にその利得を支配管理し、自己のためにそれを享受して、その担税力を増加させている場合には、事業所得の計算上、総収入金額に計上すべきもので、これを控除することはできない。

> [8] 所基通 36-1、最判昭和 38 年 10 月 29 日 集民 628 号 529 頁参照

3．未履行部分の必要経費への算入

　では、診療報酬の不正請求等があった場合には、その返還債務について、必要経費とすることができるか。上記のとおり、不正請求等がある場合には、分割して返済していかざるを得ない場合が多いことから問題となる。

121

この点、本件においても、Xは、保険者等との間で同意書を締結していることを理由に、未返済部分についても必要経費として算入できると主張した。

無効な行為があった場合において、その行為が無効であることに基因して損失が生じた場合には、その損失が生じた日の属する年分の事業所得等の計算上、必要経費に算入することができる（所法51②、所令141三）。

この「損失が生じた日」について所得税法施行令141条3号が「無効な行為により生じた経済的成果が無効であることに基因して失われた」と規定しているから、利得の返還義務等が現実に履行されたことをもって損失の発生要件としたものと考えられる。

したがって、返還債務を現実に履行した場合にはじめて、その部分について経済的成果が失われたものとして、その履行した日の属する年分の事業所得等の金額の計算上、必要経費に算入することができるにすぎないとする本判決の結論は、妥当であると考えられる。

4. 加算金の必要経費等への算入

では、不正請求に係る加算金については、必要経費として算入することができるか。

所得税法においては、故意または重大な過失によって他人の権利を侵害したことにより支払う損害賠償金については、必要経費に算入することができないとする（所法45①七、所令98の2）。これは、罰金・科料等（所法45①六）が義務違反に対する制裁であり、その支出が業務遂行上のものであっても、必要経費に算入することは制裁的意味を失うという理由で不算入とされていることに類似する面があるからであるとされている[9]。

不正請求に係る加算金は、診療報酬の不正請求を抑止するという行政目的で設けられた行政制裁としての性質を有するとともに、悪意の受益者の受けた利益及びその法定利息の支払と損害賠償義務を定めた民法704条の特則としてその支払が求められるものであると解され、損害賠償として

の法的性質を有する。

そして、このような加算金は、偽りその他不正の行為によって診療報酬の支払を受けたものとして、本件加算金を課されたのであるから、故意または重大な過失によって他人の権利を侵害したことによる損害賠償金と同視することができる。

したがって、不正請求に係る加算金は、必要経費に算入することができないものと考えられる。

[9] 武田昌輔編『コンメンタール所得税法』（第一法規）3663頁

2 利益または損失の帰属者

ケース19 事業所得の帰属者の認定
（福岡高判平成14年3月15日 税資252号順号9089）

「申告した事業所得は、父親に帰属するものであるから、更正の請求
が認められるべきである」との納税者の主張が、当初は父親が事業を
行っていたが、その後、経営者を納税者に変更し、その旨の届出を課
税庁に行い、銀行取引口座を納税者名義に変更するなどしていること
から、事業所得は納税者に帰属するとして排斥された事例。

事実の概要

　納税者Xの父Aは理容店を複数店経営していた。Xはそのうちの甲店
舗に店長として派遣された。当初、甲店の開店に必要な設備一式はAが
購入し、A名義の口座から支払われていたが、平成4年4月頃、その支
払口座はXの名義に変更された。そのほか、平成3年から5年頃にかけて、
甲店からの支払がA名義からX名義に変更されたり、銀行からの借入れ
や事業用資産の借入れをX名義で契約をしたりといったことが行われた。

　また、平成3年7月11日に、Xは、Y税務署長に対して甲店の開業日
を同年5月1日とする届出書を提出し、同日以降の事業所得が自己に帰
属するものとして期限内申告を行い、従業員の給与の源泉所得税を納付し
た。平成6年11月頃に、甲店を含むAが経営する理容店全店舗で本件税
務調査が行われ、これに基づき、Xは平成3年分ないし平成5年分につ
いて所得税の修正申告を行った。

　平成7年1月13日、YはXに対して、当該修正申告について重加算税
を賦課する本件賦課決定処分を行い、Xは本件賦課決定処分を不服として
異議申立てをしたが棄却された。

124

第4章　所得税関係

　また、Xは上記修正申告の更正の請求を行ったが、Yが更正をしない旨の通知処分を行った。

裁判所の判断

　第一審（大分地判平成11年11月29日　税資245号404頁）は、まず、平成3年分及び平成4年分に関する所得税の更正の請求が期間を徒過した不適法なものか否かという点について、国税通則法23条1項の更正の請求期間である1年（当時）を徒過しており、また、同条2項3号も準用もできず、不適法なものであるとした。

　次に、甲店の事業所得の帰属者がXではなくAであるとのXの主張については、次の点を理由に斥けた。

> ・甲店は、当初Aが経営していたが、経営者をXに変更して、その旨の届出をYに行った。
> ・甲店の取引口座をA名義の口座からX名義の口座に変更した。
> ・従前のAの割賦金支払や公共料金支払をXの支払に変更した。
> ・事業用資産調達や運転資金調達をX名義で行い、税理士に対する記帳報酬をX名義で支払うようになった。
> ・甲店の売上によって生じた利益をX名義の貸付信託にした。Xにおいて従業員等に対し貸付けを行った。
> ・本件各年分の確定申告においても甲店の平成3年5月1日以降の事業所得はXに帰属するものとしてXから申告がなされる等していた。

　さらに、Xは「本件税務調査は違法なものであり、本件修正申告には申告強要の違法があり、これらが本件賦課決定処分及び本件通知処分の違法事由になる」と主張したところ、裁判所はこれについても、本件調査に原告主張の違法性が存在したとしても、それだけで本件賦課決定処分が違法となることはなく、本件修正申告が無効といえることが必要であるとした

125

うえで、本件修正申告はXの意思に基づいて提出されたものと認められるので無効とはいえないと判示してXの請求を棄却した。

控訴審（福岡高判平成14年3月15日 税資252号順号9089）も原判決を維持した。さらに、最高裁（平成14年9月13日 税資252号順号9190）は上告を棄却し、上告不受理とする決定をした。

解説

1. 所得の帰属

納税者と課税物件との結びつきのことを「帰属」といい、所得税の場合は納税者と所得との結びつきが問題となる。所得税法上、帰属に関する定めとして、所得税法12条の「実質所得者課税の原則」がある。同条では、資産または事業から生ずる収益が法律上帰属するとみられる者が、単なる名義人であって、その収益を享受せず、その者以外の者がその収益を享受する場合には、その収益はこれを享受する者に帰属するものとして、所得税法の規定を適用することとされている。

この点、共同経営的な状態にある親族間における所得の帰属について争われることが多い。たとえば、農業による収入の帰属者が親子のいずれであるかが問題となった事案で、最高裁は、収入が誰の所得に属するかは、誰の勤労によるかではなく、誰の収入に帰したかで判断されるべき問題であるとしたうえで、ある事業による収入は、その経営主体である者に帰するとしている[10]。また、通達においても、事業から生ずる収益を享受する者は、「その事業を経営していると認められる者（事業主）が誰であるか」により判定するとしている（所基通12-2）。なお、同一世帯内における事業主が誰であるかの判定については所得税基本通達12-5に、親族間における農業の事業主の判定については同通達12-3、12-4に定めがある。これらの判定では「その事業の経営方針の決定につき支配的影響力」を誰が有しているかが重視されている。

第4章　所得税関係

　このほか、父親が開業する歯科医院に子が歯科医師として参画しており、子が個人事業主として申告をしていたところ、課税庁が子の事業所得ではなく父親に帰属するべき課税所得であるとした事案で、父親の単独事業に子が参加した場合、特段の事情のない限り経営主体は父親で、子はその従業員であるとした裁判例もある[11]。

　事業の経営主体の認定については、運転資金の調達や物品購入など事業に関する法律行為の名義、信用力の所在、事業の実態などの事実を総合して判断されていると考えられる。

[10] 最判昭和37年3月16日 民集59巻393頁

[11] 東京高判平成3年6月6日 訟月38巻5号878頁

2. 分　析

　本件では、甲店舗における事業所得の帰属者が親か子かで争われたが、裁判所は取引口座の名義、事業用資産調達や運転資金調達の名義、税理士に対する記帳報酬の名義、税務署への届出及び申告の状況等に着目し、帰属者はXであると判断している。

　これに対してXは、売上の一部がAが経営する本店に運ばれていたこと、決算書類・税務書類も本店で作成されており税理士報酬も本店で支払っていること、甲店の従業員はAの経営する他店舗から回されてきたり、Aが甲店の従業員の給与額等を決めていたことなどを主張した。

　しかし、裁判所は、もともと甲店はAが経営していた中の一店舗であったことから、経営者がXになったとしてもAの支配下にあることに変わりはなく、このことは、AとXが親子であるという点からも自然といえるため、これらの事実からAが経営者であったと認定することはできないとしている。

　親子で共同経営的な事業を行っている場合、所得の帰属について争われる例が多いが、本件はその中でも親と子に別々に帰属するという判断に至った例として参考になるものと思われる。

| ケース20 | 共同相続に係る不動産から生じる賃料債権の帰属と、後にされた遺産分割の効力との関係（最判平成17年9月8日　民集59巻7号1931頁） |

遺産である不動産の賃料債権は、各共同相続人の分割単独債権として確定的に取得されるものであり、後の遺産分割の影響を受けないとされた事例。

事実の概要

被相続人Aの相続人B、C、D、E及びFらは、Aの遺産である複数の不動産（以下「本件各不動産」という）について、それから生じる賃料や管理費等を、遺産分割による本件不動産の帰属が確定するまで、特定の銀行口座において管理することとした。

その後、裁判所において、被相続人Aの遺産分割及び寄与分を定める処分審判に対する抗告事件に係る決定により、本件各不動産の帰属が確定した（以下「本件遺産分割等決定」という）。

これについてBは、本件不動産から生じた賃料債権は、相続開始のときにさかのぼって、本件遺産分割等決定により確定した本件各不動産の帰属にしたがって分配額を算定すべきであると主張した。

他方で、CないしFは、本件各不動産から生じた賃料債権は、本件遺産分割等決定が確定した日までは法定相続分にしたがって各相続人に帰属し、本件遺産分割等決定の日の翌日から本件各不動産を取得した各相続人に帰属するものとして分配額を算定すべきであると主張した。

裁判所の判断

裁判所は、相続開始から遺産分割までの間に不動産から生じた賃料債権は、遺産とは別個の財産であって、各相続人がその相続分に応じて分割単独債権として確定的に取得すると判断したうえで、かかる賃料の帰属は、後にされた遺産分割の影響を受けないとした。

第4章　所得税関係

解説

1. 法定果実と民法909条本文

本件では、被相続人Ａが死亡した後も、遺産である本件各不動産から賃料収入という法定果実（民法88②）が生じている。そして、本件においては、この法定果実を各相続人にどのように分配すべきかが問題となった。

この点、民法909条本文は、「遺産の分割は、相続開始の時にさかのぼってその効力を生ずる」と定めている。これによると、本件各不動産から生じた賃料は、本件遺産分割等決定により確定した本件各不動産の帰属割合にしたがって分配されるべきということになる。

他方で、民法898条の「相続人が数人あるときは、相続財産は、その共有に属する」という定めに重きをおき、民法909条本文は共有の事実を否定するものではないと考えれば、本件遺産分割等決定の日までの賃料は、あくまで遺産共有状態の共有持分の割合にしたがって分配されるべきと考えることもできる。

この点に関する議論は、本判決が出されるまで、折衷説を含め多くの学説や裁判例において結論が分かれてきた。

2. 原審の判断

原審[12]は、第一審[13]の考え方を踏襲して、遺産分割の効力が相続開始の時にさかのぼることを重視し、遺産分割によって特定の財産を取得した者は、相続開始後に当該財産から生ずる法定果実を取得することができるものとした。したがって、本件各不動産から生じた賃料債権は、相続開始の時にさかのぼって各相続人に帰属するという判断であった。

3. 最高裁判所の判断

本判決は、遺産である不動産から生じた賃料債権そのものは可分債権であるため、民法427条の「数人の債権者又は債務者がある場合において、別段の意思表示がないときは、各債権者又は各債務者は、それぞれ等しい

129

割合で権利を有し、又は義務を負う」という定めにより、当然に分割され、各相続人が法定相続分に応じて単独の分割債権として取得するものとした。

4. 本判決の影響

本判決は、遡及効を否定する税務上の取扱いと矛盾しないものであるといえる。とはいえ、争いのあった論点について初めて最高裁判所としての判断を示したものであり、実務に与えた影響は大きい。

また、相続開始から遺産分割協議が成立するまでの間の法定果実を各相続人が法定相続分に応じて申告することは、実務上煩雑な手続となる。後に争いとならないよう、分割協議と併せて「別段の意思表示」を合意書で明確にしておくとよい。

[12] 大阪高判平成16年4月9日 民集59巻7号1946頁
[13] 大阪地判平成15年9月26日 民集59巻7号1940頁

第4章　所得税関係

ケース21 遺言無効確認訴訟における和解に基づく更正の請求
〈国税不服審判所裁決平成18年11月21日（非公開判決）TAINS：F0-1-280〉

遺言により取得した土地の賃貸料に係る供託金は他の法定相続人のものであることを確認する旨の裁判上の和解は、国税通則法23条2項1号の「和解」に該当するとされた事例。

事実の概要

納税者Xは、遺言公正証書に基づき、賃貸土地（以下「本件土地」という）の持分2分の1を取得し、同土地の賃料を自己の不動産所得として確定申告していた。

他の相続人から遺留分減殺請求を受けるとともに、遺言無効確認訴訟が提起され、本件土地の賃借人が供託していた本件供託金賃料のうち2分の1相当額（以下「本件供託金」という）が他の相続人に帰属することを確認する和解が成立したため、Xは更正の請求を行った。

これに対し、原処分庁は、本件和解は国税通則法23条2項1号の「和解」に該当しないとして、理由がない旨の通知処分を行った。

審判所の判断

審判所は、本件供託金は、本件賃貸借契約上の賃貸人たる地位を取得した請求人らにより地代請求訴訟を提起された賃借人が、債権者を確知することができないとして本件土地の賃料を供託したものであることから、この（和解条項における供託金の帰属者の）確定事実は、当該賃料の債権者（帰属先）が本件相続人2名であることを前提にしたものであり、本件賃料が本件相続人2名に各2分の1ずつ帰属するという事実を含んでいるとした。そして、Xが申告の際に基礎とした事実と本件和解により確定された事実は、賃料の帰属の点で相違があるとして、Xの更正の請求を認めた。

131

解 説

1. 国税通則法23条2項1号の和解

本件においては、Xと他の相続人間の訴訟でなされた和解（以下「本件和解」という）が国税通則法23条2項1号に基づき更正の請求をすることができるかが争点となった（裁判上の和解の性質については第2章❸参照）。

本件和解は、遺言無効確認訴訟における裁判上の和解であり、同号の「和解」に該当することは明らかである。

問題は、本件和解により確定した事実が、Xが納税申告の際に基礎とした事実と異なることとなったか、すなわち本件和解の前後で申告の基礎とすべき事実が相違するかであり、相違する場合には同号に基づきXの請求が認められることになる。

ここにいう「事実」とは、一般的に、課税要件事実のみならず、課税標準等または税額等の計算に関連を有する事実をも広く含むと解され[14]、本裁決もこれと同様に解し、「事実が異なる」とは事後的な実体法上の権利関係の変動に限られないとしている。

本件の「事実」は、Xが申告の際に基礎とした「本件賃料がXに帰属する」という事実であるところ、本件和解の和解条項において確認されたのは、不動産の賃料自体の帰属ではなく、本件不動産の賃借人による供託金の分配・清算であった。そのため、供託金のうち、「相続開始から他の相続人による遺留分減殺請求がされた日までの期間に係る賃料がXに帰属する」という事実が変動したかが問題となった。

[14] 最判昭和57年2月23日 民集36巻2号215頁

2. 遺産に係る法定果実の帰属者

相続が開始すると、相続人が複数いる場合は、その相続財産は共同相続人の共有に属する（民法898）。そして、遺産の分割は相続開始の時にさかのぼって効力を生ずる（民法909）。ところが、相続開始の時から遺産分割

までの間に、遺産である賃貸不動産から生ずる賃料債権（法定果実）が最終的に誰に帰属するのかについては法律に定めがなく、そもそもこのような遺産に係る法定果実が遺産分割の対象となるのかという問題もあり、学説や裁判例が分かれていた[15]。

　この問題については、最高裁判所[16]が、「遺産は、相続人が数人あるときは、相続開始から遺産分割までの間、共同相続人の共有に属するものであるから、この間に遺産である賃貸不動産を使用管理した結果生ずる金銭債権たる賃料債権は、遺産とは別個の財産というべきであって、各共同相続人がその相続分に応じて分割単独債権として確定的に取得するものと解するのが相当である」としたうえで、「分割確定までの賃料債権は、各共同相続人がその相続分に応じて分割単独債権として確定的に取得した上記賃料債権の帰属は、後にされた遺産分割の効力の影響を受けない」ことを前提に、清算されるべきであると判示して、民法上は結論を得た。

　なお、遺留分減殺請求が行われた場合には、減殺請求権の範囲内において遺留分侵害行為の効力は消滅し、遺留分権利者がその目的物の権利を取得することになる。受贈者は返還すべき財産のほか、当該請求があった日以後の果実も返還しなければならないが（民法1036）、相続開始時から当該請求の日までの果実は遺言に従うことになる。これに対し、遺言が無効であるとされた場合には、遺産である土地の取得割合は、遺言で指定されたものではなく法定相続分となるから、上記最高裁判決に従えば、相続開始時から有効・無効が確定するまでの期間の賃料の帰属は法定相続分となる。

[15] 松並重雄「判批」最高裁判例解説民事篇 平成17年度(下) 553頁
[16] 最判平成17年9月8日 民集59巻7号1931頁

3. 本件について

　本件通知処分は、Xがした平成17年4月28日の更正の請求に対し、

同年6月22日付で行われたものであり、上記最高裁判決の判断が示される直前であった。したがって、遺言無効確認訴訟が裁判所に係属していた時期には上記最高裁判決は出されておらず、和解条項で遺留分減殺請求がされる前の期間に係る部分も含め、賃料の供託金が各2分の1帰属することを確認したものと思われる。

また、本件は上記最高裁判決の事例と異なり、遺産分割協議ではなく、遺留分減殺請求及び遺言無効確認訴訟の事案であった。したがって、遺言が有効であれば相続開始の時から当該請求の日までの期間に係る賃料はXに帰属することになり、遺言が無効であれば分割されるまでの間は本件相続人2名に帰属することになる。この点、本裁決は、当該期間の「賃料の債権者が相続人2名であることを前提にしている」と認定しており、遺言無効確認訴訟であったことに着目し、相続開始から遺言の有効性確認がされるまでの期間は、本件土地の取得割合を特定できず、その期間中の賃料も法定相続分となると判断したものと思われる。

第4章　所得税関係

3　みなし譲渡

ケース22　遺留分減殺請求に対する価額弁償
（最判平成4年11月16日　家月45巻10号25頁）

土地の遺贈に対して遺留分減殺請求権の行使がなされた場合において、受遺者より価額弁償がなされた場合には、遺留分減殺請求の効力が遡及的に消滅し、遺贈の効力が遡及的に生じることとなるため、みなし譲渡として譲渡所得課税がなされると判断した事例。

事実の概要

　A（被相続人）は昭和58年5月に死亡した。Aは自身が代表者であるB社に土地（以下「本件土地」という）を遺贈（以下「本件遺贈」という）した。Aの子であるXは、本件遺贈がXの遺留分を侵害しているとして遺留分減殺請求権を行使し、B社はXに対して、本件土地の一部について価額弁償をした。

　Xは、Aの昭和58年の所得税の確定申告について、本件遺贈は遺留分減殺請求によって当該遺留分の限度で効力を失い、遺留分権利者が遺留分に相当する本件土地の持分を相続により取得して、B社がこれを価額弁償によって買い受けたものであり、本件遺贈によりAからB社に移転したのは残余の持分にすぎないとした。

　これに対して原処分庁は、本件土地全部について法人に対する遺贈が行われたものとして、Aの譲渡所得税を課す旨の更正処分及び各過少申告加算税賦課決定を行った。

裁判所の判断

　本件土地の遺贈に対する遺留分減殺請求について、受遺者が価額による

135

弁償を行ったことにより、結局、本件土地が遺贈によって相続人から受遺
者に譲渡されたという事実には何ら変動がないこととなる点を指摘し、し
たがって、本件遺留分減殺請求は遺贈による本件土地に係る被相続人の譲
渡所得に何ら影響を及ぼさないとして、納税者が敗訴した。

解 説

1. みなし譲渡

　贈与（法人に対するものに限る）または相続（限定承認に係るものに限る）
もしくは遺贈（法人に対するもの及び個人に対する包括遺贈のうち限定承認に
係るものに限る）により、譲渡所得の基因となる資産の移転があった場合
には、その者の譲渡所得の金額または雑所得の金額の計算については、そ
の事由が生じた時に、その時における価額に相当する金額でこれらの資産
の譲渡があったものとみなされ（みなし譲渡。所法59①一）、遺贈者に所得
税が課せられる。そして遺贈の場合には、相続人がそれを承継する。

　本件においては、遺留分減殺請求権が行使された場合における遺贈の効
力について、課税関係が問題となる。

2. 遺留分減殺請求権の効力と課税関係

　被相続人の兄弟姉妹以外の相続人は遺留分を有し、遺留分権利者及びそ
の承継人は、遺留分を保全するのに必要な限度で、遺贈及び前条に規定す
る贈与の減殺を請求することができる（民法1031）。

　このような遺留分減殺請求権の性質は「形成権」であり、減殺請求権を
行使すると、法律上当然に減殺の効力が生じ[17]、受遺者または受贈者が
取得した権利は、遺留分侵害の限度で遺留分権利者に当然に帰属する[18]。
このように、遺留分減殺請求権の行使がなされた場合には、対象となる遺
贈は遺留分を侵害する限度で効力を失う。

　また、受贈者及び受遺者は、減殺を受けるべき限度において、遺贈の目
的の価額を遺留分権利者に弁償して、返還の義務を免れることができる（民

法 1041）。

　　　　　　　[17] 最判昭和 41 年 7 月 14 日 民集 20 巻 6 号 1183 頁
　　　　　　　[18] 最判昭和 51 年 8 月 30 日 民集 30 巻 7 号 768 頁

3. 本判決の考え方

　では、受贈者が価額弁償をした場合には、遺贈の効力が復活し、当初から受遺者に権利が帰属していたとみるのか、それとも、価額弁償を対価として遺贈財産を取得する（すなわち、いったん遺留分権者に帰属する）とみるのであろうか。

　本件においては、受贈者が遺留分減殺請求に対して価額弁償をした場合には、遺留分減殺請求の効力が遡及的に消滅し、遺贈の効力が復活して、当初から受遺者に帰属していたことを前提として判示がなされている。その結果、本件土地は相続開始時より B 社に帰属し、みなし譲渡として譲渡所得課税を受けることになった。

　遺贈の効力に関する本判決の考え方を正当化する理由としては、①価額弁償の効果について定めた民法 1041 条 1 項の文言に整合的であること、②遺贈の遺言をした被相続人の意思に合致すること、③法律関係を簡明に処理し得ること等が挙げられる（本判決の大堀補足意見参照）。

　しかしながら、民法 1041 条の文言は遺贈の効力について何ら定めるものではない（①）。また、多くの場合、遺言者の意思は「受贈者に帰属させること」以上のものを含まない（②）。③の法律関係の処理については、原審では、「遺留分減殺請求権を行使するかどうかも遺留分権利者の任意である上、行使の時期も時効によって消滅するまで確定的ではなく、現実に弁償すべき額は当事者双方の合意ないしは訴訟等により定まるのであるから、遺贈の効果の発生と遺留分減殺の具体的効果の発生との間に時間の経過が常に存するところ、この効果の発生が、相続を原因としてされた課税処分に相続開始時に遡及して影響するものとすると、課税処分の効力を不安定なものとし、客観的に明確な基準に従って迅速に処理することが要

請されている課税事務の円滑な遂行を著しく阻害することになる」と指摘されている。他方で、法律関係の処理の簡明さは、理由として絶対的でないとの指摘もある。

その後、価額弁償請求に係る遅延損害金の起算点が問題となった事案において、「遺留分権利者が受遺者に対して価額弁償を請求する権利を行使する旨の意思表示をした場合には、当該遺留分権利者は、遺留分減殺によって取得した目的物の所有権及び所有権に基づく現物返還請求権をさかのぼって失い、これに代わる価額弁償請求権を確定的に取得する」とされ[19]、遺留分減殺請求に対して価額弁償をした場合には、遺留分減殺請求の効力が遡及的に消滅するとの考え方が実務上は確定されることとなった。

この考え方を前提とすれば、遺留分減殺請求に対して価額弁償をした場合には、本件土地は相続開始時よりB社に帰属することとなり、所得税法59条1項1号の「遺贈」に当たるものとして、みなし譲渡に該当し、譲渡所得課税がなされることになる。

これは、遺留分減殺請求者が個人の場合に現物で返還を受けた後、これを法人に譲渡したときは、相続税と所得税が課されることを考えれば、整合的である。しかし、この場合には所得税について一定の軽減措置が講じられていること（措法39）と比較すると、遺留分減殺請求者に過度の負担となり、整合的でないと考える。

[19] 最判平成20年1月24日 民集62巻1号63頁

第4章　所得税関係

ケース23　遺贈の放棄の有無とみなし譲渡
（福岡高判那覇支判平成11年5月11日　税資242号527頁）

> 遺言書に土地の遺贈について記載されていたにもかかわらず、準確定申告でみなし譲渡所得を計上しなかった場合において、納税者による遺贈の放棄の事実はないとしてみなし譲渡所得の課税がなされ、また、受贈益を申告しなかったことについて隠ぺいまたは仮装があったとして重加算税の賦課がなされた事例。

事実の概要

　Xは A（被相続人）の長男であり、A の死後、B 社の代表者に就任した。

　A は昭和56年4月、公正証書遺言を作成し、同遺言には、土地（以下「本件土地」という）を B 社に遺贈する旨（以下「本件遺贈」という）記載されていた。

　その後、昭和57年7月に A は死亡した。A には X のほか7名の相続人がいた。しかしながら、相続人間で、遺産の処理についての話し合いはまとまらなかった。

　X は、A の昭和57年分の所得税について、本件土地を B 社に遺贈したことにつき、みなし譲渡所得を計上することなく、昭和57年11月に準確定申告をした。また、B 社は、本件土地が B 社に遺贈された場合に発生する受贈金を計上せずに法人税の申告をした。

　他方、X ら相続人は、昭和58年1月、本件土地が未分割の相続財産であるとして、他の相続財産と合わせて相続税の申告書を提出した。

　X 以外の相続人7名は、昭和58年9月、X 及び B 社に対し、本件遺贈によって遺留分が侵害されているとして遺留分減殺の意思表示をし、昭和60年7月、土地共有持分確認等請求の訴えを提起した。同訴訟は、平成3年2月、X 及び X 以外の相続人7名並びに B 社との間で、訴訟上の和解が成立した。

　和解条項には、本件遺言が有効であること、本件土地について、訴外会

139

社が本件遺贈を原因として所有権を取得したことの確認、B社が、X以外
の相続人7名に対し、遺留分減殺に代わる価額弁償として、合計15億円
の支払義務があることを認め、これを分割して支払うこと等が記載されて
いた。

なお、昭和59年6月に本件土地の一部について、昭和63年1月に本
件土地の残りについて、遺贈を原因とする所有権移転登記がなされていた。

課税庁は、Aの所得税についてみなし譲渡所得が発生するところ、確定
申告書にその旨の記載がなかったことがXの判断に基づくものであり、
国税通則法68条1項所定の事由があるとして、更正及び重加算税賦課決
定を行った。

裁判所の判断

本判決は、「遺贈の効力は、受遺者の意思とは無関係に遺贈者の死亡に
よって当然にその効力が生じ、遺贈のなされた特定の物件の所有権は直接
受遺者に移転する」と述べ、また、本件土地の遺贈が放棄されたとの認定
はできず、Aにはみなし譲渡所得が発生するとして、Xの主張を斥けた。

なお、Xが、みなし譲渡に係る所得を申告しなかったことについて、隠
ぺいまたは仮装があるとして、国税通則法68条1項の重加算税の賦課要
件を満たすとした。

解 説

1. 遺贈とみなし譲渡

遺贈とは、遺言者が、「包括又は特定の名義で、その財産の全部又は一
部を処分すること」（民法964）をいう。このように遺言者は、相続人のほ
か相続人以外の者に対して、財産の処分を行うことができる。遺贈には、
特定の財産を受遺者に与える特定遺贈と、遺贈の全部または一定の割合を
受遺者に与える包括遺贈とがある。

140

遺贈がなされた場合において、所得税法は、遺贈（法人に対するもの及び個人に対する包括遺贈のうち限定承認に係るものに限る）により譲渡所得の基因となる資産の移転があった場合には、その者の譲渡所得の金額または雑所得の金額の計算について、その事由が生じた時に、その時における価額に相当する金額でこれらの資産の譲渡があったものとみなされ（みなし譲渡。所法59①一）、遺贈者に所得税を課す。

2. 遺贈の放棄

遺言は、遺言者の死亡の時からその効力を生じ（民法985条①）、受遺者は、遺言者の死亡後、いつでも、遺贈の放棄をすることができる（民法986条①）。そして、遺贈の放棄がなされた場合には、遺贈の放棄は、遺言者の死亡の時にさかのぼってその効力を生ずる（民法986②）。

このように、遺贈の放棄がなされた場合には、相続開始時にさかのぼってその効力が生じ、遺贈の対象となった物件は、遺言に特段の定めのない限り、相続人に帰属することになる。したがって、遺贈の放棄がなされた場合には、みなし譲渡は生じない。なお、特定遺贈に係る遺贈の放棄は、受遺者が相続人または遺言執行者に対して意思表示をして行う。

3. 遺贈の放棄の認定

本件においては、相続人間で相続財産に関する権利関係が争われ、被相続人であるAの準確定申告時までに、B社が遺贈の放棄を行っていたかが問題となった。

Xは、確定申告日までに相続人間の話し合いが合意に達しなかったので、本件遺贈を放棄してAの準確定申告及びB社の法人税確定申告をし、その後、本件遺贈をめぐって相続人間での紛争が長期化する中で、各相続人らの相続税の支払の財源を確保する必要があったため、やむなく本件土地について遺贈を原因とする所有権移転登記を行ったなどと主張をした。

しかしながら、裁判所は、本件の事実経緯に鑑みれば、X及びB社が所有権移転登記を行ったのは、共同相続人の相続税支払いのための財源確保が主たる目的であったとは考えられず、B社が積極的に本件土地の所有

権を遺贈どおり取得しようとしたものと認定した。それに加え、Xらが共有持分確認等訴訟において、B社は本件遺贈を放棄していない旨主張していたこと、また、同訴訟において、遺留分減殺に代わる価額弁償として、合計15億円の支払義務があることを認め、これを分割して支払うとされていたこと等から、本件遺言どおりB社が遺贈を受けるつもりであったと推認されるとした。

このように、裁判所は、遺言どおり本件遺贈がなされ、遺贈の放棄があったとみなされないものと認定を行った。したがって、本件においては、Aの所得税について、みなし譲渡所得が発生することになる。

4. 加算税の賦課

本件においてXは、B社が本件遺贈を放棄しない場合には、B社が遺贈を放棄した場合と比較すると、相当額の税金を余分に負担しなければならないことを十分に認識していたにもかかわらず、各申告時までに本件遺贈を放棄しないまま、Aの所得税準確定申告においてみなし譲渡所得を申告しなかったものである。そして、これは、所得金額をことさら過少に申告した内容虚偽の申告行為であり、Xがそれぞれ正当な税額の納付を回避する意図に基づいてした過少申告行為であると認定されている。

なお、本件において、XらAの相続人は、税理士より、Aの死亡に伴う課税関係の説明を受けており、B社が本件遺贈を放棄したうえ、相続人全員が本件土地を相続し、これをBに売却して、その代金で相続税を支払うのが妥当であると助言を受けていたとの事情がある。このような事情も踏まえて、税額等の計算の基礎となる事実の隠ぺい・仮装について故意があったと認定されたと考えられる。遺言をするに際しては、準確定申告も含む相続人や受遺者の税負担をも考慮して行うことが望ましいといえる。

第 4 章　所得税関係

4　代物弁済と譲渡担保

ケース24　代物弁済契約か譲渡担保契約かが争われた事例
（名古屋高判平成15年2月18日　税資253号順号9287）

土地の売買契約について、納税者が譲渡担保契約であるとして担保権
の実行を前提として申告をしていたところ、本件土地は代物弁済契約
により取得、売却されたものとして、短期譲渡所得の申告がなかった
ことに対して、所得税の決定処分及び無申告加算税の賦課決定処分が
行われたが、本件契約は代物弁済契約の形式によったものの、実体は
譲渡担保権設定契約であるとして、当該課税庁の処分が取り消された
事例。

事実の概要

　A社の代表取締役であったXは、C社の代表取締役であったBとの間で、
土地（以下「本件土地」という）の売買契約を締結した。当該売買契約に
関して、XとBは平成 4 年 1 月 16 日に合意書（以下「本件合意書」という）
を作成した。Xは、BのFからの 7 億円の借入れに対する連帯保証人となっ
ていたほか、C社はA社ないしXに対して多額の債務を負っていた。本
件合意書締結時にはBないしC社が事実上破綻状態にあったところ、本
件合意書は、XがFに優先して債務の弁済を受ける目的で作成された。

　本件合意書においては、以下のような記載がなされていた。

1.　譲渡担保物件

　1　土地　（省略）

　2　ゴルフ会員権　（省略）

143

2. その他担保物件

 1 土地（本件土地）　　　　　　　所有者　B　　　　5500万円

⋮

その他担保物件の処理に付いて

 2-1（本件土地）はA社にて仮登記済であるが平成4年に債権者Xからの借入金に対し代物弁済に充当する。

　また、XとBは、本件合意書の作成とともに、譲渡人をC社代表取締役B、譲受人をXとして、本件土地について、買戻期間（以下「本件買戻期間」という）を譲渡契約の日から5年以内、買戻代金5,500万円の条件で買戻し、譲受人は本件土地を譲渡人または譲渡人の指定する第三者に対してのみ譲渡することができる旨の買戻し特約を締結した。加えて、本件合意書の締結当時、Bは本件土地の時価を8,000万円～1億円と評価していた。

　その後、平成4年3月4日、本件土地について代物弁済を原因とする所有権移転登記がされた。

　本件土地に係る売買契約締結後も、Bは引き続き無償で本件土地の使用収益を継続した。そうしたところ、Xは、Bに本件土地を処分する旨通知をしたうえで、平成9年2月24日、Eに対して本件土地を売却した。通知を受けたBは、高額な価格での売却の機会を逃したことを理由に、Xに対して金員を要求し、XはBに対して680万円を支払った。その後、XはBに対して、精算書を作成して送付した。

　平成9年の確定申告において、Xが短期譲渡所得について申告をしなかったところ、平成12年1月17日、本件土地の譲渡につき、短期譲渡所得として申告する必要があることを前提として所得税の決定処分及び無申告加算税の賦課決定処分が行われた。

第4章　所得税関係

裁判所の判断

　本判決の第一審は、本件合意書において、「1. 譲渡担保物件」「2. その他担保物件」の項が分けられていること、Bの意向に反して根抵当権が設定されていること等を理由に、本件土地の所有権は、BまたはC社がXに対して有していた債務の弁済に代えて、BからXに移転されたものと認定して、Xは譲渡所得税を納付すべき義務を負うと判示した。

　これに対し本判決は、XやBが法律の専門家でないこと、Xが根抵当権の設定登記をしたのは、X及びBの共通の債権者であったFの要求に屈したものにすぎないことなどを指摘したうえで、XとBの合理的意思は、本件各土地の実質的所有権をBに留保し、代物弁済の対象額について両者間の債権債務関係を残し、買戻しあるいはその期間経過後の処分によって、債権債務関係の清算を意図したものとみることができ、買戻特約付の代物弁済契約の形式によったものの、その実体は担保目的の所有権移転、すなわち譲渡担保権設定契約であった可能性が高いというべきであると判示して、決定処分等を取り消した。

解　説

1.　代物弁済と譲渡担保

　債務者が、債権者の承諾を得て、その負担した給付に代えて他の給付をする場合、当該給付は、弁済と同一の効力を有する（民法482）。このことを「代物弁済」という。代物弁済予約の契約を締結した場合には、債務者が債務を履行しないときに、債務者が所有している特定の不動産等の所有権が債権者に移転することを予め合意することで債務の弁済を受けられるようになる。そして、不動産については、仮登記をすることで、順位の保全をすることができる（仮登記担保法4、不動産登記法105二、106）。

　他方で、譲渡担保とは、金銭消費貸借などから生じる債権を担保するために、当該債権の発生原因となった契約とは別個の契約で目的物の所有権

145

を債権者に移転し、弁済を条件にその復帰を約しておきつつ、担保目的物の現実の占有を債務者が有している場合をいう。譲渡担保については、古くは、目的物の所有権が譲渡担保権者に移転する形式を重視する考え方（所有権的構成）がとられていたが、現在では、譲渡担保が債権担保を目的としているにすぎないことを重視して、譲渡担保権を完全な所有権者とせず、設定者にも目的物について何らかの物権が帰属しているとする考え方（担保的構成）がとられている。

2. 譲渡担保または代物弁済に係る資産の移転時期

　上記のとおり、代物弁済契約と譲渡担保契約とは類似する側面がある。この点、所得税基本通達33－2は、債務者が、債務の弁済の担保として資産を譲渡した場合において、その契約書に(i)当該担保に係る資産を債務者が従来どおり使用収益すること、(ii)通常支払うと認められる当該債務に係る利子またはこれに相当する使用料の支払に関する定めがあることを明らかにしており、かつ、当該譲渡が債権担保のみを目的として形式的にされたものである旨の債務者及び債権者の連署に係る申立書を提出したときは、当該譲渡はなかったものとし、その後その要件のいずれかを欠くに至ったときまたは債務不履行のためその弁済に充てられたときは、これらの事実の生じた時において譲渡があったものとされる。そして、同通達33－2(注)により、形式上、買戻条件付譲渡または再売買の予約とされているものであっても、上記のような要件を具備しているものは、譲渡担保に該当するものとして扱われる。

　これに対し、代物弁済の場合は、一般的な売買契約と同様に、その契約が締結され、物の所有権が移転した時において譲渡があったものとされる。

3. 代物弁済契約か譲渡担保契約かの区別

　代物弁済契約と譲渡担保契約とは類似する側面があるため、その峻別が難しい。そして、代物弁済契約であるか、譲渡担保契約であるかは、当事者がいずれを意図して合意をしたかによって判断されることになる。契約書において、いずれの契約とするかが明記されている場合はともかく、そ

うでない場合には、当事者の合理的意思は契約の趣旨のほか、契約締結の動機、占有の形態、被担保債権等の外形的事情から推認される。

この点、本判決においては、Bが合意書の締結後も、土地の使用収益を続けていたことや、XがBに本件土地を処分する旨通知したこと、XがBに対して680万円の金員を払ったことなどの事実に基づき、合意書は形式的には買戻し特約付の代物弁済契約とされていたものの、当事者の合理的意思として、譲渡担保契約の合意があったと認定している。

この判断は、諸々の事実を踏まえたうえで当事者の合理的な意思について実質的判断を行っており、妥当である。なお、本判決においては、課税庁が行った所得税基本通達33-2に基づく主張について、「通達であって法規ではなく、裁判所を拘束するものではないことが明らかである」としていることには留意が必要である。

4. 本判決を踏まえた対応

上記のとおり、本判決では当事者の合理的な意思について実質的な判断を行っている。しかしながら、当事者の合理的な意思がどのように認定されるかはケース・バイ・ケースとならざるを得ないうえ、申告納税の場面では、依然として所得税基本通達に基づいた処理がなされるものと思われる。

納税者としては、譲渡担保を用いる場合には、所得税基本通達33-2の要件を踏まえて、譲渡担保契約を締結するなどの対応を行うべきである。

5 損害賠償金

ケース25 先物取引に係る損害賠償金の非課税所得該当性
（福岡高判平成22年10月12日 税資260号順号11530）

先物取引に係る損害賠償請求訴訟における和解金について、課税庁が
非課税所得に当たらないものとして所得税の決定処分及び無申告加算
税の賦課決定処分を行ったが、その実質が不法行為に基づく損害賠償
金であることから、非課税所得に該当するとして、当該課税庁の処分
が取り消された事例。

事実の概要

Ｘは、Ａ社との間で商品先物取引の委託契約を締結したうえで、平成9
年4月から平成10年10月までの間、同取引を繰り返し、6,144万5,348
円の損失を被った。そこでＸは、Ａ社及びその従業員（以下「Ａ社ら」と
いう）に対し、不法行為に基づく損害賠償請求訴訟を提起した。

第一審では、Ａ社らの不法行為責任を認め、Ｘには7割5分の過失割
合を認めて過失相殺をしたうえで、弁護士費用相当額を加えた1,686万
1,337円を損害賠償金として、同額及び遅延損害金の支払を命じてＸの請
求の一部認容をした（以下「損害賠償請求訴訟第一審判決」という）。

その後、控訴審において、平成13年11月6日、Ａ社らがＸに対して1,900
万円を支払うことを内容とする訴訟上の和解が成立し、Ａ社からＸに対
して和解金（以下「本件和解金」という）の支払がなされた。

Ｘは、平成13年分の所得税につき、本件和解金が非課税所得に該当す
ることを前提として確定申告を行わなかったところ、課税庁は、本件和解
金が非課税所得でないとして所得税の決定処分及び無申告加算税の賦課決
定処分を行った。

第4章　所得税関係

裁判所の判断

　本判決の第一審は、本件和解金は、損害賠償請求訴訟第一審判決におい
て損害賠償請求及び遅延損害金請求が認容されたことを前提として、その
控訴審で成立した訴訟上の和解により発生したものであるから、その実質
は不法行為に基づく損害賠償金及び遅延損害金と認められ、Ｘは、本件和
解金を取得したことにより経済的利益を得たといえるのであるから、本件
和解金は「所得」（所法7）に該当するとした。そのうえで、本件和解金の
うち損害賠償金に相当する部分は、本件先物取引の売買差損等により原告
の生活用資産である金銭等の資産に加えられた損害に基因して取得した損
害賠償金であり、収益補償ではないことから、非課税所得に該当するとし
た。他方で、遅延損害金部分は、履行遅滞という債務不履行による損害賠
償金であるから非課税所得に該当しないとした。また、弁護士費用相当額
については、非課税額から控除されることとした。

　本判決においても、本件和解金のうち損害賠償金に相当する部分につい
て、実質的には、全体として正常な取引を大きく逸脱した勧誘行為により
Ｘの金銭等の資産に加えられた実損害の補てんを内容とするものであるこ
と、Ｘの損害額はＸの合意を得ない予想すべき範囲を超えているもので、
収益補償としての性格を有するものとも認め難いこと等から、Ａ社らの本
件先物取引における不法行為は「突発的な事故」に類するものであり、か
つ、その損害が生活用資産に関しないものであったとしても収益補償とは
いえないことから、非課税所得に該当するとした。

　他方で、遅延損害金に相当する部分は、不法行為その他突発的な事故に
より資産に加えられた損害に基因して取得した損害賠償金ではなく、履行
遅滞による損害賠償金であって、元金の使用による得べかりし利益の喪失、
すなわち元金使用の対価としての性質を有するものであるから非課税所得
には該当しない、として原審の判断を維持した。

149

解説

1. 不法行為に基づく損害賠償金の課税関係

　所得税法は、統一的、画一的な税務処理等の観点から、各人に発生した経済的利得は広く「所得」に当たるとしたうえで、非課税とすべきものは限定列挙されている（所法9）。したがって、不法行為に基づく損害賠償請求に係る訴訟上の和解も「所得」（所法7）に該当する。

　上記を前提として、いかなる場合に不法行為に基づく損害賠償金が非課税になるのかが問題となる。

　損害賠償金のうち、心身に加えられた損害または突発的な事故により資産に加えられた損害に基因して取得するものについては、非課税所得である（所法9①十七）。また、所得税法施行令においては、(i)心身に加えられた損害につき支払を受ける慰謝料その他の損害賠償金（その損害に基因して勤務または業務に従事することができなかったことによる給与または収益の補償として受けるものを含む）、(ii)不法行為その他突発的な事故により資産に加えられた損害につき支払を受ける損害賠償金（これらの所得税法施行令第94条の規定に該当するものを除く）(iii)心身または資産に加えられた損害につき支払を受ける相当の見舞金（所得税法施行令第94条の規定に該当するものその他役務の対価たる性質を有するものを除く）については、非課税所得に当たるものと定められている（所令30）。

　このように、所得税法において、非課税所得とされるべき損害賠償金が限定されているのは、不法行為に基づく損害賠償金には、本来各種所得に該当するとして課税されるべき得べかりし利益を補てんする性質を有するものと、預け金の返金の受入れや貸付金の元金の受入れ等と同様に本来課税されるべきでない実損害を補てんする性質を有するものとが含まれているところ、前者については各種所得に該当するものとして課税される一方、後者については非課税とされる。これは、不法行為により資産に加えられた損害に基因して取得する損害賠償金で、収益補償に当たらないものは、

本来課税されるべきでない実損害を補てんする性質を有するものとして非課税とすべきであるとの立法趣旨に基づく。

本判決における訴訟上の和解における和解金は、実質的には、(i)損害賠償金のうち、勧誘行為によりXの金銭等の資産に加えられた実損害の補てん、(ii)損害賠償金のうち弁護士用、(iii)遅延損害金としての性質を有するところ、少なくとも(i)損害賠償金のうち、勧誘行為によりXの金銭等の資産に加えられた実損害の補てんについては、「突発的な事故」に類するものであり、かつ、その損害が生活用資産に関わるものではないとしても収益補償とはいえない。したがって、非課税所得と判断されたものである。

2. 和解金の帰属年度

仮に本件和解金の一部が非課税所得に当たらない場合、課税所得部分については、その帰属年度が問題となる。不法行為に基づく損害賠償請求権については、不法行為時に発生するものの、所得税法において権利確定主義がとられていること（所法36①）に鑑みれば、損害賠償請求金が確定した年度に所得が帰属すると解される。本判決においても、平成13年11月に訴訟上の和解が成立したことにより金額が確定していることから、課税所得は同年に帰属されるものとされている。

3. 本判決を踏まえた対応

上記のとおり、不法行為に基づく損害賠償金であったとしても、非課税所得に当たるかは個別的に判断される。納税者としては、不法行為に基づく損害賠償金がいかなる性質を有するか、実質的な判断を行ったうえで納税を行うことが求められる。

ケース26 売買契約の詐欺取消しに係る請求権
（国税不服審判所裁決平成6年11月25日 裁事48集100頁）

土地の売買契約が詐欺により取り消された後に、不法行為に基づく損害賠償請求によって得た当該土地の売買代金相当額にかかる損害賠償請求権は、非課税所得及び一時所得に当たらないものとした事例。

事実の概要

Xは、平成2年3月18日、B社の代表取締役であるAとの間で、所有していた土地（以下「本件土地」という）を、1億7,920万円で売却する契約（以下「本件売買契約」という）を締結し、同日、Aより手付金として1,792万円を受領した。

平成2年10月25日に、XとAは売買代金を1億5,000万円と変更する旨合意し、翌日、本件土地について所有権移転登記に必要な書類を交付した。Aは、残代金を支払う意思や能力がなかったにもかかわらず、これをあるかのように装い、残代金についてB社振り出しの白地小切手を交付したが、その後、当該小切手は不渡りとなった。

そこで、XはAに対し、平成3年6月18日、Aの詐欺を理由に本件売買契約を取り消す旨の通知を送付した。しかしながら、本件土地は、すでに第三者に転売をされていたため、XはAに対し、損害賠償請求を求めて訴えを提起した。

平成4年4月3日、Aに対して売買残代金相当額1億3,208万円を支払うよう命じる判決（以下「本件判決」という）がなされ、その後、同判決は確定した。

Xは、平成2年分の確定申告において、本件土地の売買代金を長期譲渡所得として確定申告を行っていたところ、平成3年6月に代金回収不能を理由として更正の請求を行い、平成4年4月に、売買契約の詐欺取消しを理由として更正の請求を行った。

これに対して課税庁は、更正をすべき理由がないと通知した。そこで、

第4章　所得税関係

Xは、本件判決に基づく損害賠償請求権が、主位的には非課税所得に、予備的には一時所得に該当すると主張した。

審判所の判断

審判所は、本件における損害賠償請求権の取得は、実質的には本件土地の譲渡の対価と評価するのが相当であるとしたうえで、損害賠償ではあっても得べかりし利益が賠償される場合には、本来得ようとした利益を取得したのと同じ状態となり、所得税法19条1項17号の「損害賠償金」に当たらないものとして、非課税所得に該当しないとした。

また、本件における損害賠償金が本件土地譲渡の対価としての性質を有する以上、一時所得にも該当しないとした。

なお、本件における損害賠償金は事実上回収が不可能であるとして、回収不能額を控除したうえで長期譲渡所得に当たると認定している。

解　説

1. 不法行為に基づく損害賠償金の課税関係

納税者が取得した経済的価値のうち、原資の維持に必要な部分は所得を構成しない。損害賠償金についても、損害の回復であると解される場合には非課税所得に当たる。他方で、損害賠償の名目で金銭が授受されていても、客観的に損害が発生していない場合など損害の回復といえない場合には所得に当たる。そこで、所得税法9条1項17号は、心身に加えられた損害または突発的な事故により資産に加えられた損害に基因して取得するものについては、非課税所得とする（ケース25参照）。

上記趣旨からすれば、損害賠償金や和解金のうち、不法行為がなければ生じなかったはずの損害の回復に当たるものは所得でないと解され、他方で、得べかりし利益の補てんに当たるものは所得に当たると解される。

本件でXがAに対して有する損害賠償請求権は、本件土地の売買契約

153

を詐欺に基づき取り消した（民法96①）ことによって生じたものであり、実質的には本件土地の売買代金に相当するものといえる。そうだとすれば、本件の損害賠償請求権は得べかりし利益の賠償であって、所得税法9条1項17号の損害賠償金には当たらず、審判所の判断は妥当であると解される。

2. 一時所得への該当性

一時所得とは、「営利を目的とする継続的行為から生じた所得以外の一時の所得で労務その他の役務又は資産の譲渡の対価としての性質を有しないもの」（所法32）のことをいう。

本件の損害賠償請求権は、上記のとおり、実質的には本件土地の売買代金に相当するものであり、資産の譲渡の対価としての性質を有することとなる。したがって、本件の損害賠償請求権は一時所得にも当たらないものと解される。

3. 回収不能の場合の取扱い

事業所得以外の所得金額の計算の基礎となる収入金額の全部もしくは一部を回収することができないこととなった場合等には、その回収することができないこととなった金額について、所得金額の計算上、なかったものとみなされる（所法64①）。

「回収することができないこととなった場合」とは、債務者の破産等により法律上債権が消滅した場合だけでなく、債務者の資産状況、支払能力等からみて債権の回収が事実上不可能である場合も含まれる。

本件においては、Aが詐欺罪で実刑判決を受け服役中であったこと、Aには差押えが可能な資産がなかったこと、B社が実質的に解散状態であること、Aが本件土地の譲渡代金の一部を借入金の返済に充て、残金の行方が不明であったこと等から、債権の回収が事実上不可能であると評価されている。

第4章　所得税関係

6　源泉所得税

ケース27　訴訟上の和解により取り消された配当に係る源泉所得税の取扱い（国税不服審判所裁決平成24年12月20日　裁事No.89）

裁判上の和解により配当が取り消された後は、当該配当はその支払の時点までさかのぼって無効となるため、所得税法上の源泉徴収義務の適用対象とならず、源泉所得税について申告等の手続により還付を求めることはできないとした事例。

事実の概要

　Xは、平成18年10月、A社から会社法453条に基づく配当（以下「本件配当」という）として、土地及び建物（以下「本件不動産」という）の引渡しを受け、その旨の所有権移転登記がなされた。その後、XはA社に対し、本件配当に係る源泉徴収による所得税相当額を支払い、当該源泉徴収額を控除して平成18年分の確定申告を行った。

　A社は、平成20年12月に破産手続開始の申立てを行い、平成21年1月に破産手続の開始決定を受け、破産管財人Bが選任された。その後、平成22年3月、破産管財人BはXに対する訴訟を提起し、否認権（破産法160①一）を行使した。

　同訴訟において、平成23年10月、破産管財人BとXとの間で和解が成立した。和解の概要は以下のとおりである。

1.　破産管財人Bは、本件配当を取り消す。

2.　Xは、平成18年10月による所有権移転登記について、前項の配当取り消しを原因とする抹消登記手続をする。

155

この和解を受けて、平成 23 年 11 月、本件土地に係る X の所有権抹消登記がなされた。

X は、国税通則法 23 条 2 項 1 号に基づき更正の請求を行ったが、課税庁より更正をすべき理由がない旨の通知がなされたため、異議申立てを経て審査請求を行った。

審判所の判断

審判所は、概要、以下のとおり判示して X の請求を棄却した。

> 源泉所得税は、A 社が本件配当を X に対して支払った際には、本件配当が所得税法 24 条 1 項に規定する配当に該当することから、同法 181 条の規定が適用され、適法に源泉徴収されていたものである。しかしながら、本件和解により本件配当が取り消された後は、本件配当は当該支払の時点にさかのぼって無効となるため、所得税法 24 条 1 項が適用されない。そのため、本件配当は同法 181 条の適用対象にもならない。
>
> また、所得税法 120 条 1 項 5 号に規定する「源泉徴収をされた又はされるべき所得税の額」とは、源泉徴収の規定に基づき正当に徴収をされた、または、されるべき所得税の額を意味すると解され、本件和解後においては、本件配当は源泉徴収の対象とならないことから、本件源泉所得税は同号に規定する「源泉徴収をされた又はされるべき所得税の額」に該当しない。
>
> したがって、国税通則法 23 条 1 項の還付金の額に相当する税額が過少である場合に該当しない。

解 説

1. 源泉所得税の意義及び納税義務者

租税の徴収方法のうち、納税義務者以外の第三者に租税を徴収させ、こ

れを国または地方公共団体に納付させる方法を徴収納付という。源泉徴収は、このような徴収納付の一方法である。所得税法上、利子所得、配当所得、給与所得、退職所得、報酬・料金等については、源泉徴収の対象とされている。

納税者は、確定申告において、総所得金額もしくは退職所得金額または純損失の金額の計算の基礎となった各種所得につき、源泉徴収をされた、または、されるべき所得税の額がある場合には、所得税の額からその源泉徴収税額を控除した金額について申告をする（所法120①五）。

「源泉徴収をされた又はされるべき所得税の額」とは、所得税法の源泉徴収の規定に基づき正当に徴収をされた、または、されるべき所得税の額を意味するものであり、給与その他の所得についてその支払者がした所得税の源泉徴収に誤りがある場合に、その受給者が、所得税の確定申告の手続において、支払者が誤って徴収した金額を算出所得税額から控除したり、当該誤徴収額の全部もしくは一部の還付を受けたりすることはできない[20]。

所得税法上、源泉所得税について徴収・納税の義務を負う者は、源泉徴収の対象となるべき所得の支払者とされる。源泉所得税の支払者の納税義務は、当該所得の受給者に係る申告所得税の納税義務とは別個のものとして成立及び確定する。

そして、源泉所得税の徴収・納付に不足がある場合には、課税庁は源泉徴収義務者たる支払者から不足分を徴収し（所法221）、支払者は源泉納税義務者たる受給者に対して求償すべきものとされている（同法222）。

また、源泉所得税の徴収・納付に誤りがある場合には、支払者は国に対し当該誤納金の還付を請求することができ（通法56）、他方、受給者は、何ら特別の手続を経ることなく、直ちに支払者に対し本来の債務の一部不履行を理由として、誤って徴収された金額の支払を直接に請求することができる[21]。そして、配当所得（所法24）についても源泉徴収の対象となり、配当の支払をする者が源泉徴収義務を負う（同法181）。

審判所は、上記のとおり、裁判上の和解によって本件配当がその支払の時点までさかのぼって無効となると解したうえで、所得税法の規定を形式的に適用し、Xの更正の請求を認めなかった。

[20] 最判平成4年2月18日 民集46巻2号77頁参照
[21] 前掲注［19］に同じ

2. 最判平成22年7月6日[22]との関係

最高裁平成22年7月6日判決は、「所得税法207条所定の生命保険契約等に基づく年金の支払をする者は、当該年金が同法の定める所得として所得税の課税対象となるか否かにかかわらず、その支払の際、その年金について同法208条所定の金額を徴収し、これを所得税として国に納付する義務を負う。したがって……所得税の申告等の手続において上記徴収金額を算出所得税額から控除し又はその全部若しくは一部の還付を受けることは許される」と判示しており、同判決を本件において準用できないかが問題となる。

上記最高裁判決は、まず、初回分年金は被相続人の死亡日を支給日とする年金であるから所得税法9条の非課税所得に該当するところ、同法207条は同条が適用される源泉徴収の対象である年金を「第76条第3項第1号から第4号まで（生命保険料控除）に掲げる契約、第77条第2項（損害保険料控除）に規定する損害保険契約等その他政令で定める年金に係る契約に基づく年金」と規定しており、初回分年金は同法207条が適用される年金に該当するとした。そして、その支払をする者は、初回分年金が同法9条の規定に該当するか否かに関わらず、支払の際、その年金について同法208条所定の金額を徴収し、これを国に納付する義務を負い、当該年金受給者が所得税の申告等の手続において徴収された税額を算出所得税額から控除し、または、その全部もしくは一部の還付を受けることは許されるとした。

すなわち、上記最高裁判決は、所得税法207条が適用される源泉徴収

を対象としたものであり、また、年金が非課税か否かが問題となっているにすぎない。

本裁決も、上記最高裁判決は、所得税法181条の源泉徴収義務について適用がなくなった場合の所得税の申告等の手続において精算を認めたものではないことから、本件に同判決の射程は及ばないとしている。

上記最高裁判決が初回分の年金に関するものにすぎないことを踏まえれば、この結論は妥当といえよう。

なお、上記最高裁判決を受け、所得税法207条の除外規定である同法209条が改正され、年金の支払を受ける者と保険契約者とが異なる契約など一定の契約に基づく年金は源泉徴収の対象としないこととされ、現行法上は源泉徴収と所得課税は整合的な規定となっている。

[22] 民集64巻5号1277頁

7 その他

ケース28 建設協力金方式の建物賃貸借契約の保証金等の放棄
（東京地判平成21年7月24日 税資259号順号11250）

建設協力金方式の建物賃貸借契約が解約された場合に、賃借人が保証
金及び敷金返還請求権の放棄をしたときは、当該免除益は不動産所得
に当たると判断した事例。

事実の概要

Xの父であるBは、平成元年11月、A社との間で、建物（以下「本件
建物」という）の建築及び賃貸借に関して合意をした、合意書（以下「本
件合意書」という）を作成した。本件合意書においては、A社の設計仕様
により、A社が指定した設計施工業者に発注して建築すること、A社がB
に対して、保証金として9,000万を預託すること及び敷金1,000万円を差
し入れること等が記載されていた。

また、平成2年6月、BはA社との間で本件建物に関する賃貸借契約
書を作成し、賃貸借契約（以下「本件賃貸借契約」という）を締結した。本
件賃貸借契約の期間は、本件建物の完成後から20年間とされた。賃貸借
契約書においては、A社がBに対して、保証金として9,000万を預託す
ること及び敷金1,000万円を差し入れること、保証金は4年目から20年
目までの17年間にわたり、Bが毎月44万円ずつA社に返還すること、
敷金は、明渡しを終了した日の翌日から1月以内にA社に返還すること、
A社は本件賃貸借契約を中途解約できないこと、中途解約をした場合には、
保証金ないし敷金の返還請求権を放棄すること等が記載されていた。

その後、Bは本件建物を建築し、平成3年3月に完成した。その結果、
本件賃貸借契約の効力が生じることとなった。

160

Bは平成12年7月に死亡した。そこで、Xを含むBの相続人により遺産分割協議がされ、Xが本件建物及び建物の敷地の5分の3を取得し、また、Bのすべての債務を承継することとなった。

Xは本件建物の賃貸人の地位を代表し、平成17年2月22日、A社との間で本件建物について、解約合意書（以下「本件解約合意書」という）を締結し、本件建物の賃貸借契約を合意解約した。

本件解約合意書においては、平成17年6月30日現在の保証金の残金が3,060万円であること、本件敷金が1,000万円であること、A社は解約金として、保証金残金及び敷金の返還請求権を放棄することとされた。

Xは、本件賃貸借契約に係る保証金返還債務の免除を受けた経済的利益について一時所得として申告したところ、処分庁から不動産更正処分及び過少申告加算税賦課処分を受けた。

裁判所の判断

裁判所は、概要、以下のとおり判示してXの請求を棄却した。

本件賃貸借契約の解除によりXが受けた利益は、A社の一方的な事情によって本件賃貸借契約を解約し、これにより失われるXの将来の賃料収入の補償としての性質を有する。したがって、本件においてXが受けた利益は、Xの不動産所得を生ずべき業務に関連して得た経済的利益の額であることは明らかであって、所得税法施行令94条1項2号にいう「不動産所得を生ずべき業務に関し、…取得する補償金その他これに類するもの」に当たる。

解　説

1.　建設協力金方式の建物賃貸借契約

事業用の店舗等について、地主が事業者の資金で建物を建設し、建設し

た建物を長期で事業者に賃貸する建物賃貸借契約が締結されていることがある。これを建設協力金方式の建物賃貸借契約という。

このような建設協力金方式の建物賃貸借契約が用いられるのは、借地借家法ができた平成3年当時、事業用定期借地の期間が10年から20年までのものしか認められておらず、また、それまでは定期借地が認められていなかったことから、地主が土地の賃貸を望まなかったことなどが理由といわれている。

建設協力金方式の建物賃貸借契約においては、建物の設計には事業者の希望を取り入れ、工事代金は全額事業者が地主に建設協力金として差し入れ、竣工したら建設協力金を保証金ないし敷金として振り替えたうえで、保証金については地主が事業者に返済していくことになる（ただし、実際には賃料と相殺されることが多い）。また、このような契約は、長期間、賃借人が借りることを前提として成り立つことから、賃借人からの中途解約は禁止され、中途解約をした場合には、保証金ないし敷金の返還請求権を放棄する旨が定められる。

2．保証金の残金の返還債務の放棄と不動産所得

不動産所得とは、不動産等の貸付けによる所得のことをいう（所法26①）。そして、不動産所得を生ずべき業務に関し、当該業務の全部または一部の休止、転換または廃止その他の事由により当該業務の収益の補償として取得する補償金その他これに類するもので、その業務の遂行により生ずべきこれらの所得に係る収入金額に代わる性質を有するものも不動産所得に係る収入金額に当たる（所令94①二）。

では、本件のように建設協力金方式の建物賃貸借契約が中途解約された場合において、保証金ないし敷金の返還請求権が放棄されたとき、かかる利益は不動産所得に当たるのか。

建設協力金方式の賃貸借契約においては、当該賃貸借契約の合意解約により、賃貸人は賃料収入を失うこととなった一方で、保証金の残金及び敷金の返還債務の免除を受けるという経済的利益を得ることとなる。これに

加え、本件においては、本件賃貸借契約についてＡ社からの解約権の行使は制限されていること、Ｘが本件賃貸借契約の継続を希望したことから、Ａ社が、本件賃貸借契約の解約の条件として上記返還債務の免除を提示していたという事情がある。

　これらの事情からすれば、本件賃貸借契約の解除によって得る経済的利益は、解除により失われるＸの将来の賃料収入の補償としての性質を有する。したがって、かかる経済的利益は、Ｘの不動産所得を生ずべき業務に関連して得た経済的利益といえ、「補償金その他これに類するもの」（所令94①二）に当たると考えられる。

3. 中途解約による保証金の免除益

　建設協力金方式の建物賃貸借契約の保証金の免除益が、一定の場所における業務の全部または一部を休止等したことにより、当該業務に係る3年以上の期間の不動産所得の補償金に係る所得に該当するのであれば、臨時所得の要件を満たすことになる（所令8三）。そして、変動所得の金額及び臨時所得の金額の合計額（その年分の変動所得の金額が前年分及び前々年分の変動所得の金額の合計額の2分の1に相当する金額以下である場合には、その年分の臨時所得の金額）がその年分の総所得金額の100分の20以上である場合には、平均課税の適用がある（所法90①）。

　本件においては、納税者が、確定申告書に同項の適用を受ける旨及び同項各号に掲げる金額の合計額の計算に関する明細の記載を行わなかったために、平均課税の適用がされなかったが、現在では、修正申告書や更正請求書においても平均課税の適用が可能となっている（所法90④参照）。

ケース29	青色申告承認取消処分の取消し
	（最判昭和57年2月23日 民集36巻2号215頁）

青色申告承認取消しがなされた後に、その青色申告承認取消処分が取り消された場合には、青色申告の承認の取消処分の取消しによって、後発的、遡及的に生じた法律関係に適合しないこととなり、納税者は、国税通則法23条2項の規定により所定の期間内に限り減額更正の請求ができるとした事例。

事実の概要

　X社はスチール家具等の製造販売を業とする株式会社であったところ、昭和43年1月13日にA社を吸収合併した。

　A社は、昭和40年8月1日から昭和41年7月31日までの事業年度（以下「昭和40年度」という）及び昭和41年8月1日から昭和42年7月31日までの事業年度（以下「昭和41年度」という）の法人税について、青色申告書により確定申告をしていたところ、課税庁は、昭和43年5月、A社の昭和40年度以降の青色申告の承認を取り消し、同年8月、A社の確定申告について法人税の繰越欠損金の損金算入を否認して、課税標準及び税額を増額する旨の更正処分及び昭和40年度につき無申告加算税の賦課決定処分を行った。

　X社は、本件更正処分について、処分の無効確認訴訟を提起したが、その後、課税庁は、A社に対する青色申告承認取消処分の取消し（以下「本件取消処分」という）を行った。

第4章　所得税関係

裁判所の判断

最高裁判所は、次のとおり判示し、納税者の上告を棄却した。

> 本件更正処分等の後にされた青色申告の承認の取消処分の取消しによって、A社は遡及的に青色申告法人としての地位を回復し、青色申告書以外の申告書によるものとみなされた本件事業年度についての確定申告も青色申告書による申告であつたことになるから、青色申告書以外の申告書による確定申告に対するものとして繰越欠損金の損金算入を否認してされた本件更正処分は、その限度において課税標準額及び税額を過大に算定したこととなって、青色申告の承認の取消処分の取消しによって後発的、遡及的に生じた法律関係には適合しないことになる。
>
> しかしながら、このような場合、課税庁としては、青色申告の承認の取消処分を取り消した以上、改めて課税標準額及び税額を算定し、先にした課税処分の全部又は一部を取り消すなどして、青色申告の承認の取消処分の取消しによって生じた法律関係に適合するように是正する措置をとるべきであるが、被処分者である納税者としては、国税通則法23条2項の規定により所定の期間内に限り減額更正の請求ができると解するのが相当である。
>
> そして、このような場合における納税者の救済はもっぱら更正の請求によって図られるべきであって、課税処分についての抗告訴訟において右のような事由を無効又は取消原因として主張することはできないものというほかはない。

解　説

1. 青色申告承認取消処分が取り消された場合の更正処分の効力

青色申告承認取消処分が取り消された場合には、納税者は、青色申告者としての地位を回復することになる。では、青色申告の承認が取り消され、

白色申告と取り扱われた申告に対してなされた更正処分についてどのように解されるか。

　本判決の原審は、青色申告の承認が取り消され、青色申告が白色として取り扱われた場合、これに基づいてなされた課税処分は所定の手続を経れば確定するのであって、後日承認取消処分が取り消されても、すでに確定した課税処分がさかのぼって瑕疵のあるものになることはないとしていた。しかし、本判決は、「本件更正処分は、その限度において課税標準額及び税額を過大に算定したこととなって、青色申告の承認の取消処分の取消しによって後発的、遡及的に生じた法律関係には適合しないことになる」として、更正処分の効力に影響を与えることとした。

　本判決の原審のような考え方をとった場合には、納税者の権利の救済ないし課税庁の過誤の是正が一切できなくなってしまい、極めて不合理である。繰越欠損金の損金算入の否認が青色申告承認取消処分に起因することを踏まえれば尚更である。

　これに対し、本判決は、「課税庁としては……青色申告の承認の取消処分の取消しによって生じた法律関係に適合するように是正する措置をとるべきである」としており、実質的には、青色申告承認取消処分の取消しにより、白色申告に対してなされた更正処分が後発的に瑕疵のあるものとなると解しているのであって、妥当である。

2．更正処分の効力の否定方法

　では、青色申告承認取消処分が取り消された場合において、更正処分の効力を否認したいときには、納税者としてはどのような手段をとればよいか。

　この点、本判決は、国税通則法の解釈として、納税者は更正の請求による是正を求めることができるとした。

　しかしながら、本判決からは、国税通則法 23 条 2 項のいずれの号で行うのかは明らかでない。

　この点、国税通則法 23 条 2 項 3 号において政令で定めるやむを得ない

理由がある場合として、同法施行令6条1項1号の「その申告、更正または決定に係る課税標準等または税額等の計算の基礎となった事実のうちに含まれていた行為の効力に係る官公署の許可その他の処分が取り消されたこと」を類推適用するとする説[23]と、同法23条2項1号が適用されるとする説[24]がある。後者の説では、同項1号の「計算の基礎となった事実」には、課税要件事実のみではなく、本件のような青色申告の承認の取消しのように課税標準等及び税額の算定に関連を有する事実をも含むと解し、本判決の判旨には賛成しつつも、「判決と同一の効力を有する和解その他の行為」にあたること等について技巧的な説明を要するとされている[25]。

[23] 松沢智『新版 租税争訟法』（中央経済社）266頁
[24] 金子宏「判批」ジュリ807号109頁
[25] 金子（前掲注［24］に同じ）

3. 先行する更正処分に対する抗告訴訟における違法の主張

次に、本件のような場合に、白色更正処分に対する抗告訴訟を提起して無効を主張することができるかが問題となる。

これについては、青色申告承認取消処分の取消しと白色更正処分との間に関連性があると考える場合には、白色更正処分に対する抗告訴訟において無効等の主張が許されると考えられる。他方で、青色申告承認取消処分の取消しと白色更正処分とが無関係であると考えた場合（本判決の原審はこの考え方に立つ）には、白色更正処分に対して抗告訴訟を提起することはできないと考えられる。

本判決では、青色申告承認取消処分の取消しによって生じた法律関係と更正処分の不適合を、先行する更正処分に対する抗告訴訟において主張することはできないとした。

本判決がこのような結論をとるのは、白色更正処分の基礎となる事情に変更はあったものの、当該処分が直ちには違法とならないとする考え方を

前提としているためであろう。

　しかしながら、本件において繰越欠損金の金額及びそれを損金に算入した場合の税の減少額は客観的に明白であり、納税者の利益を著しく害すると認められる特段の事情がある[26]場合に当たり、無効の主張を認めてもよかったと考えられる[27]。

　　　　　　[26] 最判昭和39年10月22日 民集18巻8号1762号

　　　　　　[27] 金子（前掲注[23]）に同じ

第5章

法人税関係

1 前期損益修正・過年度遡及修正

1．益金の額及び損金の額の計上時期の原則

　法人の確定した決算において前期損益修正や過年度遡及修正があった場合、対応する事業年度の所得金額を計算しなおすのか、当該修正が生じた事業年度で処理をするのか、問題となる。

　法人税の課税標準は、各事業年度の所得の金額であり、当該事業年度の益金の額から損金の額を控除して計算する（法法22①）。益金の額について、法人税法22条2項は、「別段の定めがあるものを除き、資産の販売、有償又は無償による資産の譲渡又は役務の提供、無償による資産の譲受けその他の取引で資本等取引以外のものに係る当該事業年度の収益の額」と規定する。「取引……に係る当該事業年度の収益の額」という規定ぶりから、同法は実現主義を採用しており、未実現の利得を課税対象から除外していると解されている[1]。最高裁判所は、取引の経済実態からみて合理的なものとみられる収益計上の基準の中から、当該法人が特定の基準を選択し、継続してその基準によって収益を計上している場合には、法人税法上も正当なものとして是認すべきであるが、未実現取引や現金主義による計上は認められないとしている[2]。

　また、損金の額については、同条3項が「別段の定めがあるものを除き、次に掲げる額とする」として、当該事業年度の収益にかかる売上原価、完成工事原価をその他これらに準ずる原価の額、販売費、一般管理費その他の費用の額、及び損失の額で資本等取引以外の取引に係るものを規定する（法法22③各号）。同項2号が「償却費以外の費用で当該事業年度終了の日までに債務の確定しないもの」を費用から除外していることから、債務確定主義を採用していると解されている[3]。

[1] 金子宏『租税法（第22版）』（弘文堂）320-321頁

[2] 最判平成 5 年 11 月 25 日 民集 47 巻 9 号 5278 頁

[3] 金子（前掲注 [1]）326 頁。ただし、所得金額の計算が不正確になり、所得金額が不当に減少することを排除するという趣旨に反しない限りは、いくらか緩やかに解釈しても差し支えないとする。

2. 公正妥当と認められる会計処理の基準

さらに、法人税法は、当該事業年度の益金である収益の額及び損金である費用、損失の額については、一般に公正妥当と認められる会計処理の基準（公正処理基準）に従って計算すべきものとしている（法法 22 ④）。

前期損益修正、過年度遡及修正に関する処理についても直接定めることなく、これを公正処理基準に従うものとしたと解される。

この点、法人の場合には、企業会計上、継続企業の原則に従い、当期において生じた収益と当期において生じた費用、損失とを対応させて損益計算をしていることから、既往の事業年度に計上された譲渡益について当期において当該契約の解除等がなされた場合（ケース 30・31）、裁判上の和解に基づき契約金額が減額された場合（ケース 32・33）には、右譲渡益を遡及して修正するのではなく、解除や減額等がなされた事業年度の益金を減少させる損失として取り扱われる。

よって、法人の所得の計算については、当期において生じた損失は、その発生事由を問わず、当期に生じた益金と対応させて当期において経理処理をすべきものであって、その発生事由が既往の事業年度の益金に対応するものであっても、その事業年度にさかのぼって損金として処理はしないというのが、一般的な会計の処理であるということができる。

なお、公正処理基準の意義について、いわゆる企業会計基準など確立した会計慣行が必ずしも公正妥当と評価されるとは限られず（ケース 45 参照）、また、企業会計原則や確立した会計慣行は網羅的ではない（ケース 40 参照）。そのため、年度帰属については、以下の具体的なケースで検討するとおり、多くの裁決例や裁判例があり、最終的には、これらの事例の

積み重ねにより明らかにされていくものと考える。

3. 前期損益修正・過年度遡及修正があった場合

　平成 21 年 12 月 4 日に企業会計基準委員会が公表した「会計上の変更及び誤謬の訂正に関する会計基準」（企業会計基準 24 号、以下「過年度遡及会計基準」という）及びその適用指針（企業会計基準適用指針 24 号）は、財務諸表の期間比較性を高めることを目的に、①会計上の変更（会計方針、表示方法、会計上の見積りの変更）及び②誤謬の訂正に関して、会計上の取扱いを定める。②誤謬の訂正の場合には、修正再表示、すなわち過去の財務諸表における誤謬の訂正を財務諸表に反映することが原則的取扱いとされている（過年度遡及会計基準 21）。

　①の会計上の変更は、過年度の会計処理自体を修正するものではないため、原則として税額計算への影響は生じない。また、②の誤謬の訂正については、従前は前期損益修正等として当期の損益に計上することが一般的な処理であったが、過年度遡及会計基準により、過去に遡って修正すべきこととされた。ここでいう「誤謬」とは、次のようなものをいい、これらについて税務上は、従前より、過去の事業年度の訂正をして、修正申告ないし更正の請求を行うことが原則とされていたため、むしろ会計上の処理が税務上の取扱いに近接することとなったとされる[4]。

(a)　財務諸表の基礎となるデータの収集または処理上の誤り
(b)　事実の見落としや誤解から生じる会計所の見積りの誤り
(c)　会計方針の適用の誤りまたは表示方法の誤り

　なお、誤謬の原因となる行為は、意図的であるか否かにかかわらず、財務諸表等の作成時に入手可能な情報を使用しなかったこと、またはこれを誤用したことによるものである[5] から、その後の事業年度において、契約の解除や取消しがされた場合は含まれない。この点でも、法人税法上の従来の通説や判例を変更するものではない。

このような処理は、継続的に多種多様な益金、損金が発生していく企業の実態に即しており、また、所得税法においても、事業所得者の場合には、たとえば、事業所得を生ずべき事業の遂行上生じた売掛金、貸付金、前渡金その他これらに準ずる債権の貸倒れ、商品の返戻または値引き、あるいは、事業所得の金額の計算の基礎となった事実に含まれていた行為が無効であるか取り消されたことによって生じた損失は、その事由の生じた年分の損失として必要経費に算入するものとされている（所法51②、所令141）ことに鑑みても（第4章参照）、公正処理基準に適うものと解される。

[4] 武田昌輔編『コンメンタール法人税法』5631の13の2ないし3頁

[5] 武田（前掲注 [4]）に同じ

4. 平成30年度税制改正

国際会計基準（IASB）と米国財務会計基準審議会（FASB）の共同開発による「顧客との契約から生じる収益」（IFRS15号）が2018年1月1日以後開始する事業年度から強制適用される。日本でも同年3月30日に、企業会計基準委員会（ASBJ）がIFRS15号の定めを基本的にすべて取り入れた会計基準を開発し、公表した。この新会計基準を受け、平成30年度税制改正で、昭和40年の法人税法の全面改正からはじめて22条が見直された。22条4項に「別段の定めがあるものを除き」が加えられ、別段の定めとして、新たに22条の2が創設され、益金の額に係る収益認識基準が明確にされた。具体的には、収益の額について、資産の販売等に係る目的物の引渡しまたは役務の提供の日の属する事業年度に計上することを原則とし（1項）、確定決算での経理または申告書への記載を要件に、公正妥当と認められる会計処理の基準に従って当該資産の販売等に係る契約等の効力が生じる日またはそれに近接する日とすることも認める（2項及び3項）。また、その対価の額については、値引きや割戻しがある場合はこれを調整と位置付け、これを見積もった額が対価の額となる（4項）が、貸倒れや買戻しはその可能性があるとしてもないものとした価額となる（5

項)。

　過去の事業年度に関し、修正の経理をした場合の処理については、政令で引渡し等事業年度後の事業年度の確定した決算において公正処理基準に従って「修正の経理」を行った場合の増減額は、その修正の経理を行った事業年度の益金の額または損金の額に算入することなどが定められた（法令18の2）。22条の2の創設は、これまでの裁判例や裁決例の積み重ねを集大成したものであると考えられる。ただし、新会計基準は収益の認識に関する包括的な基準であることから、履行義務の充足により収益を認識するという新たな収益認識基準として取り込まれ、他方で過度に保守的な会計処理や恣意的な見積もりが可能な会計処理については、税独自の取扱いがされることとなる。なお、中小企業については新会計基準によらない会計処理が認められることから、通達で従前の取扱いによることも可能とされる見込みである。

　上記をふまえ、以下では、法人において過年度の修正が争われた事例を検討する。

第 5 章　法人税関係

ケース30　売買契約の法定解除と損金計上時期
（最判昭和62年7月10日　税資159号65頁）

売買契約の譲渡益等を計上した事業年度より後の事業年度における同
売買契約の解除によって、売買代金債権及びこれに付随する利息債権
が消滅しても、その損失は同解除をした事業年度の損金に計上すべき
ものであり、譲渡益等を計上した事業年度の経理処理及び納税義務に
は何らの影響を及ぼさないとして、国税通則法 23 条 2 項 1 号所定の
事由が満たされたことを理由とする更正の請求が、同条 1 項所定の税
額の過大等の実体的要件を欠くとされた事例。

事実の概要

原告 X は、宗教法人であり、収益事業を営んでいるところ、昭和 47 年
11 月 7 日、本件土地を A 社に売り渡した（以下「本件売買契約」という）。

しかし A 社は、本件土地の売買代金を弁済期である昭和 52 年 11 月 20
日になっても支払わなかったので、X は、相当の期間を定めて催告後、同
年 12 月 10 日に本件売買契約を解除した。その後、X は A 社に対し、本
件売買契約を原因とする所有権移転登記について、本件解除を原因とする
抹消登記手続を求める訴えを提起したところ、昭和 53 年 2 月 22 日、請
求認容判決がなされ、同判決は同年 3 月 28 日に確定した。

X は、本件土地の譲渡による収益の額を、昭和 48 年 3 月期の益金の額
に算入し、さらに、本件土地の譲渡代金の額のうち本件解除に係る部分の
未収譲渡代金に係る利息については同期及び翌々期の益金の額に算入して
申告していた。

そこで X は、昭和 52 年 12 月 26 日、当該事業年度の所得金額の計算
の基礎となった事実に変更があったとして、国税通則法 23 条 2 項 3 号、
同法施行令 6 条 1 項 2 号に該当することを理由に譲渡益及び利息収入を
計上した 2 事業年分について各更正の請求をした（ただし、X は、昭和 53
年 6 月 7 日付で当該各更正の請求を取り下げている）。

175

また、Xは昭和53年5月22日、国税通則法23条2項1号に該当することを理由に各更正の請求（以下「本件各更正の請求」という）をした。

　これに対してY税務署長は、昭和53年7月10日、Xに対し、本件各更正の請求についていずれも更正をすべき理由がない旨の通知処分をした。

裁判所の判断

　東京高等裁判所（東京高判昭和61年11月11日 税資154号順号5826）は第一審（横浜地判昭和60年7月3日 税資146号順号5569）を引用し、概要、次のとおり、Xの請求はいずれも理由がないとして本件請求を棄却し、この結論が最高裁でも推持されている。

　　法人の所得の計算については、当期において生じた損失は、その発生事由を問わず、当期に生じた益金と対応させて当期において経理処理をすべきものであって、その発生事由が既往の事業年度の益金に対応するものであっても、その事業年度にさかのぼって損金として処理はしないというのが、一般的な会計の処理である。

　　よって、本件解除によって本件売買契約に基づく代金債権及びこれに付随する利息債権が消滅しても、それは本件解除をした事業年度の損金に計上すべきものであり、本件売買契約の譲渡益を計上した昭和48年3月期並びに同売買代金に対する利息を益金として計上した両事業年度の経理処理及び納税義務には何らの影響を及ぼさないことになる。

　　したがって、本件各更正の請求は通則法23条1項所定の税額の過大等の実体的要件を欠くものといわざるを得ない。

第 5 章　法人税関係

解　説

1．契約解除の場合の法律関係

　民法上、契約の相手方に債務不履行がある場合、一定の要件を満たせば、契約を解除することが可能である。民法の定める解除の要件は、通常、①債務不履行があること、②不履行が債務者の責めに帰すべき事由によること（ただし、2017 年 5 月に成立した改正民法（2020 年 4 月 1 日施行）では、この要件を不要としている）、③解除が相当の期間を定めた催告手続に従ってなされたこと、の 3 つとされている（民法 541）。

　契約の解除がなされた場合、民法上は、さかのぼって契約の効果が失われる。そして、契約当事者は、各々原状回復義務を負うことになる（民法 545）。

2．契約の解除と後発的事由による更正の請求の手続的要件

ア）国税通則法 23 条 2 項 3 号による更正の請求

　国税通則法 23 条 2 項 3 号、同法施行令 6 条 1 項 2 号は、申告に係る課税標準等または税額の計算の基礎となった事実に係る契約が解除権の行使によって解除された場合、解除の日の翌日から 2 月以内に更正の請求をすることができる旨規定している。

　本件において、裁判所は、本件解除が国税通則法施行令 6 条 1 項 2 号に定める「申告に係る課税標準等又は税額等の計算の基礎となった事実に係る契約が解除権の行使によって解除され」たことに当たることは明らかであり、国税通則法 23 条 2 項 3 号に掲げる「やむを得ない事由があるとき」として、手続上は、本件解除の日の翌日から 2 月以内に同条 1 項の規定による更正の請求をすることができる、と述べている。

　ただし、本件においては、前記のとおり、X は、昭和 52 年 12 月 26 日付で行った更正の請求を後に取り下げており、昭和 53 年 5 月 22 日に、別途更正の請求をしている。そこで裁判所は、本件各更正の請求は、本件解除の日（昭和 52 年 12 月 10 日）の翌日から起算して 2 月を経過した後の

177

同 53 年 5 月 22 日になされており手続上不適法であるとしている。

イ）国税通則法 23 条 2 項 1 号による更正の請求

本件のように不動産売買契約の解除がなされた場合において、売買契約を原因とする所有権移転登記について、解除を原因とする抹消登記手続を求める訴えを提起し、請求認容判決を確定させることによって国税通則法23 条 2 項 1 号の要件を満たすことが可能であろうか。

すなわち、国税通則法 23 条 2 項 1 号は、申告に係る課税標準等または税額等の計算の基礎となった事実に関する訴えについての判決により、その事実が当該計算の基礎となったところと異なることが確定したときは、その確定した日の翌日から起算して 2 月以内に、同条 1 項の更正の請求をすることができる旨定めている。そして、解除によって、計算の基礎となった売買契約がさかのぼってその効力を失うことになるから、解除を原因とする売買契約に基づく所有権移転登記の抹消登記の訴えもまた、計算の基礎となった事実に関する訴えに当たるかが問題となる。

この点について、裁判所は、抹消登記の訴えを認容する判決が確定したのは昭和 53 年 3 月 28 日であって、本件各更正の請求は右確定の日の翌日から 2 月以内になされていることが明らかであるから、右各更正の請求は、手続上は適法になされたものといえると判断している。

3．問題点

ア）法人税法における契約解除の場合の取扱い

もっとも、国税通則法の要件を満たしていても、それは手続上適法であるというにとどまり、更正の請求が認められるためには、租税実体法の要件を満たしていなければならないとするのが裁判所及び課税実務の考え方である。

本件においても、裁判所は、国税通則法の更正の請求についての規定は、税法の基本的な手続に関して定めているにとどまり、課税の実体的要件である納税義務者、課税物件、帰属、課税標準、税率等については、所得税法、法人税法などの各租税実体法がこれを定めているのであって、これら

は国税通則法の関知するところではないとしたうえで、国税通則法23条1項各号に掲げる税額の過大等の実体的要件が満たされているか否かということについては、右租税実体法の定めるところによるものと解さざるを得ないとしている。

すなわち、更正の請求が、通則法23条1項1号に掲げる実体的要件を満たしているかどうかは、法人税法上、後の事業年度において売買契約が解除された場合に、その効果がさかのぼり、当該売買契約が成立した事業年度における課税標準、税額が過大であるということになるかどうかということになる。

イ）法人税法22条4項と公正処理基準

そして、上記1.のとおり、民事上の契約関係によれば、解除によりさかのぼって契約の効果が失われるのであるが、法人税法上は、継続企業の原則に従う公正処理基準により、その既往年分の所得を計算しなおすということはしない。よって、法人税にあっては、後発的な更正請求事由の大部分が適用されないことになる。

4. 本件について

本件においてXは、宗教法人であって不動産業を営むものではなく、一億総不動産屋といわれた時代にたまたま本件土地を含む土地を買い入れてA社等に売却したにすぎず、本件の後は不動産取引を行っていなかった。さらに、収益事業としては、主として信者対象の出版業を行っているのみであるが、それも累年赤字であり、本件土地を処分するほかに本件課税額を支払う資力はないところ、現在の経済情勢では買手が見つからず、税額以上に売れる可能性も少ないため、本件減額更正処分を受けなければ、本件解除による11億円の特別損失を埋め合わす機会は永久にない、と主張していた。

これに対して裁判所は、契約の解除等がなされた事業年度においては十分な益金がないために、当該事業年度に損金処理をしたのでは納税者の救済にならないというような場合には、法人税法は当該納税者が青色申告者

であれば、将来5年間にわたって欠損金の繰越算入をすることができる旨定め（旧法法57）（注：現行法では9年）、あるいは、前年度へ欠損金を繰り戻すことができる旨定め（旧法法81）（注：現在は中小企業者を除き原則停止）、その救済を図っているとしたうえで、本件において、原告がそのような方法によっても救済を受けることができないとすれば、それは法人の所得の計算について、その収益及び費用、損失を計上すべき事業年度につき、法人税法がいわゆる権利確定主義をとっていることによるものであり、他に特段の定めがない以上、救済されない結果になるとしてもやむを得ないものといわざるを得ない、と判断した。

しかし、本件のような事案においては、納税者の救済が図られるべきであると考えられる。この点、金子宏教授は、「代金債権の消滅損を当該年度の損金に算入しても、救済を得ることができない場合には、この規定により、譲渡の年度にさかのぼって更正をなすべきことを請求できると解すべきであろう。このように解することは、所得のないところに課税するのを避けるために必要であり、また、それは公正妥当な会計処理の基準（法法22条4項）の要請するところでもあると考えるべきであろう」と述べている[6]。

[6] 金子宏『租税法（第22版）』（弘文堂）885頁

第 5 章　法人税関係

ケース31　売買契約の合意解除と損金計上時期
（国税不服審判所裁決平成5年12月10日　裁事46集6頁）

合意解除により、本件土地の売買契約の効力が消滅し、損失が生じた
として更正の請求をしたところ、本件損失額は、本件解除のあった日
の属する事業年度の所得金額の計算上、損金の額に算入すべきもので
あるから、国税通則法 23 条 2 項の規定を適用し、売買契約時に遡及
して所得金額を減額修正すべきものではないとされた事例。

事実の概要

請求人 X は、建売・土地売買業を営む同族会社であり、昭和 48 年 10
月 5 日、C 社との間で、本件土地を売買する契約を締結した。

その後、昭和 53 年 9 月 28 日に、上記売買契約に係る土地のうち一部
について、売買契約の合意解除が行われ（以下「本件契約解除」という）、
X は同日付で、本件土地を売却する契約を、再度 C 社と締結した。

X は、本件契約解除により昭和 48 年 10 月 5 日に遡及して本件土地に
係る売買契約の効力が消滅し損失が生じたとして、昭和 53 年 11 月 27 日
に、昭和 49 年 4 月期に遡及して課税を修正すべきであるとして更正の請
求をした。

これに対し、原処分庁は、昭和 58 年 5 月 24 日付で、本件更正の請求
に対していずれも更正すべき理由がない旨の通知処分をした。

審判所の判断

国税不服審判所は、次のとおり、X の主張には理由がないとして、本件審査
請求を棄却した。

国税通則法 23 条 2 項の規定は、国税一般についての更正の請求の手続
を包括的に規定したものである。したがって、国税通則法 23 条 2 項の各
号に該当する後発的事由が発生しても、個々の税法の課税要件の実体規定

181

に基づき、課税標準等の変動をどう処理すべきか、その内容を検討して判断しなければならず、後発的事由が同項の各号に該当することのみをもって当然に更正の請求ができると解すべきではない。

現行の法人税法は、期間損益課税を前提としていると解され、法人の各事業年度の所得金額の計算に関して同法22条1項は「各事業年度の所得金額は、当該事業年度の益金の額から当該事業年度の損金の額を控除した金額」と定め、同条4項の規定によれば、当該事業年度の益金である収益の額及び損金である費用・損失の額は、一般に公正妥当と認められる会計処理の基準に従って計算すべきであるとされている。

一般に、法人の所得については、法人自体が継続企業であることから、継続性の原則に従い、一定の期間を単位としてその期間内に生じた収益と費用・損失を対応させて算定している。よって、税法上、別段の定めがあるものを除き、収益及び費用・損失の額は、私法上の法律効果によることなく経済的に発生した時点で認識すべきものと解される。

当期において生じた損失は、その発生事由が既往の事業年度に対応するものであっても、当期に生じた益金と対応させて会計処理することになり、この発生主義による期間損益計算が原則とされている。

したがって、このような会計処理を前提とする法人税においては、後発的事由によって損失が生じたからといって既往の事業年度に遡及してこれを修正すべきでなく、法人税法22条の所定の事業年度の損金として計上されることになる。

解 説

1. 合意解除の効力

合意解除の場合も、法定解除と同様に、さかのぼって契約の効果が失われる。そして、契約当事者は、各々原状回復義務を負うことになる（民法545）。

第 5 章　法人税関係

2.　法人税における契約解除の取扱い

しかし、民事上の効果が遡及するからといって、法人税法上も同様に解されるわけではない。本件においても、法人税における従来からの通説・判例の考え方に従い（170 頁以下参照）、後発的な更正の請求は認められていない。なお、裁判上の和解による解除についても、同様の判断がなされている[7]。

[7] 東京地判平成 2 年 2 月 23 日 税資 175 号 659 頁など

3.　問題点

本件においてＸは、本件契約解除による本件損失額は、Ｘの事業の継続性が事実上絶たれた状況の下で発生し、通年の損益の状況に比して異常に高額な損失であるから、法人税法 22 条 4 項の規定においても、国税通則法 23 条 2 項の規定が適用されるものであると主張していた。

この点につき、国税不服審判所は、下記①～③の事実を認定し、本件契約解除に伴い生じた本件損失額は、非経常的で多額なものではあるが、昭和 54 年 4 月期において、Ｘの事業の継続性が実質上失われた状態とはいえず、かつ、これが期間損益計算になじまないものとする特段の根拠も認められないとして、後発的事由による更正の請求の余地があるとするＸの主張を排斥している。

① 　Ｘの事業は、建売・土地売買及び貸金等の業務を目的としており、Ｘの昭和 49 年 4 月期以降、本件契約解除のあった日の属する昭和 54 年 4 月期までの法人税の確定申告等の状況によれば、各事業年度において収益の計上があり、昭和 54 年 4 月期で所得金額が欠損であるものの、Ｘが当期において事業の継続性を断ったとする客観的事実は認められない。

② 　Ｘは、本件契約解除のあった日の属する昭和 54 年 4 月期末現在において、債務超過の状態にあることは認められるが、解散または清算等の事実を認めるに足る証拠はない。

③ 　本件契約解除は、昭和 53 年 9 月 28 日付で、Ｒ公社と本件土地等

183

の売買交換当事者であるC社ほか6社との間において、S地域並びに本件土地等に係る紛争解決のため、売買交換契約の合意解除の基本契約書を締結したことに基づいて、同日付でXとC社との間で、本件土地の売買契約を合意解除する旨の契約書を締結したものであることが認められる。

以上のとおり、本件裁決は、Xの事業の継続性が失われた状態ではないと認定し、Xの主張を排斥した。

しかし、仮にこの点が認められたとしても、現在の裁判例に照らせば、本件においてXの請求が認められることは難しいと思われる（170頁以下参照）。

第 5 章　法人税関係

ケース32　裁判上の和解に基づく売買代金の減額と損金計上時期
（国税不服審判所裁決平成9年11月6日　裁事54集46頁）

裁判上の和解により、本件土地付建物（本件譲渡物件）の売買代金が減額されたため、更正の請求をしたところ、本件和解によって本件譲渡物件に係る譲渡代金が減額されたとしても、その損失額は、本件和解のあった日の属する事業年度の損金の額に算入すべきものであるから、本件更正の請求は、課税標準等または税額等が過大であるとの実体的要件を欠くとされた事例。

事実の概要

請求人 X は、不動産貸付業を営む同族会社であり、平成 2 年 10 月 4 日、売主を X、買主を G として、本件土地付建物の売買契約が成立した。X は、本件事業年度の決算上、本件売買契約に係る譲渡代金を収入に計上し、これに基づき平成 3 年 11 月、法人税の確定申告書を原処分庁に提出した。

その後、本件譲渡物件に関して訴訟が提起され、平成 8 年 7 月 31 日、売主である X と買主である G 及び利害関係人である H との間で、地方裁判所において、本件譲渡代金を減額する本件和解が成立した。

X は、平成 8 年 8 月 26 日、平成 3 年 9 月期（以下「本件事業年度」という）の法人税について更正の請求をした。原処分庁は、平成 8 年 12 月 27 日付で、更正をすべき理由がない旨の通知処分をした。X はこの処分を不服として、平成 9 年 1 月 24 日に審査請求をした。

審判所の判断

国税不服審判所は、次のとおり、X の主張には理由がないとして本件審査請求を棄却した。

法人税法は、後の事業年度において売買契約に係る譲渡代金が減額されたような場合、それによって所得の金額がさかのぼって変動することにな

185

るかどうかについては直接規定することなく、これを一般に公正妥当と認められる会計処理の基準に従うものとしている。

法人の所得の計算につき、法人税法22条4項は、法人の当該事業年度の収益の額及び費用、損失の額についていわゆる権利確定主義を採っており、それが一般に公正妥当と認められる会計処理の基準であるということができる。

したがって、法人の所得の計算については、当期において生じた損失は、その発生事由を問わず、当期に生じた益金と対応させて当期において経理処理すべきものであって、その発生事由が既往の事業年度の益金に対応するものであっても、その事業年度にさかのぼって損金としての処理はしないというのが一般的な会計の処理であるということができる。

以上のとおりであるから、本件和解によって本件譲渡物件に係る譲渡代金が減額されたとしても、その損失額は、本件和解のあった日の属する平成7年10月31日から平成8年9月30日までの事業年度の損金の額に算入すべきものであり、本件事業年度の経理処理及び納税義務には何ら影響を及ぼさない。よって、本件更正の請求は、課税標準等または税額等が過大であるとの更正すべき実体的要件を欠くものといわざるを得ない。

解 説

1. 裁判上の和解

「和解」は、裁判所が関与する裁判（訴訟）上の和解、裁判所の関与がない民法上の和解（民法695）、単なる私法上の合意に分類できる（ケース1参照）。

このうち、裁判上の和解は、確定判決と同一の効力が認められることから、手続上は更正の請求の根拠となる（通法23②一）。

しかし、法人が裁判上の和解をした場合には、前述のとおり、異なる取扱いがされる。

2. 本件について

本件も、法人税における従来からの通説・判例の考え方に沿うものである（170 頁以下参照）。

本件更正の請求が、更正すべき実体的要件を満たしているかどうかは、法人税法上、後の事業年度において売買契約に係る譲渡代金が減額された場合に、その効果がさかのぼり、本件売買契約が成立した事業年度における課税標準、税額が過大であることになるかどうかによる。

そして、法人の所得の計算については、当期において生じた損失は、その発生事由を問わず、当期に生じた益金と対応させて当期において経理処理すべきものであって、その発生事由が既往の事業年度の益金に対応するものであっても、その事業年度にさかのぼって損金としての処理はしないというのが一般的な会計の処理であるとされてきた。平成 30 年度税制改正における収益認識基準に係る規定（法法 22 の 2）の創設も、この考え方を明確化したものとされる。

この考え方に従えば、本件和解によって本件譲渡物件に係る譲渡代金が減額されたとしても、その損失額は、本件和解のあった日の属する平成 7年 10 月 31 日から平成 8 年 9 月 30 日までの事業年度の損金の額に算入すべきものとなり、本件事業年度の経理処理及び納税義務には何ら影響を及ぼさないことになる。よって、本件もこの考え方に沿うものである。

ケース33	受取利息の減額と損金計上時期
	（国税不服審判所裁決昭和56年4月17日 裁事22集1頁）

過年度の益金の額に算入した受取利息のうち制限超過利息を、本件調停により残存元本に充当したことに伴い、受取利息の額を減額したことが、国税通則法23条2項1号に該当する旨主張したところ、法人税法においては、後発的事由が生じたとしても、過年度にさかのぼって所得の金額を修正すべきではないと解するのが相当であるとした事例。

事実の概要

請求人Xは、土木建築請負業、宅地建物取引業及び金融業を営む同族会社である。

Xは、昭和53年10月23日、C社より、同社に対する貸付金の利息について民事調停の申立てを提起され、昭和54年9月10日、制限超過利息を残存元本に充当し、調停日現在のC社に対する貸付金の元利合計残額を減額する調停が成立した。

その結果、Xは、昭和52年9月期に益金の額に算入した当該貸付金の受取利息のうち、超過制限利息について、昭和52年9月期の受取利息として益金の額に算入できないこととなったので、昭和54年10月6日、国税通則法23条2項1号に基づき更正の請求をした。

これに対し、原処分庁は、昭和54年11月8日付で、更正をすべき理由がない旨の通知処分をした。

審判所の判断

国税不服審判所は、次のとおり、Xの主張には理由がないとして、本件審査請求を棄却した。

> 現行の法人税法は、期間損益課税を建前とし、また、同法22条4項の

規定によれば、一般に公正妥当な会計処理の基準に従って各事業年度の所得の金額の計算をするものとされている。

ところで、法人が一般に会計処理の基準としていると認められる、株式会社の貸借対照表、損益計算書及び附属明細書に関する規則42条（特別損益の部）及び財務諸表規則95条の3の規定並びに企業会計原則第二損益計算書原則六（特別損益）の定めるところによれば、いずれも後発的事由が生じた場合には、その事由の発生した事業年度の特別損失として「前期損益修正」の項目で会計処理することとなり、一般にこの処理が定着しているものとみられる。

したがって、このような会計慣行を前提とする法人税法においては、後発的事由が生じたからといって、益金の額に算入した事業年度にさかのぼって所得の金額を修正すべきではないと解するのが相当である。

解　説

1．民事調停

民事調停は、一般民事事件について、裁判所関与のもとで当事者の互譲・合意による解決を図る手続である（**ケース2**参照）。裁判官と一般市民から選ばれた調停委員会が作成する調停案に当事者が合意し、調書に記載され、調停が成立すると、当該記載は裁判上の和解（**ケース1・32**）と同一の効力を有する（民調法16）。したがって、手続上は更正の請求の根拠となる（通法23②一）。

しかし、法人が民事調停を成立させた場合には、他の裁判上の和解や判決の場合と同様に、前述のとおり、異なる取扱いがされる。

2．本件について

本件も、法人税における従来からの通説・判例の考え方に沿ったものである（170頁以下参照）。

ケース34 重量不足による代金一部返還と損金計上時期
(国税不服審判所裁決平成11年2月26日 裁事52集1頁)

製品の重量不足により代金の一部を返還した後、本件返還金を支払っ
たのは、納入した製品の重量計算に単純な誤りがあったことによるも
のであるとして更正の請求をしたところ、本件返還金を支払うことが
確定したのは翌期であるから、本件更正の請求は、課税標準等または
税額等が過大であるという更正すべき実体的要件を欠くとされた事例。

事実の概要

請求人Xは、鉄鋼業を営む法人であり、K株式会社との間で、同社が発
行した平成7年7月31日付の外注工事注文書に基づき、製品を製作して
納入する取引（本件取引）を行った。

本件製品の売買代金は、製品の重量を基準に決めるものとされていたが、
工場において据付け後でなければ正確な重量が確定しないことから、当初
の設計図面による概略重量をもとに売買代金を決定し、後に、正確な重量
との差が5%を超えた場合には、精算するものとされていた。

Xは、本件取引につき、概略重量による取引金額を平成8年6月期の
益金の額に算入した。Xは、工場において据付け後、納入した製品に係る
受領金額が過大であったという理由で、平成9年2月12日付文書により、
K社から返還金の支払を求められ、平成9年2月28日、同社の預金口座
へ全額を振り込んで支払った。

Xは、原処分庁に対し、本件返還金のうち、製品売上高に計上していた
額と、消費税に相当する額で雑収入に計上していた額を、平成8年6月
期の所得金額から減額すべき旨の更正の請求をしたが、認められなかった。

審判所の判断

国税不服審判所は、概要、次のとおりXの主張には理由がないとして本
件審査請求を棄却した。

190

第 5 章　法人税関係

Xは、①平成 8 年 6 月までに製品の納入を完了しており、また、②K 社から月々送付された本件出来高検収依頼に基づいて請求書を作成しているが、平成 8 年 6 月期の末日までは本件取引に係る請求内容に誤りはなかったことが認められる。

また、Xは、納入した製品の重量計算に単純な誤りがあった旨主張するのみで、何らその主張を裏付ける証拠資料を当審判所に提出しないから、当審判所としてはその事実を確認することができない。

さらに、K 社からXに本件返還金に関する話があったのは、平成 9 年 1 月頃であり、Xは、同社に対し、本件返還金を支払う旨を同年 2 月 25 日に回答していることから、同日に本件返還金を支払うことが確定したと認めるのが相当である。

したがって、本件金額に相当する損失は平成 9 年 6 月期の損金の額に算入すべきものであり、平成 8 年 6 月期の経理処理及び納税義務には何ら影響を及ぼさないこととなる。

よって、本件更正の請求は、国税通則法 23 条 1 項に規定する課税標準等または税額等が過大であるという更正すべき実体的要件を欠くものといわざるを得ず、本件更正の請求には理由がないとした原処分は適法である。

解　説

本件も、法人税における従来からの通説・判例の考え方に沿ったものである（170 頁以下参照）。

1．審判所の事実認定

前提として、本件において審判所が認定した事実の概要は、以下のとおりである。

① 本件取引に係る月々の請求書は、K 社から送付された「外注工事（工事外注・施設工事）出来高検収依頼兼竣工届」に基づいて作成していた。

② 本件取引は「工場車上渡し」という条件であったので、Xの工場に

191

おいて製品を車に載せた時点で引渡しが完了することになっており、製品の納入は、平成8年6月に完了した。

③ 本件取引では、途中の設計変更により製品の重量が変わることがあるために、製品の据付けを行わないと最終的な重量はわからないが、概略重量と正確な重量との差が概略重量の5パーセント以内であれば、代金の精算をしないことになっていた。

④ 本件取引の場合、概略重量と正確な重量との差が5パーセントを超えたために代金の精算をすることとなったが、本件返還金の金額が確定したのは平成8年6月期ではなく、製品の据付けが終了した平成9年6月期になってからである。

⑤ 本件取引に係る代金の精算の話は、平成9年1月ころK社から出たもので、平成8年6月期の決算の際にはわからなかった。

2. 本件におけるあてはめ

本件においては、Xが、①平成8年6月までに製品の納入を完了しており、また、②K社から月々送付された本件出来高検収依頼に基づいて請求書を作成しているが、平成8年6月期の末日までは本件取引に係る請求内容に誤りはなかったことが認定されている。

また、Xは、納入した製品の重量計算に単純な誤りがあった旨主張するのみで、何らその主張を裏付ける証拠資料を当審判所に提出しなかったため、その事実は確認されていない（この点、過年度分において計算誤りがあった場合には、その事実は明らかであり、当該過年度分を修正すべきであるとされている）。

K社からXに本件返還金に関する話があったのは平成9年1月頃であり、Xは、同社に対し、同年2月25日に本件返還金を支払う旨を回答している。そこで、審判所は、同日に本件返還金を支払うことが確定したと認めるのが相当であると判断している。

これらの事情からすると、本件金額に相当する損失は平成9年6月期の損金の額に算入すべきものであり、平成8年6月期の経理処理及び納

第 5 章　法人税関係

税義務には何ら影響を及ぼさないこととなるから、本件更正の請求には理由がないとした原処分は適法であることになる。

3. 問題点

本件において、Xは、「契約の解除又は取消し」「値引き」「返品」等が行われた場合の取扱いを定めた法人税基本通達 2-2-16《前期損益修正》は、原則として繰戻し還付の制度が適用されない当時にあっては、極めて不合理な判断基準である旨主張していた。

しかし、審判所は、本件通達は、法人税法及び一般に公正妥当と認められる会計処理の基準について考え方を表したものであり、現在では、法人税法 81 条に規定する欠損金の繰戻しによる還付の制度は停止されているものの、同法第 57 条《青色申告書を提出した事業年度の欠損金の繰越し》に規定する欠損金の繰越しの制度は残されており、これにより課税関係の調整は可能であるから、この点に関する請求人の主張には理由がないと判断した。

法人税法 81 条は、同法 57 条とともに、期間計算主義から生じる徴税の不合理と税負担の均衡を図るための調整規定である。そして、前記の会計慣行は、上記調整規定を前提として成立しているものではない。したがって、これらの規定の一部の適用停止を理由に、当然に前記公正処理基準が適用されない、ということにはならないであろう。新会計処理基準の下でも、継続適用を条件に、恣意的なものでない限り、引渡し等の日に近接する日の収益計上（申告調整を含む）が認められる。

ケース35	更生手続における過払金返還請求権の確定と損金計上時期
	（東京高判平成26年4月23日　訟月60巻12号2655頁）

利息制限法所定の制限を超える利息及び遅延損害金を、本件各事業年度の益金の額に算入して法人税の確定申告をしていた更生会社につき、過払金返還請求権が更生手続において確定したことから、管財人が、利息制限法所定の制限を超える利息及び遅延損害金に係る部分は過大であることを理由として更正の請求を行ったところ、更正をすべき理由がないとしてされた本件各通知処分は適法であるとした事例。

事実の概要

更生会社A社は、各事業年度において、利息制限法に規定する利率（制限利率）を超える利息の定めを含む金銭消費貸借契約に基づき、利息及び遅延損害金（約定利息）の支払を受け、これに係る収益の額を益金の額に算入して法人税の確定申告をしていた。

その後、A社の更生手続（以下「本件更生手続」という）において、約1兆3,800億円の過払金返還請求権に係る債権が更生債権として確定した。そこで、A社の管財人Xは、本件各事業年度において益金の額に算入された金額のうち、上記更生債権に対応する制限利率を超える約定利息に係る部分は過大であるとして、同部分を益金の額から差し引いて法人税の額を計算し、A社の本件各事業年度の法人税に係る課税標準等または税額等につき、各更正をすべき旨の請求（以下「本件各更正の請求」という）をした。

これに対し、処分行政庁は、更正をすべき理由がない旨の各通知の処分（以下「本件各通知処分」という）をした。

そこでXは、主位的に、本件各通知処分の取消しを求め、予備的に、本件各更正の請求に基づく更正がされた場合に還付されるべき金額に相当する金額の不当利得の返還（民法703）を求めた。

第5章　法人税関係

裁判所の判断

　東京高裁は、概要、以下のとおりXの請求を棄却した下記原判決（東京地判平成25年10月30日 税資263号順号12324）を引用し、Xの控訴を棄却した。

　　各事業年度の収益または費用もしくは損失についての前期損益修正の処理は、法人税法22条4項に定める公正処理基準に該当すると解するのが相当である。

　　本件更生手続において、平成23年5月13日の経過により過払金返還請求権に係る債権が更生債権として確定した。これに伴い、本件各事業年度において益金の額に算入されていた制限超過利息につき、その支払が利息等の債務の弁済として私法上は無効なものであったというべきことを前提とする取扱いをすることとなることが確定した。

　　そうだとしても、それについては、本件各事業年度の後である平成22年4月1日から、本件更正手続の開始の日である同年10月31日までの事業年度の確定した決算に係る損益計算書に、「特別損失」中の「過年度超過利息等損失」として2兆2,468億5,120万2,618円が計上されていること等を踏まえ、当該確定の事由が生じた日の属する事業年度において処理されることとなる。

　　本件各事業年度の法人税の確定申告に係る課税標準等または税額等の計算に、遡及的に影響を及ぼすものとはいえない。

※最決平成27年4月14日（税資265号順号12647）上告棄却・上告不受理

解　説

1. 最判平成18年1月13日[8]と過払金返還請求権

　利息制限法1条は、元本の額に応じて、その利息が、① 10万円未満の

195

場合は年2割、②10万円以上100万円未満の場合は年1割8分、③100万円以上の場合は年1割5分の利率により計算した金額を超えるときは、その超過部分について無効とする旨定めている。

一方、旧貸金業の規制等に関する法律43条は、いわゆる「みなし弁済規定」として、本来無効であるはずの利息制限法の制限を超過した利息を受領しても、貸金業規制法17条（契約証書）、18条（受取証書）に定める書面が交付され、かつ弁済が任意になされたこと等の要件を満たした弁済であれば、例外的に有効な弁済とみなす旨定めていた。

ところが、平成18年1月13日、最高裁（第2小法廷）が、「債務者が事実上強制されて制限超過部分の利息を支払った場合には、自己の自由な意思によって支払ったものということはできない」という判決を下して以後、債務者である借主は、この最高裁判決を根拠に過払金の返還を求めることができるようになり、過払金返還請求訴訟が急増した。

このため、本件更生会社の資金繰りは悪化し、平成22年9月28日、更生手続開始の申立てを行い、同年10月31日に更生手続開始決定を受けた。

[8] 民集60巻1号1頁

2. 更生計画認可決定

国税通則法23条2項1号は、申告に係る課税標準等または税額等の計算の基礎となった事実に関する訴えについての判決（判決と同一の効力を有する和解その他の行為を含む）により、その事実が当該計算の基礎としたところと異なることが確定したときは、その確定した日の翌日から起算して2月以内に、更正の請求をすることができる旨定めている。

そして、更生計画認可の決定が確定したときは、更生債権等に基づき更生計画の定めによって認められた権利については、確定判決と同一の効力を有するものとされる（会社更生法206）。

もっとも、国税通則法の要件を満たしていても、それは手続上適法であ

るというにとどまり、更正の請求が認められるためには、租税実体法の要件を満たしていなければならないとするのが判例の考え方である。

本件も、法人税における従来からの通説や判例の考え方と同様の立場によっている（170頁以下参照）。

3. 問題点

もっとも、公正妥当な会計処理の基準は、継続企業を前提としており、本件更生会社のような場合には、同基準があてはまらないのではないかが問題となる。

この点、Xも、①企業会計原則が定める前期損益修正の処理は、継続企業の公正処理基準を前提とする処理であること、②税務上の前期損益修正の処理も、継続企業の公正処理基準を前提に、欠損金が生じたとしても後の事業年度に獲得する利益と相殺することで所得なき課税が避けられるという基本的な思考の下ではじめて合理化されること、③本件更生会社は更生手続開始決定を受け、会社分割によって消費者金融事業をスポンサー企業に対して承継し、今後は更生計画に従って解散するため、継続的に所得を上げる見込みがないのであるから、通常の事業継続を行う法人とは別異に取り扱うべきであることを主張していた。

しかし、東京高裁は、以下のように述べて、Xの主張を排斥している。

法人税法には更生会社につき一定の事項につき特別な取扱いをすることを定める規定がある（法法33③、59条等参照）。

一方で、同法、会社更生法及びそれらの関係法令上、清算することが予定されている更生会社や法人税法57条または80条1項の規定の適用を受ける要件を満たさない更生会社につき、Xの主張するような過年度所得の是正に関する取扱いをすることを許容する旨を定めた規定は見当たらない。このような各種の規定の下において、更生計画で更生会社を清算することとされた等の一事をもって、同法22条4項に定める公正処理基準に該当する前期損益修正の処理とは異なる処理をすべきものとはいい難い。

本件更生会社は、本件更生手続において、会社分割によってその主たる事業である消費者金融事業をスポンサー企業に譲渡し、本件更生会社自体は継続的に所得を計上する法人とはせずに清算業務を行い、解散することとしたものである。その結果、前期損益修正による税務処理によって課税関係の調整を受ける余地がなくなったが、これは、本件更生会社が上記のような更生計画を立てたことによる結果である。

　　したがって、そのことをもって、本件更生会社について、更生会社一般において特段の手当がされていない前期損益修正の処理と異なる処理を行うべき理由は見い出し難い。

　　また、本件更生会社により納付された法人税を被控訴人が保持し続けることが著しく公平に反し、不当利得としてその返還請求を認めるべきということはできない。

　　本件も、従来からの通説・判例の考え方によれば、Xに対する法人税の還付が難しい事案である。しかし、解散清算を予定した更生会社においては、継続企業の原則があてはまらず、実際にも、Xに法人税を還付しなければ、過払金の返還が事実上できない一方、所得のないところに課税する結果となっている。この点の不都合性を回避すべく、学者等により様々な立論が試みられている[9]。

[9] 渡辺裕泰「判批」ジュリ1477号111頁など

第5章　法人税関係

ケース**36**　**詐欺損害と損金計上時期**
（最判昭和60年3月14日　税資144号546頁）

詐欺売買契約に基づき支払った手付金相当額を、詐欺売買があった年度の損金に算入した処理について、詐欺損害の発生した係争年度において加害者らがいずれも無資力であった以上、本件詐欺被害の事実及び金額は係争年度の最終日までに具体的に確定していたとして、控訴審が原判決を変更して納税者の処理を相当と認めた事例。

事実の概要

A川、B岸らは、本件土地を買収しこれを転売して差益を取得しようと考えたが、買収交渉はうまくいかなかった。それにもかかわらず、同人らは、本件土地売買契約を締結して手付金名下に金員を騙取しようと企て、C社の役員就任登記を経由し、昭和48年7月31日、宅地造成分譲等を目的とする控訴人X社の役員らに対し、「本件土地の地主全員から土地の買収に応ずる旨の内諾を取付けてある」等と虚偽の事実を告げて誤信させた。X社は、K社名義でC社と本件土地売買契約を締結し、手付金名下に金4,000万円の小切手を騙取された。

その後も、本件土地の一部を除き、C社による所有権移転登記手続がなされなかったことから、X社はK社名義で、昭和48年11月9日、J警察署長に対し、上記A川、B岸らの行為は詐欺罪に当たるものとして同人らを告訴した。同署の捜査の結果、同49年1月12日頃、A川、B岸らは逮捕された。同人らは、まもなくN裁判所に詐欺罪として公訴を提起され、同51年3月24日、各懲役2年6月、執行猶予3年の判決言渡しを受けた。

X社は、本件詐欺被害の手付金4,000万円について、種々調査の結果、本件詐欺被害の事実が明確になったものと認め、昭和49年3月期（本件係争事業年度）における法人税の確定申告に際し、手付金4,000万円を雑損失に計上した。

Y税務署長は、昭和51年8月7日付で、損金に算入した手付金相当額

199

4,000万円を否認したことを前提とする更正処分等を行った。

　X社は、更正処分等の取消しを求め、訴訟を提起したが、一審（東京地判昭和52年3月9日 訟月23巻3号607頁）で敗訴したため控訴した。

裁判所の判断

　東京高裁は（東京高裁昭和54年10月30日 訟月28巻2号306頁）、次のとおり述べて、原判決を変更し、X社が本件係争事業年度において、詐欺被害として金4,000万円を雑損失に計上したのは相当であると判断した。これに対しY税務署長が上告したが、最高裁は、Y税務署長の上告を棄却した。

　認定事実によれば、K社は、手付金4,000万円を詐取されたことを知って告訴した。捜査の結果、C社の代表取締役A川及び同取締役B岸らは昭和49年1月12日頃に逮捕され、間もなく右A川、B岸の両名は詐欺罪を犯したものとして公訴を提起された。そればかりでなく、C社、A川及びB岸らは、いずれも無資産、無資力であった。

　したがって、詐欺被害の事実並びに被害額は、遅くとも本件係争事業年度の最終日までには具体的に確定し、社会通念に照らして明確になったということができる。

　X社が、本件係争事業年度において、詐欺被害として金4,000万円を雑損失に計上したのは相当であるから、その損金計上を全部否認してなした本件処分及びこれを前提とした本件決定は、その限りにおいて違法なものというべきである。

解 説

1. 詐欺行為による被害

　詐欺行為による被害の額は、盗難、横領による被害の場合と同じく、財産を不法に領得されたことに因る損害として、法人税法22条3項3号に

いう損失の額に該当する。

2. 損失の計上時期

法人税法は、期間損益決定のための原則として、発生主義のうち権利確定主義をとり、益金についてはその収受すべき権利の確定の時、損金については履行すべき義務の確定した時を、それぞれの事業年度帰属の基準にしているものと解される（170頁以下参照）。

そして、その権利の発生ないし義務の確定について本判決は、それらの確定が具体的となり、かつ、それが社会通念に照らして明確であるとされれば足り、これをもって十分であると解すべきとしている。したがって、当事者の刑事上の訴追、あるいは損害賠償等民事上の権利行使がなされたとしても、それは権利の発生、義務の確定を認定する一資料とはされても、直接それとの関係を有するものではなく、刑事判決ないし民事判決が確定しなければならないものではないとした。

そのような見地から、裁判所は、K社が手付金4,000万円を詐取されたことを知って告訴したこと、捜査の結果、C社の代表取締役A川及び同取締役B岸らが逮捕され、間もなく右A川、B岸の両名は詐欺罪を犯したものとして公訴を提起されたこと、C社、A川及びB岸らは、いずれも無資産、無資力であったことを指摘し、詐欺被害の事実並びに被害額は、遅くとも本件係争事業年度の最終日までには具体的に確定し、社会通念に照らして明確になったということができると認定している。

3. 本件について

また、本判決は、所得金額を計算するにあたり、益金、損金のそれぞれの項目につき金額を明らかにして計上すべきものとしている制度本来の趣旨からすれば、収益及び損失はそれが同一原因によって生ずるものであっても、各個独立に確定すべきことを原則とし、したがって、両者互いに他方の確定を待たなければ当該事業年度における確定をさまたげるという関係に立つものではないと解している。

本件でX社は、本件係争事業年度中の昭和49年2月4日、K社を原告、

C社及びその役員らを被告として、違約金8,000万円の支払を求める訴訟を提起している。そして、昭和51年4月7日、参加人であるX社とC社及びその役員らとの間において、裁判上の和解が成立した。その内容は、C社及びその役員らがX社に対し、金4,600万円の損害賠償債務の存することを確認するものであった。結局、X社は、本件係争事業年度後に至り、詐欺被害金4,000万円のうち、和解によって弁済を受けた金を含め、合計2,200万円について満足を得た。

Y税務署長は、X社の上記損害賠償請求権は係争事業年度において事実上実現不可能であったとはいえず、損失未確定であるとして、損金に算入した手付金相当額4,000万円を否認したことを前提とする更正処分等を行った。

しかし、裁判所は、①本件係争事業年度において、K社、A川、B岸らはいずれも無資産、無資力であるというのであって、当時同人らに対する損害賠償請求権の全部または一部の実現が可能、または可能であることを推測するに足りる事実の存在をうかがうことはできないこと、②和解の成立、これによる一部履行の事実をもって、その認定を左右することはできないこと、③X社が右和解の履行として受領した金800万円及び債権譲渡によって取得したその対価は、その時の属する事業年度において益金として計上すれば足りるというべきであることを指摘して、当該収益、損失のそれぞれにつき、当該事業年度中の確定の有無が問われれば足りると結論づけた。

第5章　法人税関係

ケース**37**　経理部長の詐取と益金計上時期
（東京高判平成21年2月18日　訟月56巻5号1644頁）

　被控訴人の経理部長であったＡの詐取行為により被控訴人が受けた
損害額を損金に計上すると同時に、Ａに対する損害賠償請求権を当該
事業年度の益金に計上すべきであるとの扱いをした本件各処分は適法
であるとして、原判決を取り消した事例。

事実の概要

　Ａは、平成9年4月、Ｘに入社し、入社と同時に経理課長に就任し、
平成11年5月、経理部長に就任した。Ａは、Ｘの経理業務の責任者と
して総勘定元帳作成の基礎となる実務上の処理一切を行い、特に、外注費の
支出資料の作成及びその支払手続業務を一任されていたが、借金の返済な
どに窮したため、Ｘへの入社から間もない平成9年9月から平成16年3
月までの間、架空外注費を計上する方法で、Ｘから総額1億8,815万475
円を詐取した。

　Ｕ税務署長は、平成16年4月14日、Ｘに対する税務調査を行ったと
ころ、平成9年9月期から平成15年9月期までの各事業年度において、
架空外注費が計上されていることが発覚した。そこで、平成16年10月
19日、平成9年9月期から平成15年9月期まで（平成11年9月期を除く）
の6事業年度について、法人税の更正処分及び重加算税の賦課決定処分
をした。

　なお、その後Ｕ税務署長は、売上の過大計上額を認定し、平成17年4
月14日付で、平成14年9月期についてＸの申告額を下回る更正処分をし、
平成15年9月期について税額を一部減額する更正処分及び賦課決定処分
をした。

　Ｘは、本件各更正処分がされる以前である平成16年5月13日、架空
外注費の損金計上はＡの詐取行為によるものであるとして、Ａを懲戒解
雇するとともに、同年7月30日、Ａを詐欺罪等で告訴した。

203

Xは、同じく本件更正処分がされる以前である平成16年9月7日、埼玉地方裁判所に対してAに対する損害賠償請求訴訟を提起した。同裁判所は、同年10月27日、Aに対し、1億8,815万475円及びこれに対する平成16年9月14日から支払済みまで年5分の割合による金員をXに支払うよう命ずる判決を言い渡し、同判決は確定した。

平成16年11月25日、Aは詐欺罪で起訴され、平成17年6月8日、実刑判決を受け、同判決は確定した。

Aは、本件詐取行為による損害賠償債務を負うものであるが、本件各事業年度当時、上記損害賠償債務以外に、以前勤務していた会社で横領したことによる損害賠償金、住宅ローン等の債務を負っていたが、分割返済は怠ることなく、一方、Xから給与を得、自宅マンション、銀行預金、自家用車を所有していた。また、本件詐取行為に係る刑事裁判の際、Xに対し、上記自家用車1台を売却して、200万円の弁償を申し出たが、Xはこの受領を拒否した。

Xは、各更正処分等の取消しを求めて提訴し、一審で勝訴したが、Yに控訴された。

裁判所の判断

裁判所（東京高裁）は、次のとおり述べて、原判決を取り消し、Xの経理部長であったAの詐取行為によりXが受けた損害額を損金に計上すると同時に、Aに対する損害賠償請求権を当該事業年度の益金に計上すべきであるとの扱いをした本件各処分は適法であるとした。

本件のような不法行為による損害賠償請求権については、通常、損失が発生した時には損害賠償請求権も発生、確定しているから、これを同時に損金と益金とに計上するのが原則である。

Aは、Xの経理担当取締役らに秘して本件詐取行為に及んだのであり、Xの取締役らは当時本件詐取行為を認識していなかったものの、本件詐取

第5章　法人税関係

行為は、経理担当取締役が本件預金口座からの払戻し及び外注先への振込み依頼について決済する際にAが持参した正規の振込依頼書をチェックしさえすれば容易に発覚するものであった。また、決算期等において、会計資料として保管されていた請求書と外注費として支払った金額とを照合することでも、容易に発覚し得た。これらの点を考えると、通常人を基準とすれば、本件各事業年度当時において、本件損害賠償請求権につき、その存在、内容等を把握できず、権利行使を期待できないような客観的状況にあったということは到底できない。

そうすると、本件損害賠償請求権の額を本件各事業年度において益金に計上すべきことになる。また、本件各事業年度当時において、本件損害賠償請求権が全額回収不能であることが客観的に明らかであったとは言い難い。

そうすると、本件損害賠償請求権の額を本件各事業年度において貸倒損失として損金に計上することはできないことになる。

解 説

1. 不法行為により発生した損失の損金計上時期

法人税法上、内国法人の各事業年度の所得の金額の計算上当該事業年度の損金の額に算入すべき金額として、当該事業年度の損失の額で資本等取引以外の取引に係るもの（法法22③三）が掲げられているところ、本件のような不法行為により発生した損失はこれに該当し、その額を損失が発生した年度の損金に計上すべきものと解されている[10]。

本件詐取行為に係る架空外注費は、外注費としてXが支出したものではなく、法人税法22条3項に規定する損金の額に該当しない。よって、架空外注費相当額が詐取された事業年度の損金の額から同額が減額される。他方、Xは、架空外注費相当額を詐取されているから、同項3号により、これを詐取された事業年度の損金の額に算入することになる。

205

[10] 最判昭和43年10月17日 集民92号607頁参照

2. 損害賠償請求権の益金計上時期

　問題は、本件詐取行為により被控訴人が取得した損害賠償請求権をどの事業年度の益金に計上すべきかである。

　この点、本件のような不法行為による損害賠償請求権は、通常、損失が発生した時に発生し、確定しているから、これを同時に損金と益金とに計上するのが原則であると考えられる。

　もっとも、不法行為による損害賠償請求権の行使にあたっては、たとえば、加害者を知ることや権利内容を把握することが困難であるために、直ちには権利行使（権利の実現）を期待することができないような場合があり得る。

　このような場合には、法的には権利（損害賠償請求権）が発生しているものの、未だ権利実現の可能性を客観的に認識することができるとはいえないから、当該事業年度の益金に計上すべきではない（そのような場合にまで、法的基準に拘泥して収益の帰属年度を決することは妥当でない）[11]。このような場合、当該事業年度において、損失は損金計上するが、損害賠償請求権は益金に計上しない取扱いをすることが許される（法人税法基本通達2-1-43が、「他の者から支払を受ける損害賠償金（中略）の額は、その支払を受けるべきことが確定した日の属する事業年度の益金の額に算入するのであるが、法人がその損害賠償金の額について実際に支払を受けた日の属する事業年度の益金に算入している場合には、これを認める。」と規定し、損失の計上時期と益金としての損害賠償請求権の計上時期を切り離す運用を認めているのも、基本的には、第三者による不法行為等に基づく損害賠償請求権については、その行使を期待することが困難な事例が往々にしてみられることに着目した趣旨のものであると解するのが相当である）。

　ただし、この判断は、税負担の公平や法的安定性の観点から客観的にされるべきものであるから、通常人を基準にして、権利（損害賠償請求権）の存在・内容等を把握し得ず、権利行使が期待できないといえるような客

観的状況にあったかどうかという観点から判断していくべきものと解される。

[11] 最判平成 4 年 10 月 29 日 集民 166 号 525 頁参照

3. 権利の実現可能性と益金計上

権利確定主義にいう収入すべき権利の確定の時期については、基本的には法的基準によって判断していくものである（法的基準により判断することで、法的安定性、徴税の公平性が担保される）。

よって、債務者の資力、資産状況等といった経済的観点により債権の実現（債務の履行）可能性を判断し、それが乏しい場合には益金計上をしなくてよい、とする処理は妥当ではない。このような経済的観点からの実現（履行）可能性の問題は、貸倒損失の問題として捉えていくのが相当である。

損害賠償請求権については、確かにこれと通常の商行為に基づく債権とを比較すると、経済的な観点からの実現（履行）可能性の乏しいものが多いといえるが、だからといってこれを別に扱う理由はないと解される[12]。

ただし、損害賠償請求権の発生当初から全額回収不能であることが客観的に明らかである場合には、これを貸倒損失として扱い、法人税法 22 条 3 項 3 号にいう当該事業年度の損失の額として損金に算入することが許されるというべきである[13]。また、請求権の発生当初は回収の見込みがあったとしても、その後事情が変わって全額回収不能が客観的に明白となった場合は、その時点の属する事業年度の損金に算入することが許されるというべきである。

[12] 最判昭和 43 年 10 月 17 日 民集 47 巻 9 号 5278 頁参照

[13] 前掲注 [12]。なお、最判平成 16 年 12 月 24 日 民集 58 巻 9 号 2637 頁参照

4. 本件へのあてはめ

上記のように、貸倒損失として損金に算入するためには全額回収不能であることが客観的に明らかである必要がある（前掲最判平成 16 年 12 月 24

日）ところ、「全額回収不能であることが客観的に明らか」といえるかどうかは、債務者の資産・負債の状況、支払能力、信用の状況、当該債権の額、債権者の採用した取立手段・方法、取立てに対する債務者の態度・対応等諸般の事情を総合して判断していくべきものであるとされる。

　この点、Aは、Xの経理担当取締役らに秘して本件詐取行為をしたものであり、Xの取締役らは当時本件詐取行為を認識していなかったが、本件詐取行為は、経理担当取締役が本件預金口座からの払戻し及び外注先への振込み依頼について決済する際にAが持参した正規の振込依頼書をチェックしさえすれば容易に発覚するものであった。また、決算期等において、会計資料として保管されていた請求書と外注費として支払った金額とを照合すれば、容易に発覚し得た。

　裁判所は、このような点に鑑み、通常人を基準とすれば、本件各事業年度当時において、本件損害賠償請求権の存在、内容等を把握できず、権利行使を期待できないような客観的状況にあったということは到底できないとしたうえで、本件損害賠償請求権の額を本件各事業年度において益金に計上すべきであると判示した。

　次に、裁判所は、本件各事業年度当時において、本件損害賠償請求権が全額回収不能であることが客観的に明らかであったといえるかを検討した。

　まず、①本件各事業年度当時、Aには、約5,000万円で購入したマンション、約200万円相当の自動車、約400万円程度の預金という資産があり、月額30万円を超える給与も得ていた（Xから懲戒解雇されたのは平成16年5月であり、また、Aに対し実刑判決が言い渡されたのは平成17年6月で、いずれも本件各事業年度が経過した後の出来事である）。また、②本件各事業年度経過後のことであるが、Aは、本件詐取行為に係る刑事裁判の際、200万円の弁償を申し出ていた。

　確かに、Aは、本件損害賠償債務のほかEに対する債務や住宅ローン債務等を抱えていたため、債務超過に陥っていた可能性が高いが、上記①の

第5章　法人税関係

事実に鑑みれば、まったく弁済能力がなかったとはいえない（②の事実からもそのことが強く推認されるとする）。

よって、裁判所は、本件各事業年度当時において、本件損害賠償請求権が全額回収不能であることが客観的に明らかであったとは言い難く、本件損害賠償請求権の額を本件各事業年度において貸倒損失として損金に計上することはできないとした。

ケース38	**盗難損失に対する保険金の益金計上時期** （大阪地判平成16年4月20日　税資254号順号9633頁）

盗難による損害発生を原因とする保険金収入については、一般的には、盗難発生と同時に発生し、権利の実現の可能性が客観的に認識し得る状況になったということができるから、保険金請求権は、盗難発生時に直ちに確定したものとして、盗難損失を計上すべき事業年度に同時に益金として計上すべきものであるとした事例。

事実の概要

　原告Ｘは、Ｓ保険株式会社との間で、平成12年11月20日、所有するメルセデスベンツ（本件車両）を被保険自動車とする保険契約を締結した。

　Ｘは、平成13年7月22日、本件車両が盗難に遭ったため、同年8月29日、Ｓ保険に対し、本件保険契約に基づき、車両保険金の支払を請求した。Ｓ保険は、同年8月31日、Ｘに対し、969万円（全損盗難950万円、臨時費用10万円及び盗難代車費用9万円）の保険金を支払う旨の通知をし、同年9月4日までに上記保険金をＸ口座に振込送金した。

　Ｘは、本件車両の盗難損失937万6,000円を、平成13年7月期の損金に計上し（ただし、Ｓ保険からの保険金の支払については同期の益金に計上せず、平成14年7月期の益金に計上した）、同年9月19日、同期の法人税の確定申告をした。

　被告Ｙは、平成14年4月26日、Ｘに対し、本件車両の盗難損失は平成13年7月期の損金に含まれない等として、本件各処分を行った。

裁判所の判断

　裁判所は、概要、次のとおり述べてＸの請求を棄却した。

> 　法人税に関し、収益を計上すべき事業年度については、所得税法と同様、収入すべき権利が確定した時の属する事業年度の益金の額に算入すべきも

のと考えられる。そして、権利の確定とは、権利の発生に加え、権利の実現の可能性が客観的に認識し得る状況になることを意味し、取引の経済的実態から合理的な収益計上基準を是認する余地はあるものの、基本的には、法律上権利の行使が可能となった時点をいうものと解される。

一般的には、保険金請求権は盗難発生と同時に発生し、権利の実現の可能性が客観的に認識し得る状況になったということができる。したがって、保険金請求権は、盗難発生時に直ちに確定したものとして、盗難損失を計上すべき事業年度に同時に益金として計上すべきものである。

よって、本件の保険金請求権は、盗難時に発生し、権利内容も確定しており、権利実現の可能性を客観的に認識し得る状態になっていたというべきであるから、保険金収入は盗難損失と同一時期に計上すべきである。

解 説

1. 盗難損失と保険金請求権

盗難による損害は、法人税法 22 条 3 項 3 号の「損失」に該当し、その事実が生じた時点で被害者である法人の資産を減少させるものであり、また、その時点で損失を認識することができるから、その損害額は、基本的には、盗難の事実があった日の属する事業年度の損金の額に算入すべきことになる。

一方、法人がその資産について損壊・消滅等の保険事故による損害を補てんするために損害保険を付している場合は、その資産が損壊・消滅したときに、それを原因として保険金が支払われることになる。この場合の保険金は、資産の消滅等を原因として、その事実に基づいて支払われるものであって、資産の消滅等による対価ともみられる。したがって、保険事故の発生も資産の譲渡に準じて考えることができ、保険金請求権を行使することによって取得すべき保険金額は、同条 2 項の資本等取引以外の取引に係る収益の額に該当するものと解される。

また、適正な期間損益の算定という観点からは、費用収益対応の原則に準じて、盗難損失との間に収支対応の関係を認めることができる。

2. 同一原因による損失と収益の確定

最判昭和 60 年 3 月 14 日（ケース 36）は、収益と損失は、それが同一原因によって生ずるものであっても、各個独立に確定すべきことを原則とし、したがって、両者互いに他方の確定を待たなければ当該事業年度における確定をさまたげるという関係に立つものではないとした。

本判決は、上記最高裁判決を前提としながらも、盗難による損害発生を原因とする保険金収入については、その損害発生時に法人は保険金請求権を取得するうえ、本件のような自動車損害保険契約においては、保険金請求権を行使することができるのは保険事故発生の時からであること、保険金支払額は保険契約によって定められていること、また、真実盗難による損失が発生した場合であれば、保険会社が保険金支払債務を履行しない、または履行できない可能性はほとんど考えられないことに鑑み、一般的には、保険金請求権は盗難発生と同時に発生し、権利の実現の可能性が客観的に認識し得る状況になったということができるから、保険金請求権は、盗難発生時に直ちに確定したものとして、盗難損失を計上すべき事業年度に同時に益金として計上すべきものであるとした。

3. 本件へのあてはめ

本件においては、平成 13 年 7 月 22 日に本件車両が盗難に遭ったのであるから、その時点で X には車両相当額の損失が生じたといえる。

他方、保険金収入については、本件保険契約上、保険金請求権を行使することができるのは盗難事故発生の時からである。また、本件保険契約には保険金が支払われない場合について定められているが、これらは保険契約者等の故意や地震等、いずれも盗難発生時に判断可能な事情であり、本件車両の盗難にはこれらに該当する事情は存在しなかった。したがって、盗難時には、保険金が支払われることは確定していたといえる。

また、保険金額についても、本件保険契約では、被保険自動車の損傷を

修理することができない場合は、協定保険価額をもって支払保険金額とすることとされており、その協定保険価額は、契約締結時に被保険自動車と同一の用途・車種・車名・型式・仕様・初年度登録年月の自動車の市場販売価格相当額をもって定められていた。そして、本件車両は盗難により消滅したのであるから、本件は「被保険自動車の損傷も修理することができない場合」に該当し、協定保険価額である950万円が保険金額となる。よって、保険金額も盗難時に確定していたものといえる。

　以上より、本件の保険金請求権は、盗難時に発生し、権利内容も確定しており、権利実現の可能性を客観的に認識し得る状態になっていたというべきであるから、保険金収入は盗難損失と同一時期に計上すべきであると判断された。

ケース39 欠損金繰越控除と更正の請求
（東京高判平成3年1月24日 税資182号55頁）

青色申告者が、過去の事業年度において申告した欠損金額の計算に誤りがあった場合には、当該過去事業年度分の更正の請求をしなければならず、更正の請求の手続を経ることなく、その誤りを前提として、後の事業年度について更正の請求をしたり、更正処分の取消しを求めることは許されないとされた事例。

事実の概要

被控訴人Yは、昭和59年8月から9月にかけて、主として控訴人Xの土地譲渡に関する税務調査をした。そのとき、Yの担当官は、Xの会計事務担当AからXの仮装経理（在庫の過大計上）の事実を知らされ、関係帳簿の提出を受けた。

Yは、昭和59年11月30日に、Xの昭和57年10月期及び昭和58年10月期に関するそれぞれの修正申告に対し、更正処分をした。当該処分決定においては、昭和57年10月期及び昭和58年10月期における繰越欠損金額の当期控除額につき、昭和54年10月期からの在庫の過大計上を是正したことを前提とする更正がなされていなかった。

そこでXは、昭和60年1月24日、Yに対し異議申立てをした。

Yは、上記申立てに基づきXの経理を調査した結果、同年5月9日、昭和54年10月期から昭和58年10月期までの在庫の過大計上を認定した。しかし、昭和54年10月期の分については、異議決定時には、当該事業年度の法定申告期限である昭和54年12月31日から5年を経過していることから、国税通則法70条2項の規定により減額更正処分ができなかった。そして、当該事業年度分の翌期繰越欠損金額は、申告額を正当に計算されたものとして処理し、昭和55年10月期以降の在庫の過大計上分についてのみ考慮して、Xの所得金額等の計算をし、その結果、昭和57年10月期については、原処分を取り消した。

214

さらに Y は、右異議決定に基づき、昭和 60 年 5 月 10 日、X の昭和 55 年 10 月期から昭和 58 年 10 月期までの各事業年度の法人税額について、それぞれの年度における在庫の過大計上分を否定すること等を内容とする再更正処分をした。

これに対し、X は、昭和 60 年 6 月 7 日、昭和 57 年 10 月期と昭和 58 年 10 月期に関する再更正処分についてのみ審査請求をした。

裁判所の判断

裁判所は、概要、次のとおり述べて X の控訴を棄却した。

青色申告者が、ある事業年度において申告した欠損金額に誤りがあったとして、後にこれを増加させるには、更正の請求をしなければならないものであり、しかも、これを是正する順序として、前事業年度以前における、誤りがあった事業年度の欠損金額をまず是正し、次いでその後の事業年度の欠損金額を順次是正することが必要である。すなわち、誤りがあった事業年度の欠損金額を是正するための当該事業年度についての更正の請求の手続を経ることなく、その誤りを前提として、後の事業年度について更正の請求をしたり、更正処分の取消しを求めることは許されないというべきである。

X は、昭和 54 年 10 月期については、更正の請求をしていないことが明らかである。したがって、昭和 54 年 10 月期の翌期への繰越欠損金額の計上が過少であることを前提として、その是正のための更正の請求等をすることなく、昭和 57 年 10 月期及び昭和 58 年 10 月期についての更正処分の取消しを求めることは、許されないものである。

解 説

1. 繰越欠損金の額が誤っていた場合

　国税通則法の規定における「課税標準等」の概念には、ある事業年度において生じた欠損金額であって、翌事業年度以後の事業年度分の所得の金額の計算上順次繰り越して控除することのできるものも含まれる（通常19、2六ハ）。

　欠損金額の生じた事業年度について青色申告書である確定申告書を提出し、かつ、その後において連続して確定申告書を提出している場合には、各事業年度開始の日前5年以内に開始した事業年度において生じた欠損金額に相当する金額は、各事業年度の所得の金額の計算上損金額に算入される（法法57）。したがって、これに該当する申告者については、各事業年度の次事業年度に繰り越される欠損金額は「課税標準等」に該当する。

　よって、裁判所の指摘のとおり、青色申告者が、ある事業年度において申告した欠損金額に誤りがあったとして、後にこれを増加させる場合には、当然更正の請求をしなければならず、また、これを是正する順序としては、前事業年度以前における、誤りがあった事業年度の欠損金額についてまずは是正し、次いでその後の事業年度の欠損金額を順次是正することが必要である。

　すなわち、誤りがあった事業年度の欠損金額を是正するための当該事業年度についての更正の請求の手続を経ることなく、その誤りを前提として、後の事業年度について更正の請求をしたり、更正処分の取消しを求めることは許されないということである。

2. 本件へのあてはめ

　本件についてみると、Xは、昭和54年10月期については、更正の請求をしていなかった。そこで、昭和54年10月期の翌期への繰越欠損金額の計上が過少であることを前提として、その是正のための更正の請求等をすることなく、昭和57年10月期及び昭和58年10月期についての更

正処分の取消しを求める。このことは、法人税法上、また修正・更正について規定する通則法上の取扱いに照らし検討しても、やはり許されないとされるだろう。

3. 粉飾決済(仮装経理)を行っていた場合

本件において過大在庫の計上は、納税者が対外的な信用維持等のために欠損金額を圧縮し、決算を粉飾する目的のもとに作為的になされていたものであり、税務調査によって土地の譲渡益が加算され、課税が生じることを免れるために、過大在庫の事実を打ち明けたと認定されている。

法人が粉飾決算を行った場合の過大税額については、その後の事業年度の確定決算において修正の経理をし、かつ、その決算に基づく確定申告書を提出するまでは税務調査で過大申告であることが明らかになっても、税務署長は減額の更正をしないことができる。

したがって、更正の請求等により減額更正が行われるとしても、直ちに全額が還付されるのではなく、前1年以内に開始する事業年度の法人税額相当額を還付されるのみで、残額は以後の事業年度で納付する税額を限度として税額控除され、企業再生等一定の事由が生じた場合を除き、最終的に5年経過する日の属する事業年度の申告期限到来時に還付されることとなる(法法135)。

2 従業員の横領

ケース40 過払料金に係る不当利得返還請求権の確定日
（最判平成4年10月29日 集民166号525頁）

使用電力量の計量装置の設定の誤りにより、数年度にわたり過大に支払われた電気料金等の返戻による収益の帰属すべき事業年度が、当該返戻についての合意による支払日の属する事業年度であるとされた事例。

事実の概要

T電力は、計量装置の計器用変成器の設定誤りにより、昭和47年4月から同59年10月までの間、上告人Xから電気料金等を過大に徴収していた。

T電力は昭和59年12月頃、この事実を初めて発見し、同月14日、Xに対して、これを伝えて陳謝し、同月21日、上記期間に係る過収電気料金の概算額を伝えた。

その後、T電力は、右過収電気料金の返戻額の算定作業を進める一方で、Xに対し、年6%の割合による利息を単利計算によって付加して支払うこと、T電力が特別徴収義務者としてXから過大に徴収した電気税については、昭和59年度分の税額に当たる額のみを返金し、その余の部分はXが放棄することなどを申し入れ、Xもこれを了承した。

このような交渉を経て、T電力はXに対し、昭和60年3月28日、本件過収電気料金等1億5,311万1,819円を含む具体的精算金額を提示し、T電力で作成した案どおりの確認書を取り交わすことを申し入れたところ、Xもこれを了承し、翌日、本件確認書が取り交わされるに至った。

本件過収電気料金等のうち電気料金の額は、昭和47年4月から同48

年9月までの間のXの使用電気量を明らかにする資料が残っていなかったため、その間の過収電気料金の額を昭和48年10月から昭和49年9月までの1年間の1箇月平均使用電力量を基礎として推計することによって算出した。

本件確認書には精算終了条項があり、これにより、XとT電力との間において、過収電気料金等に係る精算を終了する旨が確認されている。

本件では、過年度の支払電気料金の計算に誤りがあることが判明したため、T電力から返還を受けた過払返戻金が当期の収益として加算されるべきか（被告Yの主張及び裁判所の判断）、あるいは、過年度の支払電気料（損金）として処理すべきか（原告Xの主張）が問題となった。

裁判所の判断

裁判所は、概要、以下のとおり判示してXの主張を斥けた。

Xは、昭和47年4月から同59年10月までの12年間余もの期間、T電力による電気料金等の請求が正当なものであるとの認識の下で、その支払を完了しており、その間、XはもとよりT電力でさえ、T電力がXから過大に電気料金等を徴収している事実を発見することはできなかったというのであるから、Xが過収電気料金等の返還を受けることは事実上不可能であったというべきである。

そうであれば、電気料金等の過大支払の日が属する各事業年度に過収電気料金等の返還請求権が確定したものとして、右各事業年度の所得金額の計算をすべきであるとするのは相当ではない。

XのT電力に対する本件過収電気料金等の返還請求権は、昭和59年12月頃、T電力によって計量装置の計器用変成器の設定誤りが発見されたという新たな事実の発生を受けて、両者間において本件確認書により返還すべき金額について合意が成立したことによって確定したものとみるのが相当である。

したがって、本件過収電気料金等の返戻による収益が帰属すべき事業年度は、当該合意が成立した昭和60年3月29日が属する本件事業年度であり、その金額を右事業年度の益金の額に算入すべきものであるとした原審の判断は正当として是認することができ、原判決に所論の違法はない。

解　説

1．損益の計上時期

　法人税法の益金及び損金の計上時期については、本件も通説・判例に沿う判断がされている（170頁以下参照）。

2．本件におけるあてはめ

　過去の電気料金等が過大であり、その額が各事業年度ごとに容易に知り得るものであれば、過払をした各事業年度の収益として計上すべきである。

　しかし、過大であることの事実の発見が不可能に近く、各事業年度ごとの過払額が不明な状況であれば、値引や返品に準じ、前期損益修正として処理すべきものと解される。

　最高裁は、Xは12年間余もの期間、T電力による電気料金等の請求が正当なものであるとの認識の下でその支払を完了しており、その間、T電力がXから過大に電気料金等を徴収している事実を発見できなかったのであるから、Xが過収電気料金等の返還を受けることは事実上不可能であったこと、本件過収電気料金等の返還請求権が、計量装置の計器用変成器の設定誤りが発見されたという新たな事実の発生を受けて、本件確認書により返還すべき金額について合意が成立したことで確定したとみるのが相当であることを指摘し、課税庁の処分を適法であるとした。

3．味村判事の反対意見

　これに対し、味村判事は、以下のとおり反対意見を述べている。

　多数意見は、本件過収電気料金等の返還請求権は、その額についての合

意の成立によって確定したとする。

　しかし、過収電気料金等の額は、電気料金等の過大支払の時において、客観的に確定していて、算定可能であり、税法上は、この客観的に確定した額が不当利得としてＸが返還を受けるべき金額である。Ｙは、右の合意にかかわらず、所定の権限を行使し、過収電気料金等の額を調査し、これに基づいて更正を行うべきである。

　その際、右の合意による額が客観的に確定した額と異なるときは、その額により更正すべきであり、年月の経過による資料の散逸等により過収電気料金等の正確な額を算定できない期間については、残存資料等に基づき合理的な方法を用いてその額を推定すべきである。

4. 本件の特殊性

　上記反対意見にも一理あると思われるが、本件は、当事者が、過大に電気料金等を徴収している事実を発見できず、Ｘが過収電気料金等の返還を受けることは事実上不可能であったという事情があった。したがって、このような特別事情の存在により、本件は上記多数意見のように判断されたとも考えられる。

3 見積もり計上した売上原価の是正

ケース41 一号原価の債務確定
(大阪地判昭和57年11月17日 行集33巻11号2285頁)

一号原価についても、金額見積もりが可能な程度に債務の内容が特定していること、すなわち、見積もりの前提となる債務発生の原因たる事実（債務発生項目）は確定していることが必要であるところ、本件自然環境回復費の見積もりの前提となる債務発生項目は確定していたといえるとした事例。

事実の概要

原告Xは、砕石及び土木工事を主体とする建設業を営む会社である。

Xは、昭和45年6月期から昭和52年6月期までの法人税について、確定申告ないし修正申告をしていたが、Yはこれに対し更正処分（本件各処分）をした。

本件各処分は、Xが負担する砕石の跡地の盛土、植林等の費用（本件自然環境回復費）を損金として算入しないものであった。

Xは不服申立手続を経て、本件訴訟を提起した。

裁判所の判断

裁判所は、概要、以下のように述べてXの請求を認容した。

法人税基本通達2-2-4は、昭和55年5月15日、同通達第二章（収益並びに費用及び損失の計算）第二節（費用及び損失の計算に関する通則）第一款（売上原価等）の中に新設されたものであり、砂利等の採取の進行に応じて一定の算式（砂利等の採取量と比例させている）により埋戻し費

用を適正に見積り、これを採取した砂利等の取得価額に算入することを認めている。

　したがって、その配列の位置や文言からみて、砂利採取地に係る埋戻し費用が原価であることを承認しているものといえる。そして、自然環境回復費は、一号原価として損金算入することができるとしなければならない。

　そのうえで、損金として計上するためには、少なくともその金額を見積もる必要があるから、一号原価についても、この金額見積もりが可能な程度に債務の内容が特定していること、すなわち、見積もりの前提となる債務発生の原因たる事実（債務発生項目）は確定していることが必要であり、この意味での債務の確定を要すると解するのが相当である。

　そして、自然環境回復費を一号原価として計上することが許容されるには、まず、当該事業年度末までに対外的債務として確定していることが必要である。ここにいう対外的債務の確定とは、埋戻し工事をする業者や植林業者との間の具体的契約によって発生する債務に限定されるものではなく、土地所有者との間で埋戻しや植林を約束したことによって生じている債務も含むから、土地所有者との間で締結した契約上の業務内容が、客観的、一義的に明白であり、費用を見積もることができる程度に特定されている場合には、債務の確定があるとしなければならない。

　本件では、自然環境回復費の見積もりの前提となる債務発生項目は、確定していたとすることができるから、Ｘの右各事業年度の本件自然環境回復費を適正に見積もり、その見積もり金額を原価として損金算入するのが至当である。

解　説

1.　原価の見積もり計上

　法人税法 22 条 3 項 1 号（損金の額に算入される売上原価等）に規定する「当該事業年度の収益に係る売上原価、完成工事原価その他これらに準ずる原

価」となるべき費用の額の全部または一部が、当該事業年度終了の日までに確定していない場合には、同日の現況により、その金額を適正に見積もるものとされている（法基通 2-2-1）。

2. 債務の確定の必要性

損金に算入すべき販売費、一般管理費その他の費用の額について、法人税法 22 条 3 項 2 号は、明文で「償却費以外の費用で当該事業年度終了の日までに債務の確定しないものを除く」と定めているが、同項 1 号の売上原価等の額については、このような明文の定めは存在しない。

しかし、発生主義が採用されている以上、債務の確定が不要であるとは解されない。

本判決は、損金として計上するためには、その費用が対外的債務として確定していること、及び、金額見積もりが可能な程度に債務の内容が特定していること、すなわち、見積もりの前提となる債務発生の原因たる事実（債務発生項目）は確定していることが必要であり、この意味での債務の確定を要すると解するのが相当であるとしている。

3. 類似裁判例

この点、刑事事件であるが、最判平成 16 年 10 月 29 日[14]が参考になる。同事案は、被告会社が宅地開発の許可申請をした際、地元の自治体から都市計画法上の同意権を背景として、開発区域外にある雨水排水路の改修工事を行うように行政指導され、これを了承したうえで、宅地を販売したが、その販売事業年度中に当該改修工事は工事内容の大幅変更等により着工されなかったため、工事の見積もりをとって、これを宅地販売に対応する原価として損金計上したところ、否認されたというものである。

原判決は、改修工事について、自治体との間で法的拘束力を伴った義務として確定するに至っていたとはいえないとして、納税者の主張を排斥していた。最高裁判所は、法人税法 22 条 1 項 3 号の売上原価については、個別的に収益と対応する費用（収益対応費用）であり、年度帰属を判断する基準として「債務確定基準」を採用していないなどとして、被告会社が

近い将来に上記費用を支出することが相当程度の確実性をもって見込まれ
ており、かつ、同日の現況によりその金額を適正に見積もることが可能で
あったとみることができる場合には、当該事業年度終了の日までに当該費
用に係る債務が確定していないときであっても、上記の見積もり金額を法
人税法 22 条 3 項 1 号にいう「当該事業年度の収益に係る売上原価」の額
として当該事業年度の損金の額に算入することができると解するのが相当
と判断している。

[14] 刑集 58 巻 7 号 697 頁

4 貸倒損失

ケース42 解除条件付債権放棄をした場合の損失計上時期
（東京高判平成14年3月14日 判時1783号52頁）

解除条件付債権放棄に基づく損失の損金算入時期は、当該意思表示の
された時の属する事業年度ではなく、当該条件の不成就が確定した時
の事業年度とすべきであるとした事例。

事実の概要

X社は、A社（いわゆる住専7社の1社）の母体行の一つであった。A
社の経営が悪化し、数次にわたる再建計画が策定されたが、功を奏さなかっ
たことから、大蔵省銀行局（当時）は、平成7年12月17日、A社を含む
住専7社の不良債権について、母体行はその債権の全額3兆5,000億円を、
一般行はその債権の一部1兆7,000億円を放棄するなどの案を提示し、そ
の後、同月19日、母体行が住専に対する約3兆5,000億円の全額を放棄
することを要請する旨の閣議決定が行われた。

X社は、平成8年3月期に直接償却をするために、平成8年3月29日、
A社との間で債権放棄の合意をしたが、債権放棄に伴う代表訴訟を防止す
るために、A社の営業譲渡及び解散登記を平成8年12月末日まで行わな
いことを当該債権放棄の解除条件とした。

X社は、当該債権放棄に基づき、3,760億5,500万円を損金の額に算入し、
欠損金額を132億7,988万7,629円とする青色確定申告をしたところ、
課税当局によって当該損金算入が否認され、更正処分等が行われた。

裁判所の判断

本判決は、法人税法上、金銭債権については評価減が原則として認めら

れていないことから、不良債権を貸倒れとして直接償却することができるのは、その全額が回収不能となった場合に限られるとした。

そのうえで、債権の全額回収不能である場合とは、債務者の実際の資産状況、支払能力等の信用状態から当該債権の資産性が全部失われたことをいうところ、債権放棄当時、Ａ社には少なくとも1兆円の資産があったことから、債権が全額回収不能であったとはいえないと判示した（全額回収不能ではなかったことの論拠の一つとして、解除条件が成就する可能性が相当程度あったことも挙げられている）。

さらに、本判決は、債権が全額回収不能でなくても、経済的取引として十分に首肯しうる合理的な理由がある場合には、債権放棄は寄附金に当たらないものと解する余地はあるとした。

しかし、①解除条件付債権放棄に基づく損失の損金算入時期を意思表示がされた時の属する事業年度とした場合には、損金算入の時期を人為的に操作することを許容することになるから、一般に公正妥当と認められる会計処理の基準に適合するとはいえず、また、②課税は私法上の法律行為の法的効果ではなく、経済的効果に着目して行われるから、債権放棄による損失も損金が確定したときの属する年度に計上すべきであるが、流動的な事実関係の下では、債権放棄の効果が消滅する可能性も高いため、未だ確定したものとはいえない、として解除条件の不成就が確定した日の属する事業年度に、債権放棄による損失を損金の額として計上すべきである旨判示した（納税者敗訴）。

なお、最高裁（最判平成16年12月24日 民集58巻9号2637頁）は、債権が全額回収不能であるか否かを判断する際、債務者の資産状況、支払能力等の債務者側の事情のみならず、債権回収に必要な能力、債権額と取立費用との比較衡量、債権回収を強行することによって生ずる他の債権者とのあつれきなどによる経営的損失等といった債権者側の事情、経済的環境等を踏まえ、社会通念に従って総合的に判断されるべきとし、結論としても、当時債権が全額回収不能であり、そのことは債権放棄が解除条件付きであっ

227

たことによって左右されるものではないと判示して、納税者を勝訴させた。

解 説

1. 停止条件と解除条件

　民法 127 条は、「停止条件付法律行為は、停止条件が成就した時からその効力を生ずる」（同 1 項）、「解除条件付法律行為は、解除条件が成就した時からその効力を失う」（同 2 項）、「当事者が条件を成就した場合の効果をその成就した時以前にさかのぼらせる意思を表示したときは、その意思に従う」（同 3 項）と規定している。

　要するに、私法上、解除条件付債権放棄は、無条件の債権放棄と同様に、意思表示の時点で債権が消滅し、条件が成就した時に債権が復活するのに対して、停止条件付債権放棄は、意思表示の時点では債権は消滅せず、条件が成就した時にはじめて債権が消滅することになる。

2. 貸倒損失との関係

　問題は、債権の消滅の有無に着目して、貸倒損失（または寄附金に該当しない債権の消滅損）の損金算入時期を判断すべきか否かである。

　貸倒損失の損金算入時期については、法人税法に定めはないことから、課税実務においては、法人税基本通達 9-6-1、9-6-2 に照らして判断が行われている。

　そして、債権放棄があった場合については、同 9-6-1 の(4)に「債務者の債務超過の状態が相当期間継続し、その金銭債権の弁済を受けることができないと認められる場合において、その債務者に対し書面により明らかにされた」場合、債権放棄日の属する事業年度において貸倒損失を損金算入する旨が定められているが、債権放棄に条件が付された場合については、特に言及がない。

　したがって、本件のような解除条件が付された債権放棄に係る損失の損金算入時期については、通達上もその取扱いが明確化されていない。

228

第5章　法人税関係

　本判決は、課税関係の独自性を強調して、債権の消滅時期が必ずしも貸倒損失（または寄附金に該当しない債権の消滅損）の損金算入時期とはならないとしたうえで、解除条件の抽象的な実現可能性に着目して、解除条件付債権放棄によって私法上は債権が消滅したとしても、その損失を損金の額に算入できないとした。現在、私法上の法律関係と課税関係との連動性を重視する見解が有力であるが、本判決のように課税関係の独自性を強調する見解は、課税当局関係者を中心に根強い支持がある。

　本判決の上告審も、私法上、債権が消滅している場合には、貸倒損失（または寄附金に該当しない債権の消滅損）として損金算入できるといっているわけではなく、一般的な貸倒損失の考慮要素を明示したうえで、当該考慮要素に照らせば、本件では貸倒損失として損金算入できると判断したものと解される。したがって、判断枠組み自体は本判決と類似しているといえよう。つまり、最高裁判決を前提としても、解除条件付債権放棄によって、直ちに、貸倒損失（または寄附金に該当しない債権の消滅損）として損金算入できるとは断言できないと思われる。

3. 問題点

　そうすると、本判決及びその後の最高裁判決を前提とする限り、解除条件付債権放棄を行う場合、法的な債権消滅のみを論拠として損失を損金の額に算入することにはリスクがあり、最高裁判決で示された、債務者の資産状況、支払能力等の債務者側の事情のみならず、債権回収に必要な能力、債権額と取立費用との比較衡量、債権回収を強行することによって生ずる他の債権者とのあつれきなどによる経営的損失等といった債権者側の事情、経済的環境等を踏まえ、社会通念に従って総合的に判断せざるを得ない。

　ただ、このような判断は単純な債権放棄においても容易ではなく、解除条件付債権放棄の場合はなおさら困難となる。貸倒損失については、事前照会制度を利用することも多いと思われるが、債権放棄に解除条件を付した場合に課税当局の判断に悪影響を及ぼすことも予想されるので、単純な債権放棄という形をとり得ないか、検討を要する場合もあろう。

229

5 組織再編行為

ケース43 合併無効判決に基づく更正の請求
（大阪高判平成14年12月26日 判夕1134号216頁）

旧商法110条は、「合併無効判決は、合併会社等と第三者との間に生じた権利義務に影響を及ぼさない」旨規定して、その遡及効を否定しているため、消滅した会社は将来に向かって復活するとして、合併無効判決は国税通則法23条2項1号にいう「判決」に該当しないとした事例。

【事実の概要】

X1社は、平成10年3月30日、A社との間で、X1社を存続会社、A社を消滅会社とする吸収合併契約を締結し、同年7月1日付で、X1社の合併登記及びA社の解散登記が行われた。

X1社は、本件合併に基づき、A社に清算所得が発生したとして、平成10年8月25日、法人税の申告をした。また、A社の社員であるX2、X3も、平成11年3月15日、X1社の株式の割当てを受けたことから、所定のみなし配当の金額を計算して、所得税の申告をした。

X3は、平成10年9月25日付で、X1社に対して、合併無効の訴訟を提起し、平成11年3月6日、合併無効の判決が下され、同年4月4日に確定した。

そこで、X1社、X2、X3は、合併無効判決が確定したことにより申告に係る課税標準の基礎が失われたとして、更正の請求を行ったが、更正をすべき理由がない旨の通知処分を受けた。

第 5 章　法人税関係

【裁判所の判断】

　本件の第一審判決（大阪地判平成 14 年 5 月 31 日　判タ 1098 号 140 頁）は、国税通則法 23 条 2 項 1 号の規定に照らせば、合併無効判決が確定したことにより、当該合併が遡及的に無効となるのであれば、原告の申告に係る課税標準等または税額等の計算の基礎となった事実が当該計算の基礎としたところと異なるところが確定したということができ、同号に基づき更正の請求をなしうるとしたうえで、旧商法 110 条、415 条 3 項は、合併無効判決の遡及効を制限していることから、合併判決の無効が確定したとしても、A 社の清算所得が発生しなかったことにはならないし、X2 及び X3 にみなし配当が生じなかったということはできず、更正の請求は理由がないと判示した。

　本判決は、この第一審判決を引用したうえで、さらに、課税関係と私法上の遡及効の関係について言及し、(i)商法が合併無効判決の遡及効を否定しているのは、合併が有効にされたことを前提に積み重ねられた多数の法律関係が覆され、取引の安全を害し、いたずらに法律関係の混乱を招くおそれがあることから、従来の権利義務に影響がないとして遡及効を制限しているところ、租税法の課税関係においても別異に解する理由はない、(ii)合併無効判決の遡及効を否定し、将来に向かって消滅した会社が復活すると解する以上、合併によって清算所得及びみなし配当所得が生じたことは否定できず、現実に経済的成果が生じている、(iii)合併無効の判決によって存続会社が分割された場合、復活する会社は合併により評価を増した金額で有価証券を引き継ぐと解すべきであるから、二重課税の問題も生じない、などと判示して納税者を敗訴させた。

解　説

1. 合併無効判決の効力

　旧商法 110 条は、「合併ヲ無効トスル判決ハ合併後存続スル会社又ハ合

231

併ニ因リテ設立シタル会社、其ノ社員及ビ第三者ノ間ニ生ジタル権利義務ニ影響ヲ及ボサズ」と規定し、同法415条は、株式会社においても、これを準用していた。

この規定の趣旨は、本判決が述べるように、取引の安全を保護するところにあった。本判決は、このように商法の規定が合併無効に関して遡及効の否定を明示していることに加えて、経済的な成果も現に生じていることを理由に、合併無効の判決が確定したとしても、更正の請求によって従来の課税関係を覆すことはできないとの結論を導いた。

現行法においても、合併無効判決は遡及効を有さないとされ（会社法839）、合併により移転した権利義務は、それが現存する限り、合併前に有していた会社に復帰する。したがって、会社法下でも、本判決は先例になり得ると解される。

2. 有力な学説

このような本判決の立場には、有力な異論がある。対外的な取引ではなく、合併そのものの無効には遡及効が認められるとして、合併自体から生じる課税（みなし配当課税等）に関して、国税通則法23条2項1号による更正の請求を認めるべきとの見解である[15]。その根底には、合併が結果として無効とされたにもかかわらず、みなし配当課税等がされ、「国に実体法上は理由のない利得の保有を認めることになる」との価値判断がある[16]。

ただ、この有力説は、商法110条が「第三者ノ間ニ生ジタル権利義務」と規定していることに着目して、同条は、あくまで第三者との間の対外的な取引関係の無効のみ遡及効を否定するものであり、合併そのものの無効について遡及効を否定するものではないとの解釈を導いていた。しかし、会社法839条は、合併その他の組織再編行為そのものについて遡及効を否定するような文言となっており、同様の立論は難しくなっている[17]。

[15] 金子宏『租税法理論の形成と解明（下巻）』（有斐閣）107頁以下
[16] 金子（前掲注［15]）123頁

［17］金子（前掲注［16］）に同じ

3. 問題点

　上記のような文言上の問題に加えて、「法人税においては私法上の遡及効によっても過年度の法人税は影響を受けず、前期損益修正として処理すべき」という根強い考え方（これまでの裁判例でも支持されている）によれば、なかなか同種の事案で本判決と異なる結論を導くことは容易ではないと思われる。

　しかし、そもそも合併等におけるみなし配当課税制度は、株主が実際に享受した経済的な利益より、それが消滅会社の利益積立金に対して課税する最後の機会であることに着目するものである。したがって、合併無効とされるような場合に、あえて、みなし配当課税を行うべきであるとは思われない。この点は、立法論での対処が望まれる。

ケース44	詐害行為取消権の認容判決と特別土地保有税の課税要件
	（最判平成14年12月17日　判時1812号76頁）

地方税法585条1項にいう土地の取得とは、取得の原因となった法律行為が取消し、解除等によって覆されたかどうかにかかわりなく、その経過的事実に則してとらえた土地所有権の取得の事実をいうとした事例。（なお、本事例は法人税に関するものではないが、法人に対する課税として本章で扱う。）

事実の概要

X社は、平成4年頃、本件土地をAから買い受け、特別土地保有税（取得分及び保有分）を申告、納付したが、Bが、AX間の売買契約は詐害行為であるとして訴えを提起し、これが認容された。

そこで、Xは、特別土地保有税の課税根拠が失われたとして、地方税法20条の9第2項1号に基づき更正の請求を行ったが、更正をすべき理由がない旨の通知処分を受けたことから、取消訴訟を提起した。

裁判所の判断

本判決はまず、特別土地保有税のうち土地の取得に対するものは、いわゆる流通税に属し、土地の移転の事実自体に着目して課されるものであり、一方、土地の保有に対するものは、いわゆる財産税に属し、財産の取得に引き続いて土地を所有している事実自体に着目して課されるものであって、土地の取得者または所有者がその土地を使用、収益、処分することにより得られるであろう利益に着目して課されるものではないとした。

そのうえで、地方税法585条1項にいう土地の取得とは、所有権の移転の形式により土地を取得するすべての場合を含み、取得の原因となった法律行為が取消し、解除等により覆されたかどうかにかかわりなく、その経過的事実に則してとらえた土地所有権取得の事実をいうものと解するのが相当であり、土地の所有についても同様に解するのが相当であるとした。

第5章　法人税関係

　そして、結論として、詐害行為取消しの効果は相対的であって、取消訴
訟の当事者間においてのみ当該売買契約が無効となるにとどまり、売主と
買主との間では当該売買契約は依然として有効に存在するうえ、取消しが
されたということによって、当該土地の所有権が買主に移転し、その後買
主が引き続き所有していた経過的事実そのものがなくなるものではないと
述べて、土地の取得原因となった行為が詐害行為として取り消されたこと
により、当該土地の取得及びその所有に対して課された特別土地保有税の
課税要件が失われることはないとした。

解説

1.　流通税と取得原因の無効

　特別土地保有税とは、土地投機の抑制などを目的として、一定の土地の
保有及び取得に対して課される市町村税である（地法585以下）。ただし、
平成15年度以降は新たな課税を行わないこととされている。

　特別土地保有税のうち、保有分は固定資産税類似の性質をもつ財産税（地
法585①参照）、取得分は不動産取得税類似の性質をもつ流通税（同596参
照）であり、その課税標準はいずれも取得価額である（同593）。

　法人税、所得税といった所得課税に関しては、法律行為の遡及的失効の
取扱いにつき、様々な裁判例があるが、財産税や流通税に関しては事例が
少なく、本判決はその貴重な先例である。

2.　経済的効果に対する課税ではないことの意味

　本判決は、特別土地保有税が、経済的な利益ではなく、土地の取得また
は保有という「事実」に対して課税を行うものであることを強調している。

　ただ、所得課税の場面では、裁判例の多くは、経済的な利益に対する課
税であることを論拠として、法律行為の遡及的失効によって課税要件の充
足が妨げられないとの帰結を導いており、裁判例を全体としてみたときに
は、それぞれの論旨は一貫性を欠くように思われる。

235

特別土地保有税が、本判決のいうように財産税、流通税の性質を有するというのであれば、むしろ、土地の所有権の取得、保有に着目すべきことになる。そうすると、所有権の取得原因が無効となった場合には課税要件の充足が妨げられるということになるのではないか[18]。

　本判決は、「経過的事実に則してとらえた」土地所有権の取得の事実であるとして、「土地所有権の取得」を基礎としつつも、遡及効を勘案しないことを正当化するが、説得的であるとは言い難い。

[18] 金子宏『租税法（第20版）』（弘文堂）122頁

3. 詐害行為取消権の効果

　むしろ、本判決が帰結を導くうえで主たる論拠としたのは、詐害行為取消権が相対的取消しであるというところにあると思われる[19]。

　すなわち、判例によれば、詐害行為取消権による取消しは、訴訟に関与しない当事者との関係では効果が生じないこととされており、本判決でも、その旨が説示されている。

[19] 今村隆「判批」ジュリ1262号173頁、太田幸夫「判批」「平成15年主要民事判例解説」判タ1154号252頁

3. 問題点

　現在、特別土地保有税は課税が行われていないため、本判決が直接の先例となるような事例は、今後は生じないものと思われる。もっとも、不動産取得税、固定資産税では同様の問題が生じ得る。

　この点、詐害行為取消しの効果に鑑みれば、不動産取得税などでは同様の帰結になると思われるが、法的解除等による取得原因の遡及的失効の場合には異なる帰結となる余地があるのではないか。

6 会計処理基準の変更

ケース45 不動産流動化実務指針の公正処理基準該当性
(東京高判平成25年7月19日 税資263号順号12263)

不動産の信託に係る受益権を特別目的会社に譲渡した法人がその対価を現に収入した場合において、「特別目的会社を活用した不動産の流動化に係る譲渡人の会計処理に関する実務指針」(平成12年7月31日付 日本公認会計士協会)に基づき、専ら同法人について当該譲渡に係る収益の実現があったとしないものとする会計処理は、法人税法22条4項にいう「一般に公正妥当と認められる会計処理の基準」に該当しないとした事例。

事実の概要

　X社は、平成14年、資金調達の目的で、所有する土地・建物を信託財産とする信託契約をA信託銀行と締結し、その受益権をBに譲渡した。そして、平成14年8月期に、受益権の譲渡を信託財産の譲渡として会計処理を行い、それを前提に法人税の申告をした。

　その後、X社は上場したが、平成20年12月、証券取引等監視委員会が本件信託受益権の譲渡を信託財産の譲渡と認識することは不適切であり、金融取引として処理すべきであると判断し、その旨の行政指導を行った。

　そこで、X社は、「特別目的会社を活用した不動産の流動化に係る譲渡人の会計処理に関する実務指針」(平成12年7月31日付日本公認会計士協会。以下「不動産流動化実務指針」という)に従って、平成14年8月期以降の事業年度において、金融取引として処理するなど過年度遡及修正を行い、平成21年2月20日、関東財務局長に対して有価証券報告書の訂正届出

書等を提出した。

X社は、上記会計処理の訂正に伴い、平成14年8月期の法人税の納付すべき税額が過大になったとして、国税通則法23条1項1号に基づき更正の請求をしたが、更正すべき理由がない旨の通知処分を受けた。

裁判所の判断

裁判所は、概要、以下のとおり判示して本件通知処分は適法とした。

法人税法22条4項の制定経緯、及び、同項が「企業会計の基準」等の文言を用いずに、「一般に更正妥当と認められる会計処理の基準」と規定していることに照らせば、同項は、同法における所得の金額の計算に係る規定及び制度を簡素なものとすることを旨として設けられた規定である。そして、現に法人のした収益等の額の計算が、適正な課税及び納税義務の履行の確保を目的とする同法の公平な所得計算という要請に反するものでない限り、法人税の課税標準である所得の金額の計算上もこれを是認するのが相当であるとの見地から定められたものと解される。

法人が収益等の額の計算にあたってとった会計処理の基準が、そこにいう「一般に公正妥当と認められる会計処理の基準」（税会計処理基準）に該当するといえるか否かについては、上記に述べたところを目的とする法人税法の独自の観点から判断されるものであって、企業会計上の公正妥当な会計処理の基準とされるものに常に一致することを前提とするものではないと解するのが相当である（最判平成5年11月25日）。

本件で問題となった不動産流動化実務指針は、その対象を特別目的活用した不動産の流動化された場合に限って、当該不動産またはその信託に係る受益権の譲渡人の会計処理についての取扱いを定めたものであり、不動産等が法的に譲渡され、かつ、その対価を譲渡人が収入しているときであっても、なお、子会社等を含む譲渡人に残されたリスクの程度を考慮して、これを金融取引として取り扱うことがあるとしたものである。

第 5 章　法人税関係

しかし、同指針は不動産等が法的に譲渡され、かつ、その対価を譲渡人が収入している場合において、法律に明示の規定がないにもかかわらず、他の法人との関係をも考慮して、当該収入となった法律関係を離れて、信託に係る受益権の譲渡を認識せず、当該譲渡に係る収益の実現があったものとする取扱いを定めている。

したがって、法人税法の公平な所得計算という要請とは別の観点に立って定められたものとして、税会計処理基準に該当するとは言い難い。

解 説

1.　企業会計と法人税の所得計算

法人税法 22 条 4 項は、法人の収益・費用等の額は「一般に公正妥当と認められる会計処理の基準」に従って計算されるべき旨を定めている。この規定は、昭和 42 年に法人税法の簡素化の一環として設けられたものであり、法人税法の所得の金額の計算が企業会計の基準に準拠する趣旨の規定である。

ここで問題となるのは、その「準拠の程度」である。

本判決が引用する、最判平成 5 年 11 月 25 日[20] は、「現に法人のした利益計算が法人税法の企図とする公平な所得計算という要請に反するものでない限り、課税所得の計算上もこれを是認するのが相当であるとの見地から、収益を一般に公正妥当と認められる会計処理の基準に従って計上すべきものと定めたものと解される」として、法人税法 22 条 4 項が企業会計に完全に準拠するのではなくて、公平な所得計算という観点からの制限があることを明らかにしていた。

本判決はそれをさらに推し進めた。すなわち、「法人税法の独自の観点」を強調し、「税会計処理基準」という用語まで用いて、不動産流動化実務指針は法人税法 22 条 4 項に規定する「一般に公正妥当と認められる会計処理の基準」に当たらないという結論を導いた。

239

本判決の結論は妥当とされる一方[21]、「企業会計・会社法会計・税務会計によるトライアングル体制の終焉を宣告したもの」との評もある[22]。

[20] 大竹貿易事件判決 民集 47 巻 9 号 5278 頁
[21] 金子宏『租税法（第 21 版）』（弘文堂）325 頁
[22] 岡村忠生「判批」税研 178 号 143 頁

2. 過年度遡及修正と更正の請求

このような企業会計と法人税法上の取扱いの乖離は、会計上の変更及び誤謬の訂正の処理においても認められる。すなわち、国税庁は、「会計上の変更及び誤謬の訂正に関する会計基準」（企業会計基準第 24 号）及び「会計上の変更及び誤謬の訂正に関する会計基準の適用指針」（過年度遡及会計適用指針）をそのまま認めるのではなく、「誤った課税処理の計算を行っていたのでなければ」、過年度の法人税の課税所得の金額や税額に対して影響を及ぼすことはない、との解釈を示している[23]。

ここでいう「誤った課税処理の計算」について、過年度の売上計上漏れなどが例示されているが、本判決に照らせば、企業会計上の「誤謬」等を意味するのではなく、あくまで法人税法独自の観点から判断すべきということになる。

その結果、本判決のように、企業会計上、過年度遡及修正をすべき場合であっても、更正の請求をすることはできないということになる。

[23] 国税庁「法人が「会計上の変更及び誤謬の訂正に関する会計基準」を適用した場合の税務処理について（情報）」

3. 問題点

本判決を前提とすると、過年度遡及修正をする場合であっても、法人税法独自の観点から、更正の請求（または修正申告）をすべきか否かを判断する必要がある。

ただ、その判断は必ずしも容易ではない。証券取引等監視委員会の指導

を受けて会計処理を遡及修正したにもかかわらず、その会計処理が「法人税法の企図とする公平な所得計算という要請」に適合しないと判断することは、相当に困難であったといえる。

確かに、企業会計基準の考え方と法人税法の考え方が乖離する場合があるのは事実であり、会計基準のすべてを、無留保で、法人税の所得の金額の計算において準拠できるとまでは解し得ないであろう。

しかし、「法人税法の企図とする公平な所得計算という要請」の内容が必ずしも明確ではないため、立法手続を経ることなく税務当局によって恣意的に基準が設定される可能性は否定できず、今後も、この点が争点となる訴訟事例が出てくると思われる。

第 **6** 章

相続税関係

1 相続財産の範囲

ケース46	退職金支給の訂正決議に基づく退職金の減額

（国税不服審判所裁決平成20年8月6日　裁事No.76）

納税者が相続税の課税財産として申告した退職手当金等について、その算定根拠に誤りがあったために、相続税の法定申告期限後に減額され、一部しか受領していない旨主張してなされた更正の請求が、理由がないとして認められなかった事例。

事実の概要

Aは、B社の取締役であり、平成16年12月に死亡した。Xらは、Aの共同相続人である。

B社は、平成17年5月30日、臨時株主総会（以下「本件株主総会」という）を開催し、255,000,000円の役員退職金を支給する旨の決議を行ったため、Xらは、法定申告期限内に、Aに係る相続税の申告において、上記255,000,000円をみなし相続財産として課税価格に算入した。

その後、B社は、平成18年6月22日に株主総会を開催し、上記退職金を152,325,000円とする旨の訂正決議を行い、平成18年5月期の法人税の確定申告書において、差額の102,675,000円を前期損益修正として益金の額に算入した。なお、XらがB社から退職金として収受した額も152,325,000円である。

Xらは、平成18年9月22日、Aの相続に係る相続税につき、本件株主総会は不存在であり、訂正決議も存在するため、みなし相続財産の価額は152,325,000円であるとして更正の請求をしたところ、課税当局は更正の理由がない旨の通知処分をした。

第6章　相続税関係

審判所の判断

　本裁決は、①本件株主総会は有効に成立しており、②当審判所の調査によっても支給決議を無効ならしめるような事由は認められないという理由から、Aに対する退職金額は本件株主総会の支給決議によって確定したとするのが相当であるとして、退職金の額を255,000,000円とした相続税の申告には原始的瑕疵はなく、国税通則法23条1項に基づく更正の請求は認められないとした。

　さらに、本裁決は、本件株主総会の支給決議によって、B社とXらの間で退職金についての債権債務関係が成立したことが認められ、このようなB社の債務は、特段の事情がない限り、B社の一方的な事情により債務の額を減額することはできず、Xらの意思表示があってはじめて減額が可能となるものであると述べた。そのうえで、仮にXらの債務免除の意思表示があったとしても、いったん有効に確定した退職金を遡及的に訂正して減額するのではなくて、新たな法律行為により免除したものであるから、Xらが実際に収受した金額が152,325,000円であるとしても、また、B社が株主総会で訂正の決議を行い平成18年5月期に前期損益修正として102,675,000円を益金の額に算入していたとしても、みなし相続財産となる退職金の額が255,000,000円であることに影響を及ぼすものではない、とした。

解　説

1.　会社法上の役員退職金

　会社法は、取締役の報酬、賞与その他の職務執行の対価については、株主総会の決議で定めなければならない旨を規定している（会社法361①）。

　役員退職金も職務執行の対価であるから、株主総会決議によって定める必要があるが、いったん株主総会の決議により定められた場合には、相手方の同意がない限り、株主総会の決議によっても減額することはできな

245

い[1]。この点についての本裁決の論旨は正当である。

[1] 最判平成 4 年 12 月 18 日 民集 46 巻 9 号 3006 頁

2. 法定期限経過前の減額

　本件では、いったん減額前の金額で相続税の申告を行い、その後、改めて株主総会で退職金減額の訂正決議を行い、X らは更正の請求をしている。なぜ、このような経緯となったかは判然としないが、本件退職金の当初決議後に顧問税理士が変更になっている。また、本件では相続人である X らが税理士立会いのもとで当初の退職金の決議を行っていること、B 社には役員退職金規程がなかったこと、誤りがあったとされる退職金の算定根拠が明らかにされていないことなどが認定されている。これらを前提に考えれば、X らから B 社に対する事後の債務免除にすぎないとの認定は合理的であろう。

　逆に、当初の算定過程に誤りがあったときや、退職金規程に反する決議であったときなど、退職金の訂正決議を行うに至ったことについてやむを得ない事情がある場合には、解除・取消し等の場合（通令 6 ①二）と同様に、更正の請求を認める余地があるように思われる（ケース 7・8 参照）。さらに、税負担の錯誤があった場合には、法定申告期限経過前に、株主総会で退職金の減額決議をし、X らの同意を得たうえで減額後の金額で相続税の申告をした場合については、これを認めてよいと思われる（ケース 9 参照）。

第6章　相続税関係

ケース47　**課税処分の取消判決に基づく所得税の過納金の還付請求権**
（最判平成22年10月15日　民集64巻7号1764頁）

被相続人が生前に提起して相続人が承継していた所得税更正処分等の
取消訴訟において、同処分等の取消判決が確定した場合、被相続人が
同処分等に基づき納付していた所得税等に係る過納金の還付請求権
は、相続税の課税財産となるとした事例。

事実の概要

Aが所得税更正処分等の取消訴訟の係属中に死亡し、XがAを相続した。
Xは、Aの相続に係る相続税の申告をするとともに、当該取消訴訟を承
継した。

その結果、Xは勝訴し、所得税等に係る過納金の還付を受けたが、課税
当局は、当該過納金の還付請求権は相続財産を構成するとして、更正処分
を行った。

裁判所の判断

最高裁は、所得税更正処分等の取消判決が確定した場合には、当該処分
は、処分時にさかのぼってその効力を失うから、当該処分に基いて納付さ
れた所得税等は、納付の時点から法律上の原因を欠いていたこととなり、
その過納金の還付請求権は、納付の時点においてすでに発生していたもの
として被相続人の相続財産を構成し、相続税の課税財産に含まれるとした。

解　説

1．取消判決の遡及効と相続税法

行政事件訴訟法は、取消訴訟における認容判決（つまり「取消判決」）の
法的効力のうち時的範囲について、明示していない。しかし、取消訴訟は、
国民や他の国家機関を拘束する公定力を有する処分の効力を失わせる唯一

247

の制度であるから、取消判決が確定すると、処分は行政庁の取消しを待たず、当然さかのぼって効力を失う[2]。

そうすると、取消判決の結果、発生する過納金の還付請求権は相続財産を構成することになる。

そこで、相続税法の課税財産の範囲を確定する際に、取消判決の遡及効を考慮することができるかが問題となる。

この点については、学説上も様々な議論があったが、本判決は、相続税法の課税財産の範囲を確定するにあたって、取消判決の遡及効をそのまま受け入れるべきとしたうえで、取消判決の結果、発生する過納金の還付請求権は、相続税法上も相続財産を構成するとの判断を示した。

[2] 司法研修所編『租税訴訟の審理について（改訂新版）』（法曹会）
228頁

2. 相続開始時点での評価の可能性

ただ、還付請求権が相続財産を構成するとしても、その評価をどうするかという問題もある。相続税法上、相続財産の価額は、相続時の時価によって評価することとされているからである（相法22）。

では、この評価という側面においても、取消判決の遡及効が及ぶのであろうか。

本判決は、この点について特に判示していない。相続税法22条の文言や趣旨からすれば、直ちに遡及効が及ぶとはいえないようにも思われるが、結果として、相続開始時とは大きく異なる価値で確定した以上、評価のやり直しが必要であるとの価値判断が本判決の背後にあるという指摘もある[3]。

[3] 渕圭吾「判批」租税法判例百選（第5版）182頁

3. 問題点

本判決は、相続税法上の課税財産の範囲を確定するにあたって、遡及効

第6章　相続税関係

をストレートに考慮できるとしているが、このような考え方を単純に推し進めれば、原則的には、法定解除、相殺など遡及効を有する法律行為が行われた場合に、その遡及効を踏まえたうえで、相続税法上の課税財産の範囲を確定するということになる。事実、本判決の後の下級審裁判例では、合意解除の遡及効を踏まえて、相続税法上の課税財産の範囲を確定した事例も現れている[4]。

　他方で、相続税法13条に規定する債務控除については、遡及効をどのように取り扱うかという問題もある。債務控除の対象となる債務については、「確実と認められるもの」（相法14①）に限られていることから、遡及効をストレートに取り込まないとの解釈もあり得るが、そうすると、課税資産の範囲を確定する際には遡及効をストレートに取り込み、債務控除の対象を確定する際には遡及効を取り込まないというのは、バランスを失している。債務控除と遡及効に関しては、今後の議論が期待される。

[4] 広島地判平成23年9月28日 税資261号順号11773

249

ケース48	相続開始後にされた土地譲渡契約の法定解除
	（広島地判平成23年9月28日 税資261号順号11773）

被相続人が土地の譲渡契約を締結した後、手付金を受領していたが、相続開始後、相続人が手付金を返還して譲渡契約を解除した場合には、当該土地が相続税の課税対象になるとされた事例。

事実の概要

Aは、平成17年12月7日、B社との間で、1億7,087万円で土地建物（以下「本件各土地建物」という）を売却する旨の契約（以下「本件売買契約」という）を締結し、同日、B社から、手付金1,700万円を受領した。

その後、B社は、平成18年3月10日に死亡し、その相続人は、妻X1、長女X2、養子X3・X4であった。

X1らは、Aに対して、平成18年4月6日、未だ履行の着手がないとして、上記売買契約を解除する旨を通知し、同月11日、手付金の倍額である3,400万円を支払って、本件売買契約を解除した。

X1らは、本件各土地建物が相続により取得した財産（評価額は1億3,044万円余）であるとして相続税の申告を行ったが、原処分庁は、本件売買契約における売買代金請求権の残額が相続により取得した財産であるとして更正処分を行った。

裁判所の判断

裁判所は、概要、以下のとおり判示してX1らの主張を認めた。

相続税の課税財産（課税物件）である「相続により取得した財産」（相法2）の解釈にあたっては、相続に関する民法の規定に整合するように解釈すべきであり、ある財産が、相続開始後の遡及効（民法545①）によって民法上の相続財産に帰属しないとされた場合には、相続税法上の「相続により取得した財産」にも帰属しないことになる。

第6章　相続税関係

納税申告後の解除については、いわゆる後発的事由に基づく更正の請求
制度（通法23②三）による手続的な制約があるので、当然に、民法上の解
除の遡及効が課税関係に影響するわけではなく、「その申告、更正又は決
定に係る課税標準等又は税額等の計算の基礎となった事実に係る契約が、
解除権の行使によって解除され、若しくは当該契約の成立後生じたやむを
得ない事情によって解除され、又は取り消されたこと」（通令6①二）といっ
たやむを得ない理由がある場合に限り、更正の請求をすることができ（通
法23②三）、課税関係に影響を及ぼすことになる。また、納税申告前の解
除についても、(i)解除権の行使によって解除された場合、または、(ii)当該
契約の成立後に生じたやむを得ない事情によって解除された場合に限り、
課税関係に影響を及ぼすと解釈すべきである。

本件では、履行の着手がない以上、解除は手付契約に基づく解除権の行
使による解除であり、その解除による遡及効は本件の課税関係に影響を及
ぼすことになる。したがって、本件相続開始日において、本件売買契約は
存在せず、売買代金債権も存在しないことになるから、本件売買契約に係
る相続税の課税財産は、本件各土地建物であったというべきである。

本件各土地建物に関して、売買契約の締結及び解除が行われたことにつ
いても、本件売買契約に係る代金額と財産評価基本通達による評価額に著
しい格差があるとはいえないことなどを理由として、本件では、財産評価
基本通達の評価方法によらないことが正当として是認されうるような特別
の事情があったとまでは認めることができない。

解　説

1. 解除の遡及効

民法545条1項は、解除権を行使したときは、各当事者は原状回復義
務を負う旨規定している（いわゆる法定解除）。このような解除権の行使の
効果については、若干の異論はあるもの、判例上は、契約締結時にさかの

251

ぼって契約の効果を失わせるものだという解釈で確定している[5]。合意解除の効果については、合意の内容にもよるが、民法545条1項と同様に、一般的には遡及効が認められている。

[5] 大判大正7年12月23日 民録24輯2396頁

2. 遡及効と相続税法の関係

問題は、このような私法上の遡及効を相続税の課税財産の範囲を確定する際にも勘案するか否かである。

本判決は、いわゆる後発的事由に基づく更正の請求の規定が解除権の行使とそれ以外の解除とを区別していることに着目して、申告前でも、同様に、(i)解除権の行使によって解除された場合、または、(ii)当該契約の成立後に生じたやむを得ない事情によって解除された場合に限り、課税関係に影響を及ぼすとした。

しかし、このような解釈に対しては異論も多い。

まず、申告前の解除に関しては、合意解除など法定解除以外の解除であっても、やむを得ない事情を要求する必要がないのではないかという指摘がある[6]。この点については、もともと法定解除と合意解除（さらにいえば、錯誤無効）の区別は曖昧であって、本件のような手付契約による解除権行使の場合と合意解除とを区別する理由に乏しいと思われる。

また、更正の請求は確定した税額を変更するための手続であり、そのような手続に関する規定を根拠として、相続税の課税財産の範囲という実体的な規定の解釈を行えるのかという疑問もある。

次に、財産評価について本判決は、財産評価基本通達に従うべきであり、本件売買契約の締結及び解除といった事情は、財産評価基本通達により難い特別の事情には当たらないとした。土地売買契約の締結後履行前の時点で相続が生じた場合、その土地の相続税法上の評価は売買代金の残金相当額とした先例[7]との整合性が問題となりうる。

なお、本判決は評価の側面において「遡及効が及ぶ」という言い方をし

ておらず、また、売買代金の残額と財産評価基本通達の評価額との差も僅少ではない。そうすると、判決において直接的には明示されていないものの、背後には、結果として解除され、売買契約自体の効力が失効された以上、評価も売買契約の存在を考慮しないで評価すべきとの考え方があると思われる。

[6] 金子宏『租税法（第21版）』（弘文堂）600頁参照
[7] 最判昭和61年12月5日 集民149号263頁

2 相続人の範囲

ケース49　死後認知判決により相続人となった者の課税時期と評価時点
（国税不服審判所裁決平成15年3月25日　裁事65集601頁）

死後認知の判決により相続人となった者であっても、当該相続人が相続により財産を取得した時点及びその財産評価の時点は「相続の開始の時」であるとした事例。

事実の概要

Aは平成11年に死亡し、Xは死後認知の訴えを提起した。

平成13年に認知する旨の判決が確定し、Aの共同相続人たる地位を取得したXは、他の共同相続人との間で、遺産分割協議を行った。

相続財産であるB社株式は、当初申告において、評価時点を相続開始日として、財産評価基本通達169の(1)の定めによって評価していたが、Xは、評価時点を認知判決が確定した日とすべきだとして更正の請求を行った。

これに対して原処分庁は、更正の請求に理由がない旨の通知処分を行った。

審判所の判断

審判所はまず、相続税法基本通達1・1の2共－7（現：相基通1の3・1の4共－8）が、相続による財産取得の時期は、相続開始の時として取り扱う旨定めている点について、民法上、遺産の分割は相続開始の時にさかのぼって効力を生ずることとされていること（民法909）に鑑みれば、当該通達の定めは相当であるとした。そして、相続税法22条が、相続により取得した財産の価額は、当該財産の取得の時における時価による旨を定

めていることからすれば、相続等により取得した財産の評価時点も相続開始時と解するのが相当と述べた。

そのうえで、相続税法が法定相続分課税方式による遺産取得課税方式を採用しており（相法2、15②、16、17）、相続開始時を基準とした課税を行うことを予定していると解されること、及び、民法784条が、認知は出生時にさかのぼってその効力を生ずると規定していることからすると、被相続人の死亡後における認知判決の確定により相続人となった者が当該相続により財産を取得した場合についても同様である、とした。

解 説

1. 死後認知の効力

子、その直系卑属またはこれらの者の法定代理人は、認知の訴えを提起することができ、父が死亡した場合であっても、その日から3年を経過するまでは提起することができる（民法787但書）。

この規定は、死亡後であっても、相続等の観点から認知をする利益があることから、死亡した日から3年を経過するまでは、認知の訴えを提起することを認めたものである。

2. 認知の遡及効

認知は、出生の時にさかのぼってその効力を生ずることとされ、死後認知の場合も同様である（民法784）。認知前に相続が行われた後、死後認知が行われた場合については、(ⅰ)遺産分割前であれば、遺産分割協議に参加をすることになるが、(ⅱ)遺産分割後であれば、他の共同相続人に価額の支払を請求できるのみである（民法910）。

それでは、相続税との関係はどうか。相続税法31条及び32条1項2号は、認知の訴えによって相続人に異動が生じた場合には、更正の請求または修正申告ができる旨を規定しており、死後認知の遡及効が相続税の計算に影響を及ぼすことが前提とされている。

3. 遡及効と評価の時点

　本件で問題となったのは、このように死後認知が行われた場合に、認知された子が取得した財産をどの時点で評価するかである。

　本裁決は、相続税法の規定及び死後認知の遡及効を論拠として、相続財産をあくまで相続開始日で評価すべきとした。実質的にも、死後認知の有無またはそれが遺産分割前か後かによって相続財産の評価時点が変わるというのは均衡を害することから、本裁決の結論には異論がないものと思われる。

第 6 章　相続税関係

ケース50　死後認知判決に伴う価額支払請求
（東京高判平成14年11月27日　税資252号順号9236）

死後認知の裁判が確定したことから、納税者が、他の相続人らから遺
産分割に代わる価額の支払を受けたところ、他の相続人らは、本件支
払により相続税額が過大となったとして、平成 15 年度改正前相続税
法 32 条 2 号（平成 15 年度改正前のもの。以下、本ケースにおいて同じ）
に基づき更正の請求をし、これに応じて、課税当局が相続税の決定処
分をした。このような事情のもと、他の相続人らのした本件更正の請
求は不適法なものであるから、これに応じた更正処分には重大かつ明
白な瑕疵があり、本件決定はその前提を欠き違法であるとした事例。

事実の概要

A は、昭和 63 年 9 月 18 日に死亡した。A の子である B、C、D は、
平成元年 2 月 28 日、遺産分割を行い、同年 3 月 29 日、相続税を申告した。

X は、平成元年 12 月 25 日、死後認知の判決の言渡しを受け、平成 2
年 1 月 9 日、同判決が確定した。

そこで、X は、B らに対して、民法 910 条に基づいて、遺産分割に代
わる価額の支払を求める訴えを提起したところ、平成 8 年 11 月 26 日、B
らが各自 X に対して金 1,585 万 1,399 円及び遅延損害金の支払を命じる
判決がされ、B らは、平成 9 年 2 月 24 日、これを支払った。

B らは、平成 9 年 3 月 21 日、上記支払により申告に係る相続税額が過
大となったとして、相続税法 32 条 2 号に基づき、更正の請求をし、課税
当局は、同年 6 月 3 日、B らの相続税について減額更正をした。他方で、
課税当局は、平成 10 年 1 月 27 日付で、X の相続税について決定処分を行っ
た。

裁判所の判断

本判決は、相続税法 32 条 2 号が、相続人に異動を生じることとなる場

合を列挙し、これらを更正の請求の事由として規定しているのは、これら
が生じたことにより相続人の数に異動が生じた場合には、各相続人の法定
相続分及び相続税法 15 条所定の基礎控除額にも異動が生じ、被認知者以
外の共同相続人の申告または決定に係る相続税額が過大となり、これを更
正によって是正することが相続税の負担の公平を図る観点から必要である
ことによるものであると解されるとし、同号の「民法第 787 条の規定に
よる認知に関する裁判の確定」も、そのような相続人の異動をもたらすも
のとして、更正の請求をすることができる事由とされていると述べた。

　他方で、被認知者が認知に関する裁判の確定後に民法 910 条の価額支
払請求権を行使したのに対して他の共同相続人が支払をした場合も、他の
共同相続人の申告または決定に係る課税価格及び相続税額が過大となるか
ら、これを是正する必要が生じ、他方、新たに相続人となった被認知者に
ついては他の共同相続人から支払を受けた価額について課税の必要が生じ
る、とした。

　しかしながら、本判決は、(i)相続税法 32 条 2 号は、更正の請求の事由
となるものを列挙しており、(ii)上記価額支払請求権の行使は相続人に異動
を生じさせないこと、(iii)認知に関する裁判が確定したとしても、被認知者
において当然に上記価額支払請求権を行使するとはいえず、仮に行使した
としても、被認知者に対する特別受益が存在すること等の理由から、課税
価格及び相続税額が必ず過大となるとは限らないことなどを理由に、同法
32 条 2 号所定の「民法第 787 条の規定による認知に関する裁判の確定」
という事由の中に、民法 910 条の価額支払請求権の行使またはその支払
が含まれると解することはできず、このような結論は相続税法 32 条 2 号
の文言からしてやむを得ない、とした。

　以上を前提として、本判決は、相続税法 35 条 3 項に基づく更正または
決定は、同法 32 条 1 号から 4 号までの規定による適法な更正の請求に基
いて更正処分が行われたことがその前提となるところ、本件における更正
の請求は不適法なものであるから、これに応じてされた更正処分は重大か

つ明白な瑕疵があり、本件決定もその前提を欠くため違法である、と判示した。

解　説

1．死後認知と遺産分割のやり直し

認知は、出生の時にさかのぼってその効力を生ずることとされ、死後認知の場合も同様である（民法784）。

認知前に相続が開始した後、死後認知がされた場合については、①遺産分割前であれば、遺産分割協議に参加をすることになるが、②遺産分割後であれば、他の共同相続人に価額の支払を請求できるのみである（民法910）。

2．死後認知と相続税に係る更正の請求

このような民法の規定を受けて、相続税法31条及び32条1項2号（現行）は、認知の訴えによって相続人に異動が生じた場合には、更正の請求または修正申告ができる旨を規定している。

その趣旨は、本判決が述べるとおり、各相続人の法定相続分及び相続税法15条所定の基礎控除額に異動が生じ、被認知者以外の共同相続人の申告または決定に係る相続税額が過大となり、これを更正によって是正することが相続税の負担の公平を図る観点から必要であるからである。

ところで、このような相続税の負担の公平を図るという観点からすると、民法910条により認知者が価額の支払を請求した場合も同様である。これにより、被認知者以外の相続人が相続によって取得する経済的利益は減少するからである。

3．法の不備と更正の請求

問題は、平成15年度改正前の相続税法32条は、民法910条により認知者が価額の支払を請求した場合（相法32①六、相令8②二）を、更正の請求の事由として明示していなかったという点である。

本判決は、このような場合にも更正の請求を認める必要があるとしつつ
も、平成15年改正前の相続税法32条の文理からすれば、これを認める
ことができないとした。相続税法32条の規定ぶりからすれば、やむを得
ない結論であると思われる。

　その後、平成15年度改正によって、民法910条による認知者が価額の
支払を請求した場合についても、更正の請求が可能である旨が相続税法
32条1項6号、同法施行令8条2項2号に明記された。したがって、民
法910条による認知者が価額の支払を請求した場合については、立法に
よって解決済みであるといえる。

　しかし、現行の相続税法32条1項、35条においても、問題が残ってい
る。現行の相続税法35条により増額更正をするためには、同法32条に
より更正の請求をすることが前提となっている。そのため、更正の請求を
しない場合には増額更正ができないことになり、たとえば、配偶者が相続
して配偶者の税額軽減を利用した後、死後認知によって被認知者が価額の
支払を受けたとしても、本判決の論旨を前提とすると、配偶者が更正の請
求をしない限り、被認知者に対して更正・決定をすることができないこと
となる。そのような結論でよいかは、議論の余地があろう。

第6章　相続税関係

3 死因贈与・遺言・遺言書

ケース51 死因贈与の有効性に争いがある場合における受贈者の申告期限①
（国税不服審判所裁決平成25年6月4日　裁事No.91）

相続の開始があったことを知った日は、和解により当該死因贈与契約の一部の履行が確定した日であるとして、納税者の申告が期限内のものとして認められた事例。

事実の概要

納税者Xは、平成21年1月に死亡した被相続人の相続に係る相続税について、平成23年12月24日に申告を行った。これに対して原処分庁は、期限を過ぎた申告であるとして、無申告加算税の賦課決定処分（以下「本件処分」という）を行った。

原処分庁は、Xが被相続人の生前に、被相続人との間で死因贈与契約を締結しており、これは有効に成立していることから、本件における相続税法27条1項の「相続の開始があったことを知った日」は、Xが被相続人の死亡を知った日であるとして、本件申告書は期限後申告書であると判断したものである。

これに対しXは、書面によらない贈与は各当事者または相続人が撤回することができ（民法550）、事実、本件では相続人が後に書面で死因贈与契約を撤回していると主張した。

Xは相続人に対して被相続人の預貯金の支払を求める訴訟（以下「別件訴訟」という）を提起していたが、別件訴訟の和解が成立する前においては、被相続人の財産をXが取得したという権利は、きわめて脆弱なものであり、Xが自己のために相続の開始があったことを知ったのは、その履行が確定した本件訴訟の和解成立の日というべきである。したがって、当該和解の

261

日の翌日から 10 日以内に提出された本件申告書は期限内申告であると主張した。

審判所の判断

　審判所は、被相続人の全財産について、書面によらない死因贈与で取得したという X の権利は、本件訴訟の和解が成立する前の時点では、法定相続人から撤回される可能性が極めて高く、極めて脆弱なものであったといえることから、X が自己のために相続の開始があったことを知ったのは、本件訴訟の和解により死因贈与契約の一部の履行が確定した日であると判断した。

解 説

1. 死因贈与の撤回

　死因贈与とは、贈与者の死亡によって効力を生ずる一種の停止条件付贈与である[8]。死後の財産処分に関し、かつ、贈与者の死亡を効力発生要件とする点で遺贈と共通するところがあるが、遺贈が受遺者の意思表示を必要としない単独行為であるのに対し、死因贈与は贈与契約であり、受贈者が受諾することにより成立する点で相違する[9]。そのため、死因贈与の効果については遺贈の効力規定が準用されるが（民 554、991 ～ 1003、1031 ～ 1042）、能力や意思表示の瑕疵については、一般の法律行為の効力要件に従うことになる[10]。したがって、死因贈与が口頭での贈与契約、すなわち「書面によらない贈与」の場合は、その履行が終わるまでは各当事者（贈与者の法定相続人も含む）が自由に撤回することができる（民法 550、東京高判平成 3 年 6 月 27 日[11]）。

[8] 金子宏ほか編『法律学小辞典 新版』（有斐閣）434 頁
[9] 金子（前掲注 [8]）に同じ
[10] 金子（前掲注 [8]）に同じ

第 6 章　相続税関係

[11] 判タ 773 号 241 頁

2.　相続の開始があったことを知った日

　相続税法 27 条 1 項は、相続税の申告書は「相続の開始があったことを知った日の翌日から 10 月以内」に提出しなければならない（相法 27 ①）。この「知った日」とは、「自己のために相続の開始があったことを知った日」である（相基通 27 － 4、最判平成 18 年 7 月 14 日[12]）。この「自己のために」とは、自分がその相続等により財産を取得する権利を有し、納税義務者となることを意味し[13]、これを「知る」ことが必要となるところ、「知る」とは、個人の認識ではなく、諸般の状況（法律の規定、被相続人の生前の言動、他の相続人の言動、種々の契約、文書その他の証拠、事実等）から客観的に判断される[14]。

　したがって、通常は被相続人の死亡の日が「知った日」となる。そして、死因贈与が書面による贈与の場合には、契約の効力が発生した時点が財産を取得した時（知った日）と解されるが、書面によらない贈与の場合は、上記 1. のとおり、その履行が終わるまで各当事者が自由にこれを取り消すことができることから、履行の終了時が財産を取得した時（知った日）となる（相基通 1 の 3 ・ 1 の 4 共 － 8）。

[12] 民集 220 号 855 頁
[13] 坂元弘一「裁決評釈」 税大ジャーナル 26 号 236 － 237 頁
[14] 坂元（前掲注［13]）に同じ

3.　本件について

　本件においては、X にとってどの時点が「相続の開始があったことを知った日」といえるか、という点が争点となった。原処分庁は、この点について、X が被相続人の死亡を知った日が「相続の開始があったことを知った日」であると主張した。

　確かに、文言どおりに解釈すると、そのように解するのが自然なように

263

思える。しかし、本件はXに対する口頭での死因贈与であり、書面によらない贈与であり、履行もされていないため、法定相続人より撤回される可能性があった。それにもかかわらず相続税の申告をしなければならないというのは、申告者にとって酷といえるのではないか。事実、本件においても、Xに対する贈与が訴訟を経て認められるのかどうかが、極めて不安定な状態であった。

　そこで国税不服審判所も、(i)書面によらない贈与は履行が終了するまで各当事者が自由に撤回することができるため（民法550）、目的財産はその時点まで確定的に移転しておらず、いわば法律関係が当事者間で浮動の状態にあるということ、(ii)実際、本件の相続人も訴訟で当該死因贈与契約が不成立である旨を主張し、予備的に贈与の撤回を主張していたこと、(iii)本件訴訟の和解の成立により、当該死因贈与契約の一部が撤回され、一部が履行確定となったと認められることを理由に、本件和解の日をもって、Xが「相続の開始があったことを知った日」というべきと判断したものである。

　「書面によらない贈与」による財産の取得時期に関しては、これまでいくつかの裁判例が存在した[15]。しかし、本件は死因贈与契約に係るものであるという点で意義がある。

　なお、本件においては納税者の主張が認められたものであるが、次の**ケース52**で紹介するとおり、逆の結論となった事例も存在する。したがって、書面によらない贈与の場合は、客観的事実から財産の取得時を慎重に判断する必要がある。

[15] ①東京高判昭和53年12月20日 訟月25巻4号1177頁、
②東京地判昭和55年5月20日 訟月26巻8号1432頁、
③京都地判昭和52年12月16日 訟月24巻1号183頁。
①②は履行終了時、③は効力発生時を取得時であるとした。

第 6 章　相続税関係

ケース52 死因贈与の有効性に争いがある場合における受贈者の申告期限②
（大阪高判平成18年10月18日　税資256号順号10531）

遺産に係る死因贈与の有無等、財産の取得について、それが係争中と
なっている場合でも、それをもって法定申告期限の起算日が左右され
るということはできないとされた事例。

事実の概要

　被相続人Ａは、生前、「Ａ家の相続はＸ」、「（他の相続人に渡すと記載さ
れた一部の遺産を除く）預金、不動産、株、私（Ａ）名義の物は全てＸに
渡す」などと記載された「遺言書」と題する書面（以下「本件書面」という）
を作成した。本件書面にはＡの署名押印がなく、自筆証書遺言としては
無効であったが、ＸはＡ死亡の直前に相続人を通じて本件書面の存在及
び内容を説明された。

　Ｘは、相続税の申告納税及びその後の修正申告、延納申請を行い、これ
と並行して、他の相続人を被告として、Ｘが上記「遺言書」のとおり不動
産を取得したとして、所有権移転登記手続等請求訴訟（以下「別件訴訟」
という）を提起した。

　別件訴訟の第一審は、Ｘ・Ａ間の死因贈与契約の成立を認め、控訴審に
おいて確定した。これを受けてＸは、上記延滞税は納付する義務がなかっ
たとして不当利得の返還を請求した。

　Ｘは、本件は書面によらない死因贈与により財産を取得した場合には、
別件訴訟の判決が確定し、相続人に撤回権が存在しないことが確認される
までは、確定的な移転があったとはいえないとして相続税の申告義務は発
生しないと主張した。

裁判所の判断

　第一審（大津地判平成18年2月27日　税資256号順号10333号）は、Ｘ
は死因贈与契約の当事者であり、Ｘらの間では、Ａ死亡以前から書面の

265

存在及びその記載内容は明らかとなっていたことが認められ、Xは、別件
訴訟で当初から、本件死因贈与が書面によるものであると正しく主張し、
判決でもそれが正しいものと認定されたのであって、判決の確定によって
権利関係が変化するかのごとき X の主張は失当であるとして排斥した。

　また、相続税法は、相続等について訴訟で争われている場合の法定申告
期限の起算日について特段の定めを置いていないこと、申告に係る税額等
の基礎となった事実に関する訴えについての判決により、その事実が当該
計算の基礎としたところと異なることが確定したときは、国税通則法 23
条 2 項 1 号に基づく更正の請求が可能であり、相続に特有の一定の事情
が生じた場合には、相続税法 31 条・32 条に基づく更正の請求や修正申告
が可能であることからすると、死因贈与の有無等、財産の取得について係
争中であるからといって、法定申告期限の起算日が左右されるということ
はできないと判断した。

　本判決も第一審の判断を支持し、さらに A が死因贈与に係る書面を作
成し、かつ、A 死亡以前から当該書面の存在及び記載内容は X らの間で
明らかになっており、別件訴訟の判決でも死因贈与が認定されているとし
て、X に当該書面によって財産を取得できるとの認識がなかったというこ
とは考えられないと述べた。

　そのうえで、本件において申告が遅れたのは、単に当該書面を死因贈与
契約として法的に解釈、構成できることに X や税理士が思い至らなかっ
たというに過ぎないとして、X の主張を排斥した。

解　説

1. 権利が係争中であることが、本件における「相続の開始があったこと を知った日」に影響を与えるか

　本件においても、ケース 51 と同様に、いつの時点を「相続の開始があっ
たことを知った日」とするかについて争われた（「知った日」の解釈につい

266

てはケース51参照）。

この点、Xは、死因贈与の有無やその書面性が争われている場合にまで、その最中に申告義務を課すのは酷であると主張した。この点については、死因贈与の有無、相続財産の取得について争いがある場合であっても相続税法は特段の定めを設けていないとして排斥した第一審の判示は正当である。

2.　自筆証書遺言と書面による死因贈与

遺言は、人の最終意思の表示であり、死後に効力を生ずるものであることから、その意思内容の確定に際し、他者による改変やねつ造を防ぐため、厳格な方式が採用されている。すなわち、危急時など特別の場合を除き、遺言は自筆証書遺言、公正証書遺言、秘密証書遺言の3つに限られ（民法967）、このうち自筆証書遺言は、遺言者がその全文、氏名及び日付を自署し、押印することが求められる（民法968）。

本件では、Aが、遺産のうち各相続人に渡すと記載された物以外の預金、不動産、株式等A名義の全ての物をXに渡すと記載された書面が存在したが、署名と押印がなかったため、自筆証書遺言としては効力のないものであった。しかし、X及び他の相続人も当該書面が存在したことを認めており、別件訴訟でも当該書面は、死因贈与が書面によるものであると認定されていた。

3.　ケース51との相違

ケース51は本件と同様に、係争中の権利関係が存在する場合において、「相続の開始があったことを知った日」をどのように考えるべきかが争点になった。両事例は、その権利が死因贈与により取得したものであるという点でも共通しているが、まったく逆の結論となった。

この違いは、事実認定の差により生じたものと思われる。すなわち、ケース51においては、書面によらない死因贈与であるという認定がされたが、本件では死因贈与が書面により成立したとの認定がされた。ケース51の裁決で示されたとおり、書面によらない死因贈与は、その履行がされるま

267

で各当事者が自由に撤回することができるという不安定なものである。したがって、書面の有無が結論に影響を与えたものということが推察される。

第6章　相続税関係

ケース**53**　「相続させる」旨の遺言がある場合における更正請求の可否
（国税不服審判所裁決平成23年12月6日　裁事No.85）

「相続させる」旨の遺言があった場合、当該遺言の対象となる財産は未分割財産ではないから、相続税法32条1項1号の規定による更正の請求はできないとされた事例。

事実の概要

　納税者Xは、被相続人の相続に係る相続税について、法定申告期限までに申告書を提出をした。被相続人は生前、公正証書により、Xを含む2名に一切の財産を「相続させる」旨の遺言（以下「本件遺言」という）を残していた。法定相続人らは本件遺言に対して遺留分減殺請求訴訟を行い、その後、裁判上の和解が成立した。

　そこでXは、当該和解の成立により、他の共同相続人に対して返還すべき額及び本件申告において相続財産として計上していた貯金（以下「本件貯金」という）の本件相続開始日における不存在がいずれも確定したとして、更正の請求をした。

　しかし原処分庁は、遺留分減殺請求に基づく返還額等の確定による課税価格及び相続税額の減額のみを認め、本件貯金の不存在が確定したとする部分については、その更正をすべき理由がないとする旨の処分を行った。

審判所の判断

　審判所は、遺産全部を一部の相続人に「相続させる」旨の遺言は、遺産の分割の方法を定めた遺言であり、被相続人の死亡時に直ちに遺産全部について分割の効果が発生するため、もはや当該遺産について再度の分割がなされる余地はないと判断し、本件処分は適法であるとした。

269

解 説

1. 相続税法32条及び55条の定め

　相続税法 27 条 1 項は、相続の開始があったことを知った日の翌日から10 月以内に相続税の申告書を提出しなければならない旨規定している。

　そして、相続税法 32 条 1 項は、相続税について申告書を提出した者は、同条各号のいずれかに該当する事由により、その申告に係る課税価格及び相続税額が過大となったときは、当該事由が生じたことを知った日の翌日から 4 月以内に限り、更正の請求をすることができると定める。その事由として、同条 1 号は、同法 55 条の規定により分割されていない財産について民法の規定による相続分または包括遺贈の割合に従って課税価格が計算されていた場合において、その後当該財産の分割が行われ、共同相続人または包括受遺者が当該分割により取得した財産に係る課税価格が当該相続分または包括遺贈の割合に従って計算された課税価格と異なることとなったことを規定している。

　さらに、同法 55 条本文は、相続または包括遺贈により取得した財産に係る相続税について申告書を提出する場合において、当該相続または包括遺贈により取得した財産の全部または一部が共同相続人または包括受遺者によってまだ分割されていないときは、その分割されていない財産については、各共同相続人または包括受遺者が民法の規定による相続分または包括遺贈の割合に従って当該財産を取得したものとして、その課税価格を計算する旨規定する。そのうえで、その後の分割で課税価格に変更があった場合は更正の請求をすることを妨げないとされている。

　本件においては、申告時において相続財産が「まだ分割されていないとき」（相法 55 本文）に該当するかという点が争いとなった。

2.「相続させる」の意味

　本件では、一切の財産を X に「相続させる」という公正証書遺言が残されていた。

「相続させる」旨の遺言の法的な意味については、最判平成 3 年 4 月 19 日[16] が実務上のメルクマールとなっている。

　「相続させる」旨の遺言は、民法 908 条にいう遺産の分割の方法を定めた遺言であり、当該遺言において相続による承継を当該相続人の受諾の意思表示にかからせたなどの特段の事情がない限り、何らの行為を要せずして、被相続人の死亡の時（遺言の効力の生じた時）に直ちに当該遺産が当該相続人に相続により承継されるものと解される。

　審判所による本件での判断は、この最高裁判決に従う内容となっている。なお、同判決は、相続税との関連で示された判断ではないが、本裁決により更正の請求の可否判断の前提として適用されるとされた点で、税務実務上の意義を有する。

　したがって、遺言に「相続させる」という文言が認められた場合は、遺言により権利関係が確定するということを前提に申告を行う必要がある。

[16] 民集 45 巻 4 号 477 頁

| 4 | 遺留分減殺請求 |

ケース54 相続税法32条1項3号の事由が生じた時点
（国税不服審判所裁決平成25年1月8日 裁事No.90）

遺留分権利者が遺留分減殺を原因とする土地共有持分移転登記請求訴訟によって同土地の共有持分権を取り戻したことは、遺留分義務者の相続税法 32 条 3 号（平成 18 年度税制改正前のもの。以下、本ケースにおいて同じ）の更正の請求事由に該当するとされた事例。

事実の概要

被相続人は、財産すべてを納税者 X に相続させる旨の遺言書を作成して死亡し、死後、当該遺言書は家庭裁判所において検認された。X はこれに基づき、被相続人の相続税に係る期限内申告を行った。

遺言書に従い、被相続人が所有していた土地について、被相続人から X へ相続を原因とする所有権移転登記がされた。その後、X は訴外 K 社に対して当該土地を売り渡し、売買を原因として、X から K 社へ所有権移転登記が経由された。

他方、相続人 E らは、X に対して遺留分減殺請求をし、かつ、遺留分減殺訴訟を提起した。この訴訟に補助参加した K 社は、E らの請求を認諾した。また E らは、K 社を被告として、E らに持分の所有権移転登記をすることを求める共有持分移転登記請求訴訟を提起し、X はこれに補助参加したところ、K 社は E らの請求を認諾した。

この認諾を受けて X は、共有持分移転登記請求訴訟の認諾から 4 月以内に相続税に係る更正の請求を行った。

これに対し原処分庁は、更正をすべき理由がない旨の通知処分をした。

272

第 6 章　相続税関係

審判所の判断

　審判所は、本件遺言は、本件相続人の全財産を X に「相続させる」旨の遺言であり、相続分とともに遺産分割の方法を指定したものと認められるから、遺留分減殺請求に関する民法 1031 条及び 1040 条が適用されるとした。そして、共有持分移転登記請求訴訟の認諾の日に、相続人 E らが本件土地について遺留分に相当する共有持分権を取り戻すことが確定し、これにより、X が遺留分減殺請求に基づき返還すべきまたは弁償すべき額が確定したというべきであるとして、本件更正の請求は相続税法 32 条 3 号に該当するため本件通知処分はその全部が取り消されるべきであると判断した。

解　説

1.　相続税法32条3号該当性の判断

　相続税法 32 条 3 号は、遺留分減殺請求に基づき返還・賠償すべき金額が確定したときは、更正の請求をすることができると規定する。

　原処分庁は、本件における相続税 32 条 3 号の該当性について、共有持分移転登記請求訴訟の認諾の既判力は、主文に包含される所有権移転登記手続の可否に関する判断の結論についてのみ生じるのであり、遺留分減殺請求を原因とするか否かの判断についてまで及ぶものではないと主張した。

　しかし、審判所は、同号に該当するか否かの判断は、遺留分減殺請求に基づき返還すべきまたは弁償すべき額が確定したと評価し得る事実が認められるか否かによるべきであって、遺留分減殺請求訴訟についての判決が確定した場合や、遺留分減殺請求訴訟についての訴訟上の和解等が調書に記載されて確定判決と同一の効力を有することとなった場合に限られるものではないと解されるとして、原処分庁の主張を斥けた。

273

2.「相続させる」旨の遺言の法的性質について

　本件では、遺言に「相続させる」旨の表現がなされていた。この場合の遺言者の意思解釈は、遺言書の記載から、その趣旨が遺贈であることが明らかであるか、または、遺贈と解すべき特段の事情がない限り、民法908条に規定する遺産の分割の方法とともに同法902条1項に規定する相続分を指定した遺言であると解される（最判平成3年4月19日、ケース53参照）。本判決もこれに従ったものである。

3. 遺留分減殺請求訴訟が係属中であったことの影響

　原処分庁は、本件更正の請求の時点では、Eらは本件土地に関する価額弁償請求を含めた本件訴訟を係争中であったことから、本件土地に関して遺留分減殺請求における確定的な判断がされたものとは認められないと主張した。

　しかし、審判所は、上記2.の争点における「相続させる」旨の遺言の性質について言及したうえで、かかる遺言が存在した場合においてこれが遺留分を侵害するものであったときは、当該遺言について民法1031条及び同法1040条が適用されることになると述べた。

　そして、民法1040条1項本文は「減殺を受けるべき受贈者が贈与の目的を他人に譲り渡したときは、遺留分権利者にその価額を弁償しなければならない」と定めているところ、これは、遺留分権利者が遺留分減殺請求によって目的物を取り戻して占有や登記を回復することができた場合に、それに加えて価額弁償の請求をも認めるものと解することはできないとして、原処分庁の主張を認めなかった。

第6章　相続税関係

5 遺産分割

ケース55　遺産分割協議のやり直しによる更正処分等
（東京高判平成12年1月26日　税資246号205頁）

第一次遺産分割協議により相続税申告を行った後、多額の遺産が見つかったことから、当初の遺産分割をそのままにして新たに見つかった遺産の分割を検討したところ、遺産総額が増えた。そして、第二次遺産分割案で遺産を取得しないとした者に係る相続税額まで増加することが判明したため、新たな遺産を取得した者が他の相続人に対し代償債務を負う第二次遺産分割協議を成立させたところ、これに対して課税庁が、取得財産を超える代償債務負担部分を贈与と捉え、相続税の更正と贈与税の賦課決定を行った事例。

事実の概要

　Aの相続人であるXらはいったん遺産分割協議（以下「第一次分割」という）を行ったが、その後新たな相続財産が発見されたため、第一次分割の対象とされなかった財産につきさらに遺産分割協議（以下「第二次分割」という）を行った。これら両遺産分割協議の結果に基づいて、X1が更正の請求を、X2が修正申告をした。

　課税庁は、第二次分割においてX1及びX2が負担することとされた代償債務のうち、同人らが取得することとされた積極財産を上回る部分は、同人らからX3及びX4に対する贈与であって、これを相続税の課税価格から控除することはできないとして、Xらの更正の請求等につき理由がないとの通知をし、さらに、相続税の更正処分及び過少申告加算税賦課決定処分をした。また、上記代償金を受け取ることとなる相続人X3及びX4に対しては、贈与税の決定処分及び無申告加算税賦課決定処分を行った。

275

これに対してXらは、第一次分割は相続人の全員によりいったんすべて解除されたものであって、第二次分割ですべての遺産を対象に遺産分割が再度実施されたと主張した。すなわち、課税庁がいうところの、第二次分割は第一次分割を前提とした新たな贈与であるとは認められないと争い、各処分について取消しを求めたというものである。

裁判所の判断

第一審は、第二次分割は、第一次分割の明示的または黙示的な合意解除を前提とするものではなく、第一次分割とは独立して、第二次分割の分割のみを合意したものであるというべきであると判断し、また、本判決は第一審の判断を維持して、いずれもXの主張を斥けた。

すなわち、第二次分割において、X1がX3に対し、X2がX4らに対し、それぞれ負担する旨を合意した代償債務のうち、第二次分割においてX1、X2が取得することとされた積極財産の額を超える部分は、現物をもってする分割に代える代償債務には該当せず、X1、X2からそれぞれX3、X4に対して新たに経済的利益を無償にて移転する趣旨でされたものというべきと述べた。

そして、そうであれば、X1、X2の右代償債務のうちそれぞれが第二次分割により取得する積極財産を超える部分については、X1及びX2の相続税の課税価格の算定にあたり消極財産として控除すべきものではなく、X3及びX4が取得した代償債権の額は、X1及びX2から贈与により取得したものというべきであるとして、Xらの主張を排斥した。

なお、本件は上告審で棄却・不受理決定されている（最決平成13年6月14日 税資250号順号8923）。

第6章　相続税関係

解　説

1．再度の遺産分割の法的性質

　本件では、第一次分割がなされた後、新たに遺産が発見されたため、第二次分割を行ったという事案である。そこでまず、すでに成立した遺産分割協議の全部または一部を合意解除することができるかが問題となる。

　この点につき第一審は、「既に成立した遺産分割協議の全部又は一部の合意解除の成否は、意思表示の解釈に関する一般原則に従って判断すべきものであるから、明示的な解除の合意が認められる場合に限らず、当初及び再度の遺産分割協議の内容の相違、再度の遺産分割協議が行われるに至った原因、経緯、時期、目的、関係当事者の認識等の諸事情を総合して、再度の遺産分割協議が当初の遺産分割協議の全部又は一部の合意解除を前提として成立したものと認められる場合には、黙示的な合意解除が肯認され得るものというべき」であると述べた。

　しかし、いったん成立した遺産分割協議を合意解除すること自体は認められるものの、その判断にあたっては個別具体的に検討されることとなり、事案によっては、単なる再分割と設定されることも十分にあり得る。

　裁判所は本件について、具体的には、第二次分割の作成にあたって、税理士も含め相続人らが、第一次分割の内容及び第一次分割によって生じた法律効果を前提として話を進めていたこと、第二次分割協議書には、分割協議の対象が「遺産（平成3年11月12日付けで協議分割したものを除く）」と明記され、「遺産目録」として第二次分割財産を列挙されていたことなどを認定し、これらの事実によれば、「第二次分割は、第一次分割の明示的又は黙示的な合意解除を前提とするものではなく、第一次分割とは独立して、第二次分割の分割のみを合意したものであるというべき」と判示した。

2．合意解除に基づく更正の請求の可否

　法定申告期限後に遺産分割が合意解除または再分割されたとしても、それは新たな贈与となるだけで、原則として、当初の分割に係る相続税の課

277

税関係に影響を及ぼすことはない。しかし、合意解除の場合は、「やむを得ない事情により解除され」た（通法23②三、通令6①二）と認められれば、更正の請求により当初の分割時にさかのぼって税額を計算し、更正の請求を行うことができる。

この点について、本判決は次のとおり判示した。

> 法定申告期限後に納税義務の軽重に関する動機の錯誤を理由として納税義務の発生原因となる私法上の法律行為の無効、合意解除を無制限に許容するときは、租税法律関係に著しい不安定をもたらすことになるから、当初の遺産分割協議の合意解除及び再度の遺産分割協議の成否の認定判断にあたっては、その時期及びこれに至った理由、原因が右行為の解釈において重視されるべきものであることはいうまでもない。

3. 本件について

本件の第二次分割において、X1・X2が新たに取得する積極財産を超える代償金を支払うこととしたのは、第一次分割に基づき相続税の申告書を提出した後、東京国税局の査察調査を受けて、申告していない遺産を指摘されたことにより、公正証書遺言による遺言に基づき、すでに家庭裁判所で遺留分を放棄していたX3ほかに代償金を支払い、相続税の増加負担を補うことを目的としたものであったようである（ただし、原処分庁の主張）。

また、本判決は、第二次分割協議書に第一次分割に係る遺産を除外することが明記され、本件相続人らに第一次分割によって生じた法律効果を維持するとの共通認識を有していたことから、第一次分割協議が解除されたものではないと認定した。

本件において、X1らが税務調査前の更正の請求ができる期間内に、遺産を発見し、これを踏まえて、第一次分割に係る税負担の錯誤に気づき、第一次分割を合意解除して、新たに見つかった遺産も含めて第二次分割をしたという場合には、X1らの主張が認められた可能性がある（ケース56参照）。

第6章　相続税関係

ケース56 株式価格の錯誤による再度の遺産分割
（東京地判平成21年2月27日 判タ1355号123頁）

遺産分割を経て相続税の申告をしたが、株式価格に錯誤があったこと
を理由として遺産分割合意のやり直しを行い、併せて更正の請求をし
たものの当初の申告に係る更正処分等がされた。そこで当該処分の取
消しを求めたところ、当該取消しが認容された事例。

事実の概要

　相続人である納税者Ⅹらは、被相続人の遺産である同族会社の株式の
価額につき配当還元方式による評価を前提として当初の遺産分割合意（以
下「第一次遺産分割」という）を行い、相続税の申告をした。

　しかし、この申告にあたってⅩらには、通達に従って同族会社の発行
済株式数につき議決権のない株式数を除外して計算すると、配当還元方式
の適用を受けられず、類似業種比準方式による高額の評価を前提として課
税されることについて錯誤があった。

　そこでⅩらは、配当還元方式の適用を受けることができるように、取
得する株式数を調整して、再度の遺産分割の合意をした（以下「第二次遺
産分割」という）。そのうえで、第二次遺産分割の合意に基づき、期間内に
更正の請求・修正申告を行った。

　これに対して課税庁は、本件株式の評価は、第一次遺産分割の内容に従
い類似業種比準方式によるべきであるとして、当初のⅩらの相続税申告
について、更正処分及び過少申告加算税の賦課決定処分を行った。

裁判所の判断

　本判決は、わが国の租税法制が、相続税に関して申告納税制度を採用し、
申告義務の懈怠等に対し加算税等の制裁を課していること、申告者は、法
定申告期限までの間に取得財産の価値の軽重と課税負担の軽重等を相応に
忖度したうえで相続税の申告を行い得ること等に鑑みると、法定申告期限

279

後も課税負担またはその前提事項の錯誤を理由として当該遺産分割が無効であるとして納税義務を免れさせたのでは、租税法律関係が不安定となり、税法上の信義則の観点からも看過し難いとして、これを主張することはできないことが原則であると明示した。そのうえで、例外的にその主張が許されるのは、(i)更正請求期間内かつ課税庁の調査時の指摘等を受ける前に更正の請求をし、(ii)新たな遺産分割の合意により当初の遺産分割の経済的成果を完全に消失させており、加えて、(iii)その分割内容の変更がやむを得ない事情により誤信の内容を是正する一回的なものであると認められる場合のように、申告納税制度の趣旨・構造及び租税法上の信義則に反するとはいえないと認めるべき特段の事情がある場合に限られると述べた。

そして本件においては、上記(i)ないし(iii)のいずれにも該当し、かつ、申告納税制度の趣旨・構造及び租税法上の信義則に反するとはいえないと認めるべき特段の事情がある場合に該当するとして、Xの請求を認めた。

解説

1. 税負担に錯誤があった場合の原則

納税義務者が、納税義務の発生の原因となる私法上の法律行為を行った場合において、当該法律行為の際に予定していたものよりも重い納税義務が生じることが判明したとき、この課税負担の錯誤が当該法律行為の要素の錯誤に当たるものして、法定申告期限経過後に当該法律行為が無効であることを主張することができるかどうかという点について、従来の裁判例は否定的に解している（ケース9参照）。

2. 本判決の意義

本判決も、原則として課税負担の錯誤無効の主張をすることはできないとしつつ、例外的に一定の要件を満たす場合、すなわち「弊害が生ずるおそれがなく、申告納税制度の趣旨・構造及び租税法上の信義則に反するとはいえないと認めるべき特段の事情がある場合」には、課税負担の錯誤に

よる無効の主張が認められるものとした点に意義がある。

3. 錯誤が認められる特段の事情

裁判所は、(ⅰ)申告者が、更正請求期間内に、かつ、課税庁の調査時の指摘、修正申告の勧奨、更正処分等を受ける前に、自ら誤信に気づいて更正の請求をし、(ⅱ)更正請求期間内に、新たな遺産分割の合意による分割内容の変更をして、当初の遺産分割の経済的成果を完全に消失させたという事情を認定した。そして、(ⅲ)その分割内容の変更がやむを得ない事情により誤信の内容を是正する一回的なものであると認められるか否かについては、第一次遺産分割に至ったのは税理士の誤った助言によるものであったこと、専門家ではないXらが同税理士の誤りに直ちに気づくのが容易とはいえないこと、誤信に気づいた後はすみやかに第二次遺産分割の合意に至っていることを認定したうえで、この要件に該当するものとした。

本判決は、具体的にどのような事実が「特段の事情」に当たるかについて詳細に検討されたものとして、実務上参考になる事例といえる。

6 贈　与

ケース57 死因贈与が後に発覚した場合の更正の請求
（東京高判平成24年5月24日　税資262号順号11955）

相続税申告後に被相続人の死因贈与が発覚したことにより提起された
訴訟に係る裁判上の和解の和解条項は、対象財産が被相続人の相続財
産に属することを確定したものであるとして更正の請求を認めなかっ
た事例。

事実の概要

納税者Ｘ及び相続人らは本件不動産を相続し、被相続人からＸらへの
所有権移転登記手続がなされ、Ｘらは、これを前提として申告期限内に相
続税の申告書を提出した。

しかしその後、訴外Ａにより、本件不動産については、被相続人の死
亡によって被相続人から訴外Ａに贈与されることとする死因贈与契約が
締結されているとして、所有権移転登記等請求の訴えを提起された。そし
て、その控訴審において、本件不動産をＸ及びＸの兄（以下、合わせて「Ｘ
兄弟」という）が取得し、Ａに本件不動産の価額の2分の1に相当する解
決金を支払う旨の和解が成立した。

そこでＸは、本件和解は実質的には本件不動産をＸ兄弟とＡとに2分
の1ずつ帰属させるものであり、本件不動産の価額の2分の1に相当す
る部分は相続財産から除外して相続税を計算すべきであるとして、更正の
請求を行った。

これに対して原処分庁が更正をすべき理由がない旨の通知処分を行った
ため、Ｘは当該処分の取消しを求めた。

第 6 章　相続税関係

裁判所の判断

　第一審（東京地判平成 23 年 9 月 8 日　税資 261 号順号 11751）は、国税通則法 23 条 2 項 1 号の「判決（判決と同一の効力を有する和解その他の行為を含む。）」とは、申告時において、申告に対する税額計算の基礎となった権利関係が明確になっていなかったような場合に、その後の訴訟による判決等の結果、権利関係が明確になり、申告時に前提とした権利関係と異なった権利関係が納税義務の成立当時にさかのぼって確定したといった場合の判決等に限られると解すべきであるとした。

　そのうえで、相続税に関する場合の和解について解釈すると、遺産の範囲または価額等の申告等に係る税額の計算の基礎となった事実を争点とする訴訟等において、その基礎となった事実とは異なる事実を確認し、または、前提とした和解がこれに該当するというべきであると述べ、本件はこれに該当しないとして X の主張を排斥した。

　控訴審である本判決も、第一審の判断を引用したうえで、本件和解調書においては、条項の文言自体が相互に矛盾するとか、文言自体によってその意味を了解しがたいなど、和解調書に記載された文言と異なる意味に和解の趣旨を解釈しなければならないような特別の事情があるともいえないことを判断の理由に加え、X の請求は理由がないとした。

　本件は、最高裁判所に上告されたが、不受理決定された（最決平成 25 年 1 月 22 日　税資 263 号順号 12133）。

解　説

1. 裁判上の和解の法的性質

　裁判上の和解には確定判決と同一の効力が認められる（民訴法 267。第 2 章**3**参照）。

　本件においては、別件訴訟で成立した本件和解が、国税通則法 23 条 2 項 1 号の判決と同一の効力を有する和解その他の行為により申告の基礎

283

となった事実が異なることが確定したとの要件を満たすといえるかが争点となった。

　この点について裁判所は、「本件各更正請求が国税通則法23条2項1号の要件を満たすといえるには、本件和解において、本件不動産の2分の1の持分が相続開始時において被相続人の相続財産に属していなかったという事実が確認され、または、前提とされたといえることが必要である」と述べた。そして、事実として、本件和解の和解条項によれば、本件不動産が被相続人の相続財産に属するという事実が確定したものであるということができると認定し、同号の要件を満たすものとはいえないと判断した。

　本判決は、和解条項をどのように解釈したとしても、Aが、本件不動産の持分2分の1を「贈与者の死亡に因り効力を生ずる贈与」（平成15年法律第8号による改正前の相法1一）により取得したことが確定されたと解する余地はないとした。これは、和解条項に、Aを含む当事者間において、本件死因贈与契約の無効を確認されていること、本件不動産の売却代金の一部をAに支払う合意に関する部分も、慰謝料の趣旨での解決金として支払うことが明記されていることに基づくものである。

　本件の和解条項が仮に、本件死因贈与契約が有効であることを確認するものであり、Aに対する支払が慰謝料や解決金ではなく、本件不動産の持分の売却代金の支払であることが明記されていれば、裁判上の和解の効力として、更正の請求が認められた可能性がある。その場合、Aには死因贈与を理由とする相続税と、Xらに対する不動産譲渡に係る所得税が課されることとなるから、Aがそのような内容の和解条項に合意できなかったという背景事情があったかもしれない。

　そうであるとしても、裁判上の和解は、判決と同一の効力を有することからすれば、経済的実質は同じであっても、その内容により、本件のように異なった課税関係となることが容易に想定される。

　本判決は、和解条項の具体的な内容から事実を認定して判断がされたものであるため、係争案件における事例として実務上参考となると考えられる。

第6章　相続税関係

ケース58　贈与の形式と実質に差がある場合における贈与税
（国税不服審判所昭和55年10月4日　裁事55集404頁）

形式上、夫から審査請求人への贈与の登記をした家屋について、贈与
の抹消登記に代えて、再贈与の形式によって家屋の所有名義を夫に復
した場合において、夫の債務の不履行により本件家屋の抵当権の実行
をおそれてされた名目上の贈与であったとして、当初の贈与に係る贈
与税の決定を取り消すべきであるとした事例。

事実の概要

　納税者Xの夫は、事業の営業不振のため金融機関から融資を受けてい
たが、これにあたっては、本件家屋を含む自己の不動産について物上保証
をし、共同担保により根抵当権が設定されていた。そのため、居住用家屋
でもあった本件家屋について、贈与を原因として、Xの夫からXへの所
有権移転登記手続がなされた。これを受けて課税庁はXに対し贈与税の
決定処分及び無申告加算税の賦課決定処分を行った。

　なお、贈与登記の5か月後に事業は倒産同様の状態となり、また、贈
与の抹消登記に代えてXから夫に対する再贈与の登記がされた。

審判所の判断

　審判所は、本件でXの夫からXへの所有権移転登記について、登記簿
上は贈与となっているが、その実質は贈与ではないとして、贈与税の決定
処分及び無申告加算税の賦課決定処分を取り消した。

解　説

1．形式と実質

ア）形　式

　本件では、本件家屋について夫から妻（上記X）への所有権移転登記の

285

趣旨は、「形式」上（登記簿上）、贈与が原因とされていた。

イ）実　質

① 贈与登記をした事情

　Xは、本件贈与登記は、夫が同人の財産保全のため、形式上の贈与登記を独断でなしたものであって、妻が夫と贈与契約を締結していないことはもちろん、贈与証書の交付も贈与の意思表示も受けておらず、したがって自己に所有権は帰属していない、すなわち「実質」は贈与ではないと主張した。

　実際にも、Xの夫が主催するグループ会社3社で合計3億4,900万円超の債務があり、本件家屋をはじめ、グループ会社や夫の不動産に対し、共同担保により根抵当権設定登記がされており、かつ、夫が同グループに対し、債務保証及び物上保証をしていた。また、このうち1社は、本件贈与登記の5か月後に手形の不渡りにより倒産状態となり、グループや夫が高利金融業者から融資を受けていたことが夫の答述から推認されている。

② 登記の回復の実質的性格

　その後、Xは本件贈与登記について、錯誤を原因とする抹消登記によらず、再贈与の形式により所有権登記名義を夫に復した。この点について、審判所は、登記上の利害関係を有する第三者及び差押・参加差押等の権利者が存在するため、抹消登記にはこれら利害関係者の承諾若しくは対抗できる裁判を必要としたところ（不動産登記法146①）、同意を得ることは極めて困難であったことが合理的に肯認でき、Xが抹消登記に代えて再贈与の登記をしたことは実質的に抹消登記と同視できるとした。

2．本判決の意義

　登記簿上の形式を覆して納税者の主張を認めたという意味で、実務上も参考となり得る。本件との比較により具体的な事例の検討が可能になるものと思われる。ただし、本裁決は事例裁決であり、また、昭和55年という40年近く前の古い裁決であることから、類似事案において現在でも同様の判断がされるとは限らない。実務においては、形式と実質がかい離しないようにすることが重要である。

第6章 相続税関係

7 未分割財産

ケース59 未分割財産についての更正請求
（大阪高判平成18年11月8日 税資256号順号10568）

相続税法 32 条 1 号（平成 15 年度改正前のもの。以下、本ケースにおいて同じ）にいう「第 55 条により課税価額が計算されていた場合」とは、実際に遺産が未分割の場合において 55 条に基づく申告がなされたときをいい、すでに遺産分割協議が成立し、同条の要件を欠くにもかかわらず遺産分割が未了であるとして申告がなされた場合を含まないとされた事例。

事実の概要

納税者 X ともう一人の相続人である A から委任を受けた税理士は、被相続人の遺産に係る遺産分割協議書を作成した。しかし、これは下書きであり、後日正式に遺産分割協議書を作成する予定であったため、署名押印はしていなかった。

X 及び A は、遺産の預金証書、株券、割引債券などを協議書のとおりに各自持ち帰り、互いに通知等せずに持ち帰った株式等の売却処分をした。

その後、X 及び A は、それぞれ被相続人に係る遺産の分割が未了であることを前提として、昭和 55 年、相続税法 55 条に基づき、法定相続分の相続税申告をした。

そして X は、A を相手方として、遺産分割調停の申立てをした。この調停は不成立となり審判に移行したが、X は審判を取り下げた。

A は X に対し、本件遺産については昭和 55 年作成の遺産分割協議が有効に行われたことの確認を求める民事訴訟を提起したところ、控訴審を経て平成 14 年、これを確認する旨の判決が確定した。

287

そこでXは、当初申告に係る相続税額が過大となったといえるとして、相続税法32条1項1号に基づいて、同判決に基づく相続分を前提とした相続税額の更正の請求をした。

これに対して原処分庁は、別件民事訴訟の確定判決で昭和55年9月23日の遺産分割協議が有効であることが確認されているためXの請求は認められないとして、更正をすべき理由がない旨の通知処分をした。

裁判所の判断

大阪高等裁判所は、概要、以下のとおり、本件では相続税申告前に遺産分割協議が完了していると認められるとして控訴を棄却した。

> 相続税法55条は、財産の全部又は一部について遺産分割が未了であるときの相続税の申告等に関する規定であるから、相続税申告前に遺産分割協議が完了していると認められる本件において、原審が、同条の適用を認めなかったのは当然であるし、また、同法32条1号は、その文理上、同法55条の適用を前提とすることが明らかであるから、本件更正請求に同号の適用を認めることはできない。

解説

1. 国税通則法23条と相続税法32条1項1号の関係

本件において、Xは、国税通則法23条1項所定の期間内に更正の請求をしていなかったところ、相続税法32条は国税通則法23条の特則であり、相続税の更正に関しては、相続税法32条が適用されると解すべきであると主張していた。

国税通則法23条1項と同条2項の関係については、1項の期間内であれば1項による更正の請求が認められることによるものと解され、1項に規定する更正の請求の要件のうち1号には2項が規定する場合も含ま

れ[17]、2 項 1 号の後発的更正事由に該当するというためには、同条 1 項所定の期間内に更正の請求をしなかったことにつきやむを得ない理由があることを必要とすると解されている[18]。

本判決は、国税通則法 23 条 1 項は原始的事由による更正の請求、同条 2 項は後発的事由による更正の請求を定め、相続税法 32 条は、相続税につき更正の理由となる後発的事由を追加的に定めたものと解すべきであるから、相続税について国税通則法 23 条の適用が排除され、相続税法 32 条のみが適用されるとすることは失当であるとした第一審の判断を維持した。

[17] 東京高判昭和 61 年 7 月 3 日 訟月 33 巻 4 号 1023 頁
[18] 最判平成 15 年 4 月 25 日 集民 209 号 689 頁

2. 本件について

本件においては、遺産分割協議書が作成されたが署名押印されないまま、当該協議書記載のとおり遺産を分割して持ち帰り、各自保管し、相手方の承諾や通知なく売却等の処分がされていたという事実があるにもかかわらず、遺産分割が未了であることを前提とした申告書が提出されたという事実がある。また、別件民事訴訟においてもその事実に基づき、遺産を持ち帰った日に遺産の全部について分割協議が成立したとする判決が確定している。

したがって、X らが主観的に遺産分割協議未了との認識を有していたとしても、それは独自の法解釈に基づく合理性の欠けた認識といわざるを得ないとされ、遺産分割協議が成立していないものとして申告がなされた場合でも、国税通則法 23 条 1 項所定の期間内に更正の請求をすることを求めることは、当事者に不可能を強いるとは直ちにいえず、文理上、遺産分割が未了であることを前提とする規定である相続税法 32 条 1 号を適用することはできないとされた。極めて正当な判断と考える。

8 その他

ケース60 遺産の範囲に争いがあった場合の遺産分割協議の成立
（名古屋高判平成17年7月21日 税資255順号10085）

相続財産でない財産を相続財産として、未分割で相続税の申告をし、遺産分割協議の成立後に相続税法の特則に基づく更正の請求をしたところ、遺産の範囲が訴訟等で争われていたわけではなく、遺産分割協議で含まれないことが確認されたにすぎず、更正の請求は認められないとされた事例。

事実の概要

本件被相続人の相続人Xらは、相続財産でない財産を相続人間の意見の対立等から、相続財産として未分割で申告したが、その後、遺産分割協議において当該財産が相続財産でないことが確認されたとして、その協議の成立後に当該財産を除外し、相続税法32条1号（現同条1項1号）に基づく更正の請求をした。

これに対し、税務署長は、更正の期限を徒過しており、更正すべき理由がない旨の通知処分を行った。

本件の時系列は以下のとおりである。

平成 5 年 3 月 8 日	相続開始
平成 5 年 10 月 29 日	本件財産を相続財産に含めて相続税の期限内申告
平成 7 年 1 月 8 日	国税通則法23条1項1号に基づく更正の請求期限
平成 11 年 1 月 8 日	国税通則法70条2項に基づく税務署長の更正期限
平成 12 年 7 月 1 日	遺産分割協議成立
平成 12 年 10 月 10 日	本件財産を相続財産に含まない第 1 次更正の請求

第6章　相続税関係

平成 12 年 10 月 30 日	第 1 次更正の請求取下げ 及び本件財産を相続財産に含む第 2 次更正の請求 並びに本件財産が相続財産に含まれないとする嘆願書を提出
平成 12 年 11 月 1 日	相続税法 32 条 1 号に基づく更正の請求期限
平成 12 年 12 月 7 日	更正の請求に対する更正処分
平成 13 年 2 月 14 日	嘆願書に対し減額できない旨の口頭回答
平成 13 年 4 月 11 日	本件財産を相続財産に含まない第 3 次更正の請求（本件 更正の請求）
平成 13 年 4 月 18 日	本件更正の請求に対し、国税通則法 23 条 1 項 1 号に基 づくものとして期限徒過を理由に、その更正をすべき理 由がない旨の通知処分（本件処分）

　なお、第 1 次更正の請求とその取下げ及び第 2 次更正の請求並びに嘆願書の提出には、税務署係官による誤指導があったとの納税者の主張がされていたが、第 1 次更正の請求であっても国税通則法 23 条 1 項による更正の請求期限を徒過していることから、検討の対象としない。

裁判所の判断

　裁判所は、本件処分を適法とするとともに、概要、以下のとおり判示した。

　相続税法 32 条 1 号（現同条 1 項 1 号）は、未分割の遺産につき、いったん民法規定による法定相続分で分割したとした場合の計算（相続税法 55 条の規定による計算）で税額が確定した後、遺産の分割が行われ、その結果、すでに確定した相続税額が過大になるという相続税固有の後発的事由について特別に更正の請求を許したものと解される。

　そうすると、当初の申告に存在するとされる過誤の是正を求めるために相続税法 32 条に基づく更正の請求をすることは法の予定するところではなく、算定の基礎となる遺産の価格は、申告またはその後の更正により確

291

定した価額を基礎とすべきである。

　相続財産であるか否かは、相続時に確定している権利関係であり、当初申告時に十分な調査を行えば把握し得る事実であるから、その過誤があった場合には、一般の申告における過誤と同じ訂正の機会を与えれば足りると解すべきである。

なお、最高裁は、本件について、平成 17 年 12 月 15 日、上告棄却及び上告不受理の決定（税資 255 号順号 10233）をしている。

【ポイント】

➢当初申告に存する過誤の是正を求めるためには、相続税法の更正の請求の特則ではなく、国税通則法 23 条 1 項の通常の更正の請求によらなければならない。

➢相続税法の更正の請求の特則は、遺産分割協議の成立により相続割合が減少したことを理由とする更正の請求には適用されない。

解　説

1.　相続税法の後発的事由に基づく更正の請求ができる場合

　相続においては、通常の更正の請求ができる期限後において、①遺産分割協議が成立する場合、②認知、相続人の廃除またはその取消し、相続の回復または放棄の取消し等により相続人に異動を生じる場合、③遺留分減殺請求がされる場合、④遺言書の発見や遺贈の放棄がある場合など、申告期限後に相続固有の事由が生じたことにより、相続人の数や相続人間で税額が変動する場合が想定される。そこで、このような場合には、その事由が生じた日から 4 月以内に更正の請求をすることができると定められている（相法 32 ①各号）。

　このように、相続財産の範囲が後発的に変動した場合に更正の請求をすることができるのは、国税通則法上の後発的事由に基づく更正の請求のみであり、相続税固有の事由に基づき、相続財産全体の範囲が後発的に変動

することは想定されず、相続税法上の後発的事由に基づく更正の請求はできない。

2. 本件第3次更正の請求について

本件において所有者（財産の帰属者）が問題となった財産は寺院の境内地であり、住職であった被相続人名義で登記されていたが、実質は檀家で構成される宗教法人の所有であった土地である。他の境内地が宗教法人に所有権登記が変更された際に、本件土地のみ農地法等の制約があったため登記が変更されないまま残っていたという事情があり、このような所有者の名義と実質が異なる財産は多く存在する。相続の場面でしばしば問題となるケースとしては、たとえば、相続人名義の預金、名義株式、隣地との境界地などその所有者が被相続人であるか否かが一見して明らかではない場合や帰属が争われている場合がある。

当初申告において、相続財産に含めるべきでない財産を誤って遺産として相続税の課税価格に加算していた場合、その誤りを是正するには国税通則法23条1項に基づく通常の更正の請求をすべきである。また、相続財産に含まれると考えて相続税額を計算していたところ、その後の判決等により、相続財産に含めまれないとされた場合には、当初申告が誤っていたことになるから、その誤りを是正するには国税通則法23条2項の後発的事由による更正の請求をすべきことになる（ただし、1項に該当するときは1項を適用する）。

しかし、本件の境内地については、相続人間で争いがあったものの、訴訟等でその帰属が争われていたわけではなく、遺産分割協議において相続財産に含めまれないことが確認されたにすぎないから、国税通則法上の後発的事由に基づく更正の請求の対象とはならないものであった。したがって、境内地を相続財産に含めて計算した当初申告を是正するには、国税通則法上の通常の更正の請求の期間内に請求すべきであった。

また、本件の取消対象となった通知処分に係る更正の請求（第3次更正の請求）が、遺産分割協議成立という相続税法固有の事由に基づき請求さ

れているが、そもそも当該請求は期限までになされていない。しかし、仮に、（第1次更正の請求をした）遺産分割後4月以内の期限内にされていたとしても、遺産分割協議が整っていなかったことを奇貨としてその更正の請求を認めるとすると、遺産分割協議とは関係のない当初申告における遺産の範囲の是正を求めることを認める結果となる。本判決は、このような場合には相続税法固有の事由に基づく更正の請求を認めないことを明らかにしたものである。

3. 相続財産の範囲に争いがある場合について

相続人間で相続財産の範囲に争いがある場合に、遺産分割協議の成立または遺留分の確定までに相続税の法定申告期限を過ぎてしまうことがある。

この場合には、調停を含む裁判手続を介して行うのでなければ、その後、遺産分割協議が成立した場合等でも、本判決のように、相続税法の更正の請求の特則を適用することはできず、相続税の是正を受けられないこととなる。

遺産分割や遺留分減殺請求の裁判実務においても、最初に行うのが遺産の範囲の確定であり、名義預金や名義株など相続人間で争いとなっていることが多い。このような場合の期限内申告をどのように行えばよいかが問題となる。

平成23年法律114号による改正により、国税通則法23条1項の通常の更正の請求期限が法定申告期限から5年以内に延長されたことから、相続税に関し、相続財産の範囲に争いがあり、税額の計算が誤っていたことになる場合でも、5年以内に紛争が解決できるのであれば、更正の請求ができるようになった。

しかし、本判決は、平成5年3月8日の相続開始に対し、遺産分割協議の成立が平成12年7月1日と7年超の期間を費しており、実務上も相続関係の紛争は長期化する傾向にある。そうすると、通常の更正の請求が可能な時期までに相続財産の範囲を確定し、いったん、更正の請求をしておくか、もしくは、遺産に係る権利の帰属を判決により明らかにするかを相続人間でまず合意しておく必要があると考える。

第7章

消費税関係

1 仕入税額控除

ケース61 消費税の課税仕入れに係る区分の是正
（国税不服審判所平成22年5月17日 裁事No.79）

納税者が、消費税の仕入税額控除額の計算方法につき、個別対応方式
を選択して申告していたところ、課税仕入れの用途区分が誤っている
とされた場合に、原処分庁は、納税者の求めに応じ、更正処分におい
て納税者の錯誤を理由に一括比例配分方式に選択を変更して仕入税額
控除額の再計算を行うことはできないとされた事例。

事実の概要

納税者Xは、不動産の売買、賃貸及び管理等を目的とする法人であり、
居住用賃貸に供することを目的とし、本件建物を取得した。

Xは、消費税の確定申告において、仕入税額控除額の計算上、本件建物
に係る課税仕入れの用途区分を課税資産の譲渡等以外の資産の譲渡等にの
み要するものに区分すべきところ、誤って課税資産の譲渡等にのみ要する
ものに区分した。そこで、Y税務署長は、本件建物に係る消費税額相当額
を課税資産の譲渡等にのみ要するものの金額から差し引いたうえで、個別
対応方式により控除対象仕入税額を算出し、更正処分を行った。

これに対しXは、Xが当初申告において個別対応方式を選択したこと
に錯誤があったことを理由に、Yは更正処分において個別対応方式ではな
く、一括比例配分方式により計算すべきであるとして、一部取消しを求め
た。

審判所の判断

国税不服審判所は、次のとおり、Yの更正処分においてXが当初申告

第7章　消費税関係

で選択した個別対応方式により仕入税額控除額を再計算することに違法性
はないと判断した。

> 　Xが仕入れに係る消費税額の計算で個別対応方式を選択する過程におい
> て、過誤又は勘違いがあったという事情は認められるものの、仮に当該事
> 情が錯誤に当たるとしても、Xが自主的判断によって提出した申告納税方
> 式による消費税の確定申告書に記載した課税標準額等又は税額等の是正に
> ついては、まず、修正申告又は更正の請求の手続を通じて行うべきことが
> 予定されているところ、Xは、当該事由に基づいて一括比例配分方式に選
> 択を変更して控除対象仕入税額を計算したところで修正申告も更正の請求
> も行っていない。
> 　そうすると、原処分庁が本件確定申告書においてXが選択した個別対応
> 方式によって控除対象仕入税額を再計算した本件更正処分を違法とする理
> 由はない。

解　説

1. 控除対象仕入税額の計算方法

　本則方式による消費税額の計算上、課税売上高が5億円超または資産
の譲渡等に占める課税資産の譲渡等の割合（課税売上割合）が95％未満で
ある場合には、控除対象仕入税額は、個別対応方式または一括比例配分方
式のいずれかにより算出することになる（消法30②④）。

　個別対応方式は、課税仕入れについて、①課税資産の譲渡等にのみ要す
るもの、②課税資産の譲渡等以外の資産の譲渡等（以下「その他の資産の
譲渡等」という）に要するもの、③課税資産の譲渡等とその他の資産の譲
渡等に共通して要するものに区分し、次の算式により仕入税額控除額を計
算する（消法30②一）。

297

＜算式＞

仕入税額控除額＝①に係る税額＋③に係る税額×課税売上割合

これに対し、一括比例配分方式は、課税仕入れを上記の①から③に区別できないなどの理由により個別対応方式を適用できない場合のほか、個別対応方式を適用できる場合であっても選択により適用することができ、次の算式により計算する（消法30②二、④）。

＜算式＞

仕入税額控除額＝課税仕入れ等の税額の合計額×課税売上割合

一括比例配分方式を適用した場合には、これを2年以上継続して適用した後でなければ、個別対応方式に変更できない（消法30⑤）。これに対し、個別対応方式から一括比例配分方式への変更については、何ら制限規定は設けられておらず、課税期間単位でいつでも変更可能である。なお、課税期間は届出により短縮することができる。

2. 更正処分と修正申告

更正処分は納税者が行った申告が違法である場合に行われるものである（通法24）。

納税者は、適法に複数の方式が選択できる場合、通常納税者にとって有利となる方式を選択して申告するであろう。

しかし、その後、当初申告の際に計算誤り等があり、他の方式を選択して申告するほうが有利であったと判明することがある。この場合、納税者自らがその誤りに気づき、かつ、更正の請求の期限内であれば、その請求をすることができる。これに対し、税務調査等により指摘を受けた場合で、納税者による更正の請求の機会を与えられないまま、課税当局が更正処分

第7章　消費税関係

をする場合に、他の有利な方式を選択適用して更正処分を行わないとしても、違法ではない。課税当局はこのような場合、当初の納税者の選択を尊重して更正を行う。

本裁決は、納税者が他に有利な方法が選択できることを理由に、更正処分の取消しを求めたとしても、当該処分に違法性がない限り、取り消されないことを明らかにした。

具体的には、Xが一括比例配分方式を選択する修正申告等を行っていないと認定したうえで、「YがXが選択した個別対応方式によって控除対象仕入税額を再計算した本件更正処分を違法とする事由はない」として、納税者の請求を排斥している。すなわち、Xは当初申告において選択した個別対応方式について、課税当局から指摘を受けた時点で、一括比例配分方式に選択しなおして修正申告をしていれば、認められた可能性が高い。

なお、Xは修正申告を促された際に、税理士を通じて、一括比例配分方式での修正申告をしたいと申述したところ、調査担当者から個別対応方式での修正申告を慫慂された経緯があったと認定されているが、その後の更正処分までの経緯は明らかではない。

この点、上記1.のとおり、個別対応方式から一括比例配分方式への選択には制限がないことから、安易に更正処分を受ける選択をするよりも、一括比例配分方式により算出した税額に基づき修正申告をするという選択もあり得たものと思われ、より慎重な判断が必要であったといえる。

3. 先例による救済の可能性

Xは、納税者による診療報酬の必要経費の計算方法の選択誤りに係る最判平成2年6月5日[1]を引用して、変更を認めるべきとも主張していた。

この点について本裁決は、上記最高裁判決は自らの修正申告によりその意思表示を変更したことを認めた事案であるとして、事案を異にするとした。

錯誤による課税方式の選択誤りを変更するには、更正処分を受ける前に、納税者自らが修正申告または更正の請求により変更することが求められ

299

る。ただし、課税方式の選択に係る錯誤の主張が認められるか否かはケースによるものと考える。たとえば、申告時に、個別対応方式と一括比例配分方式の各計算方式による税額を比較したうえで、一括比例配分方式を選択して申告したのではなく、申告時において課税仕入れの区分がされていないため一括比例配分方式で計算し、後に区分して計算したところ個別対応方式が有利であることが判明した場合、当初の申告に「選択誤り」があったとしても、「計算誤り」があったことにはならない。したがって、このような場合には更正の請求が認められない可能性があると思われる（上記最判参照）。仮に本件がそのような事案であったとしても更正の請求は認められなかったであろう。

[1] 民集44巻4号612頁

4. 問題点

　課税仕入れの区分自体に争いがある場合において、納税者の主張が正しければ個別対応方式が有利であるが、課税当局の主張が正しければ一括比例配分方式が有利となるときは、納税者はどのような選択をしたらよいであろうか。

　課税標準や税額の計算において、複数の方式が選択できる制度があり、課税当局との間に申告内容の事実に争いがある場合、事実関係に応じて、それぞれ異なる制度を選択するほうが有利となるとき、納税者には、事実関係に係る主張が認められないリスクを勘案して、修正申告をするかしないか苦渋の判断をすることが求められる。

　なお、課税当局による税務調査において、納税者が行った事実認定の誤りが指摘されることがある。しかし、それは当初申告の時において誤りがあったにすぎず、申告後に事実関係が変更されるものではない。したがって、税務調査それ自体が後発的理由に基づく更正の請求をする理由にならないことは明らかであり、国税通則法23条2項の後発的理由にも税務調査を理由とする更正の請求は認められていない。

第7章　消費税関係

2　課税事業者と免税事業者

ケース62　過去の取引の是正と免税事業者の判定
（新潟地判平成24年1月26日　税資262号順号11864）

納税者が、取得した報酬及び手数料に係る損害賠償請求訴訟の判決が確定したことにより、基準期間の消費税の課税売上高が減少し、消費税の免税事業者に該当することとなったとして、更正の請求をしたところ、課税標準等の減額及び免税事業者該当性が否認された事例。

事実の概要

納税者Xは、P年中に取引先Aの簿外資金から報酬または手数料として総額1億5,320万円を取得し、P年分について、同額を加算して総所得金額を計算し、修正申告書を提出した。また、P＋2年の課税期間は基準期間であるP年分の課税売上高が1,000万円を超え、消費税の課税事業者に該当することとなったとして、「消費税課税事業者届出書」を提出し、P＋2年課税期間の消費税及び地方消費税の確定申告をした。

その後、取引先Aから、本件報酬及び手数料所得を秘匿するなどした脱税事件に係るXらの不法行為に基づき、損害賠償を求める訴えを提起され、Xらに損害賠償金の支払を命じる判決が確定した。

そこで、Xは、P＋2年課税期間の基準期間であるP年中の課税売上高から当該損害賠償金を減額すると、P＋2年課税期間は免税事業者になるなどとして、当該期間の更正の請求を行った。これに対して処分行政庁が更正すべきでない旨の通知処分をした。なお、Aは、Xの取引銀行及び国等を第三債務者として債権差押及び転付命令の申立て等をし、弁済金交付手続により支払を受けている。

301

裁判所の判断

　裁判所は、国税通則法 23 条 2 項 1 号の「判決」に基づいて更正を請求するためには、基礎事実が当該事実に関する訴えについての判決によって異なることが確定したこと、及び、納税者に通則法 23 条 1 項所定の期間内に更正の請求をしなかったことについてやむを得ない理由があることが必要であるとした。

　そして、本件の消費税申告に係る基礎事実は、X が本件報酬及び本件手数料を取得したものであるところ、別件判決は、X が本件報酬及び本件手数料の支払を受けた事実を認定したうえで、本件報酬の取得が、取引先 A の資金を代表者ないし本人の了解を得ないで着服したものであることから、不法行為に基づく損害賠償を命じたものであって、本件報酬及び手数料を取得した事実を否定または変更するものではなく、別件判決の確定が国税通則法 23 条 2 項 1 号に該当するとして更正の請求をすることはできないと判示した。

【ポイント】

➤消費税の売上に係る対価の返還等は、その返還等を行った課税期間で控除する。

➤不法行為に基づく返還請求権の行使により返還をしても、その不法行為が消滅するわけではないから、不法行為を行った課税期間の売上は減少しない。

解 説

1. 基準期間の課税売上高の計算方法

　消費税法は、一定の例外を除き、基準期間がない場合及び基準期間における課税売上高が 1,000 万円以下の場合には、納税義務を免除する（消法 9 ①）。

　基準期間の課税売上高の計算は、原則として、個人の場合は前々年、法人の場合は前々事業年度の課税売上高をいい、輸出免税取引を含め、返品、値引き、割戻しをした対価の返還等の金額を控除した後の税抜き金額であ

る（消法9②）。そして、これら売上に係る対価の返還等は、その返還等に係る当初の課税資産の譲渡等を行った課税期間ではなく、その返還等を行った課税期間において控除する。

<算式>

［正］	基準期間中の課税資産の譲渡等の合計額	－	基準期間中に行った売上に係る税抜対価の返還等の合計額
［誤］	基準期間中の課税資産の譲渡等の合計額	－	当該課税期間中に行った基準期間中の売上に係る税抜対価の返還等の合計額

　したがって、通常は、売上に係る対価の返還等の額が増加しても、その返還等を行った課税期間の課税売上高が減少するだけで、その返還等に係る課税資産の譲渡等を行った課税期間の課税売上高が減少することはなく、それによって納税義務の有無に影響することはない。事業の継続性、計算の煩雑さ及び納税義務の早期確定という考え方からすれば当然であろう。

2.「判決等」により基準期間の課税売上高が変動する場合

　判決や取消し等によって、課税資産の譲渡等に係る取引そのものが無効となり、最初からなかったものとされた場合には、基準期間の課税売上高が減少する結果、課税事業者が免税事業者となるかが問題となる。

　本判決は、国税通則法23条2項1号の「判決により、その事実が当該計算の基礎としたところと異なること」の解釈として、消費税法の「売上に係る返還等対価の額」に関し、判決により不法行為に基づく返還請求が認められ、当該請求に基づき実際に返還した場合であっても、不法行為により報酬等を得た事実は消滅しないため、納税義務は免除されないことを明らかにしている。

3. 売上に係る対価の返還等があった場合

本件報酬及び手数料は、Aに対する脱税サービスという役務提供への対価であったと思われる。

消費税法は、事業として対価を得て行われた場合を消費税の課税対象となる課税売上とする（消法4①）。したがって、違法な収入であっても事業として行われていれば課税売上となる。しかし、これは違法な売上であるから、本来的には法的な裏付けのない売上であり、取消されるべきものである。そこで、仮に判決等によりその売上が取り消された場合に、国税通則法23条2項1号に基づく更正の請求ができるか否かが問題となる。

この点について、所得税法における事業所得等の収入金額の計上時期や法人税法における益金の計上時期とその取消しがあった場合の計上時期の関係に関する取扱いにおいては、事業が継続することが前提とされていることから、国税通則法23条2項1号にかかわらず、値引や貸倒れなどの場合と同様に、取消し等の事実が生じた年分ないし事業年度において損失を計上すると解されている（第5章■参照。法法22④、東京高判昭和61年11月11日 行集37巻1011号1334頁）。

所得税法及び法人税法は、解釈により上記のように取り扱うこととされ、いわゆる「誤謬」の場合と契約の解除・取消し等があった場合を区別しているが、消費税法は、これらを区別することなく、売上に係る対価の返還等があった場合には、当該返還等を行った日の属する課税期間の課税売上高から控除することを法律で定めている（消法38）。

4. 免税事業者の判定

Xは不法行為が行われた課税期間においては免税事業者であり、当該不法行為に係る売上について消費税が課されていないことから、その対価の返還等を行ったとしても、その返還等の課税期間における課税売上高から控除される返還等に係る対価の額には該当しない。したがって、消費税額に影響があるのは、課税事業者の判定についてのみである。

もっとも、不法行為がなかったならば、基準期間の課税売上高は1,000

第7章　消費税関係

万円未満であり、免税事業者となっているはずであった。そうすると、消費税法上の課税事業者ないし免税事業者であり続ける場合に、所得税法や法人税法における上記取扱いを、消費税法上の課税売上と対価の返還等との関係において同様に取り扱うとしても、課税事業者の判定までも同様でよいのかという疑問が残る。

　しかし、消費税法上、免税事業者であった期間の売上について、その後に値引きや貸倒れが生じた場合も同じ判定をすることに加え、本件においては対価の返還等が生じた理由が不法行為（脱税）であったことからすれば、課税事業者の判定にも影響を及ぼさないとの結論はやむを得ないと思われる。

　したがって、本件のような場合は、上記1.に従い、売上に係る対価の返還等を行った課税期間の課税売上高から控除することとなろう。

305

■編著者紹介

和田倉門法律事務所

所在地：〒100-0004 東京都千代田区大手町 1 丁目 5 番 1 号
大手町ファーストスクエア イーストタワー 19 階
電話：03-6212-8100　　FAX：03-6212-8118
e-mail：info@wadakura.jp
WEB ページ：http://wadakura.jp

概　要：企業法務の専門家と税務の専門家をワンストップで備え、企業活動に不可
欠な税務の見地を踏まえつつ、適切な解決策を導ける体制でクライアント
に貢献。主な取扱分野は、タックス、事業承継・相続、コーポレート、情
報法・知的財産法など。タックスに関しては、プランニング、税務調査、
税務訴訟、税理士損害賠償責任などで多くの実績を有する。コーポレート
分野及び事業承継・相続分野等と横断的な相談にも対応。14 名の弁護士、
3 名の税理士（うち 2 名は弁護士と兼務）が所属（2018 年 3 月現在）。

● 編集代表

内田　久美子（和田倉門法律事務所マネージングパートナー弁護士）

2000 年　弁護士登録
1994 年　慶應義塾大学文学部哲学科美学美術史学専攻卒業
2006 年〜 2007 年　青山学院大学大学院法学研究科講師を兼任
株式会社ミサワ（東 1）、株式会社トレジャー・ファクトリー（東 1）、株式会社ビュー
ティガレージ（東 1）の各社外取締役、株式会社インタートレード（東 2）の社外
監査役を現任

【取扱分野】
タックス（税務調査、税務争訟、税理士損害賠償責任、事業承継）、コーポレート（株
主総会指導、役員責任、企業間取引、企業間交渉、会社法関係争訟、民事争訟、事
業承継）、その他（相続、税理士法人）

石井 亮（和田倉門法律事務所パートナー弁護士・税理士法人大手町トラスト税理士）

2005 年　弁護士登録

1998 年　早稲田大学法学部卒業

会計事務所、国税審判官（特定任期付公務員）を歴任

野村資産承継研究所主任研究員を現任

【取扱分野】

タックス（国際租税、税務調査、税務争訟、タックス・プランニング、事業承継対策、株式評価、税理士損害賠償責任）、コーポレート（事業承継対策・紛争、株式の集約、種類株式・新株予約権その他の資本施策）、その他（相続対策・紛争、税理士法人）

原木 規江（和田倉門法律事務所カウンシル税理士）

2001 年　税理士登録

1985 年　慶應義塾大学経済学部卒業

2010 年　筑波大学大学院ビジネス科学研究科企業法学専攻前期博士課程修了

【取扱分野】

タックス（タックス・プランニング、税務調査、税務争訟、事業承継、税理士損害賠償責任、相続）

■執筆者紹介

野村 彩（和田倉門法律事務所弁護士）

2007 年　弁護士登録

2001 年　慶應義塾大学法学部政治学科卒業

2006 年　立教大学大学院法務研究科修了

【取扱分野】

タックス（事業承継）、コーポレート（不正調査・不祥事対応、役員責任、株主総会指導、各種規程作成・レビュー、人事労務問題対応・予防、M＆Aにおけるデューディリジェンス業務および交渉対応、企業間取引、会社法関係争訟、民事争訟）、情報法・知的財産法（個人情報保護法、マイナンバー対応、発信者情報開示、電子商取引）、その他（刑事事件、家事事件を含む一般民事事件）

生野 聡（和田倉門法律事務所弁護士）

2010 年　弁護士登録

2005 年　東京大学法学部卒業

2007 年　東京大学大学院法学政治学研究科法曹養成専攻修了

2012 年〜 2014 年　経済産業省商務情報政策局文化情報関連産業課（課長補佐）に出向

【取扱分野】

コーポレート（株主総会指導、経営支配に関する紛争処理、役員責任その他の会社法関係争訟、グループ内組織再編、M＆A、MBO その他の非公開化取引、不正調査、第三者委員会支援、企業間取引、民事争訟）、情報法・知的財産法（エンタテインメント法、メディア関係法、著作権法、特許法・商標法・意匠法その他産業財産権法、不正競争防止法、ソフトウェア・システム開発、電子商取引、情報財取引、インターネット関連法務、個人情報保護法、マイナンバー）、その他（公益法人、医療法人）

梅原 梓（和田倉門法律事務所弁護士）

2012 年　弁護士登録

2009 年　立命館大学法学部卒業

2011 年　京都大学法学研究科法曹養成専攻修了

【取扱分野】

タックス（事業承継、相続）、コーポレート（株主総会指導、経営支配に関する紛争処理、役員責任その他の会社法関係争訟、グループ内組織再編、M＆A、MBO その他の非公開化取引、不正調査、第三者委員会支援、ヘルプライン外部窓口、新株予約権・種類株式設計、企業間取引、民事争訟）、その他（事業再生、倒産処理、人事労務）

我妻 崇明（和田倉門法律事務所弁護士）

2016 年　弁護士登録

2015 年　一橋大学法学部卒業

【取扱分野】

会社関係訴訟をはじめとする民事訴訟全般、労働法（労務デュー・デリジェンス、就業規則等の規程整備、労働組合対応を含む労使紛争など全般）、知的財産権、一般企業法務

裁判例・裁決例から読み解く 後発的事由をめぐる税務

2018 年 5 月 30 日　発行

編著者　和田倉門法律事務所 Ⓒ

発行者　小泉　定裕

発行所　株式会社 清文社

東京都千代田区内神田 1 - 6 - 6（MIF ビル）
〒101 - 0047　電話 03（6273）7946　FAX 03（3518）0299
大阪市北区天神橋 2 丁目北 2 - 6（大和南森町ビル）
〒530 - 0041　電話 06（6135）4050　FAX 06（6135）4059
URL http://www.skattsei.co.jp/

印刷：倉敷印刷㈱

■著作権法により無断複写複製は禁止されています。落丁本・乱丁本はお取り替えします。
■本書の内容に関するお問い合わせは編集部まで FAX（03-3518-8864）でお願いします。
■本書の追録情報は、当社ホームページ（http://www.skattsei.co.jp）をご覧ください。

ISBN978-4-433-63438-4